UN-
CERTAIN

The Wisdom and Wonder of Being Unsure

意料之内

有限的认知
与不确定的环境

［美］玛吉·杰克逊（Maggie Jackson）/ 著

赵磊 / 译

中信出版集团 | 北京

图书在版编目（CIP）数据

意料之内：有限的认知与不确定的环境 /（美）玛吉·杰克逊著；赵磊译 . -- 北京：中信出版社，2025.（2025.5重印）4. -- ISBN 978-7-5217-7412-2

Ⅰ . B84

中国国家版本馆 CIP 数据核字第 2025QE4340 号

Uncertain: The Wisdom and Wonder of Being Unsure by Maggie Jackson
Copyright © 2023 by Maggie Jackson
This edition arranged with InkWell Management through Andrew Nurnberg Associates International Limited
Simplified Chinese translation copyright © 2025 by CITIC Press Corporation
ALL RIGHTS RESERVED
本书仅限中国大陆地区发行销售

意料之内：有限的认知与不确定的环境
著者：　　［美］玛吉·杰克逊
译者：　　赵磊
出版发行：中信出版集团股份有限公司
　　　　　（北京市朝阳区东三环北路 27 号嘉铭中心　邮编　100020）
承印者：　北京通州皇家印刷厂

开本：880mm×1230mm 1/32　　印张：11　　　字数：300 千字
版次：2025 年 4 月第 1 版　　　　印次：2025 年 5 月第 3 次印刷
京权图字：01-2025-0517　　　　　书号：ISBN 978-7-5217-7412-2
　　　　　　　　　　　　　定价：59.00 元

版权所有·侵权必究
如有印刷、装订问题，本公司负责调换。
服务热线：400-600-8099
投稿邮箱：author@citicpub.com

献给安娜、埃玛和约翰,
　全心全意爱你们

"我知道"似乎描述了这样一种状态:保证知道了什么,且保证所知皆为事实。

但人们总是忘记还有一句话:"我以为我知道。"

——路德维希·维特根斯坦

目录

前言 　　　　　　　　　　　　　　　　　　　　　　Ⅲ

第一部分　觉　醒

第一章　火线下的思维——知之的阴暗面　　003
凡不能探索不可预见之事者，亦将目无所见，因为已知之路是一条死路。

第二章　保持好奇——接受不确定性的引导，
看清问题的关键　　034
我之所以钟情于经验，是因为它是如此诚实。你或许曾自欺欺人，但经验不会试图欺骗你。

第二部分　思维的小路

第三章　忘记不是一种损失　　073
不知是一种既宽容又严格的意愿，让知之处于暂停状态，信任没有结果的可能性。

第四章　思维漫步　　104
必须虚心承认，发明绝非凭空产生，而是源自混乱。

第三部分　站在"我们"的立场上思考

第五章　视角的围城——宽容如何让我们解脱　　139
生活在安全的世界里是危险的。

第六章　不求同而求异——不确定性与协作的新意义　　174
无人尽得真理之全貌，然亦无人一无所得。对于事物之本质，人人皆有言中之处。

第四部分　思维的激荡

第七章　边缘人生——走在不稳定性的前面并驾驭它　　211
人生苦短，只有一个小时的时长。重于泰山，还是轻于鸿毛，取决于我们自己的力量。

第八章　人工智能和不确定性的未来　　247
希望是一个充满不确定性的故事，一个不知道接下来会发生什么但仍然要承担这一风险的故事，比绝望更让人寝食难安，在某种程度上也更令人担惊受怕。当然也会带来不可估量的回报。

致谢　　271
参考文献　　277

前言

马丁·路德·金的那场演讲堪称当代最伟大的演讲之一，但其实直到发表演讲的前一晚，他还不太清楚自己该说些什么。在1963年"向华盛顿进军"大游行活动之前的几周里，他一直让顾问们广开言路，给他提供各种建议，并仔细研究他们提出的建议。活动前夜，他甚至把助手们请来，聚集在一个酒店大堂里努力把他们的想法灌输给自己。"每个人都从一个既定的角度参与了这次演讲。"一位顾问回忆道，他们意识到这场演讲有可能会向全世界宣告他们的事业。

那年春天，警察使用消防水枪和警犬攻击抗议者的新闻画面引起了全世界的关注，从而为举步维艰的民权运动注入了新的活力。运动的领导者们在是否应该以暴易暴的问题上产生了严重分歧。种族隔离已四面楚歌，但前进的道路还远未明晰。这是这场"十字军东征"乃至美国历史的关键一刻。金对他的演讲稿改了又改，直到深夜，甚至到了讲台上还在改。然后，在照着稿子讲了10分钟后，他把它完全放在一边，开始了自己的即兴发挥。

在演讲的最初几分钟，金指责这个国家没有兑现宪法赋予的人人平等的"期票"。他发誓要掀起"叛乱的旋风"，反抗偏见和贫困，不过这也显露出他的激进性在逐渐增强。历史学家指出，在收尾时顺势描述这场运动的胜利或提出具体要求是很自然的做法，但是金没有这样做，他描绘了一个美好时代的愿景，一个被彼时和当下的评论家形容为"朦胧模糊"、"虚无缥缈"和"不明确"的梦想。

金以坚定的信念和谦逊的态度站出来领导这场运动，也经常向盟友和怀疑论者坦承他不知道路在何方。他曾说过，社会革命并不都是"好整以暇、井然有序的"。在作家加里·扬格看来，他也不是"那种只追求有限议程的活动家"。8月的那个下午，金呼吁25万游行群众和全世界为实现伟大的可能性——一个平等、自由和充满爱的世界——而努力。但他没有用肤浅的答案敷衍了事，没有让人们获得脆弱的轻松感，他不想以此作为应对困境的手段或者一种奖励。金告诉抗议者："回家去吧，要知道现状总归有办法而且一定会改变。"总归有办法。詹姆斯·鲍德温写道："那一天，有那么一刻，看起来我们似乎站到了某个高处，可以看到我们的传承；也许我们可以让这个国度成为现实。"也许。在人群中，有人高举一个所有人都能看到的标语牌："我们要求思想自由。"金说，我们不能装作我们已经知晓前途何在，那样我们就找不到最好的前进之路了。

金所推动的革命在他逝世后宣告失败。对于他带来的影响仍然存在争议。然而，他的话继续鼓舞和激励着人们，而且达到了几乎无人可以预见的程度。加里·扬格指出，"他并不知道建立（新秩序）是一项西西弗斯式的任务，还仅仅是一项赫拉克勒斯式的任务,[1] 他在政治的荒野中大声疾呼",他创造了一个愿景,"而我们的现代权利就是建立在这个愿景之上的"。历史学家德鲁·汉森认为,就在那一天,他"开启了姗姗来迟的改变美国自我观念的进程"。

金勇敢地用"或许"回应了当时"是"与"否"的激辩——在完全面对未知的情况下唯一的行动呼吁。在他高高在上的勉励劝导及其不太靠谱的创世过程中,都隐藏着一个不容忽视的真理:最好的思考始于且终于不确定的智慧。

不确定性就是力量?优柔寡断助力伟大?金的壮举固然辉煌,但其背后隐藏的元素也同样令人困惑。毕竟,不确定并不是我们人类想要的。我们不想在天黑之后拐错一个弯误入一个陌生的社区,也不想在等待医学检测结果的那几天度日如年。面对随之而来的艰难选择,这样的经历让我们感到不安,这是我们的本能反应。

人类天生就会为了生存而渴望获得答案,渴望那种能够带来可预测性的稳定感。只要付出适当的努力,我们就能轻松搞定,这样的局面被心理学家称为"流畅状态",它确实会让我们乐开花。这是一种纯粹的美妙感觉,只有多巴胺和奖励效应。我们不想为

---

[1] 西西弗斯是希腊神话中一个被惩罚的人。他受罚的方式是:必须将一块巨石推上山顶,而每次到达山顶后巨石又滚回山下,于是他永无止境地重复做这件事。在西方语境中,"西西弗斯式的"(Sisyphean)任务指永无尽头而又徒劳无功的任务。赫拉克勒斯是希腊神话中著名的英雄,以其12项英雄伟绩著称。"赫拉克勒斯式的"(Herculean)任务指极为艰巨的任务。——译者注

如何离开阴影笼罩的森林回家而绞尽脑汁。相比之下，被诗人济慈称为"一知半解"（half knowledge）的状态永远不会轻易为人所接受。这是一个已被证实的心理学发现：如果人们不知道是否会触电，他们往往会比确信自己会触电更有压力。

现在，把不确定性当作一条进步之路变得更加难以想象，而且即使是往最好里说，这也就是一条看似过时的前进道路。1963年，美国社会撕裂严重，街头血流成河，战争即将升级。今天，大量未知问题无从处理、堆积如山，民怨沸腾，再加上疫情、灾难、摇摇欲坠的民主制度、脆弱的经济和动荡的社会的推波助澜，让美国人对"这不确定的时代"的哀叹达到无以复加的程度。选择在"无定限"的中间地带逡巡徘徊怎么看也不像是前进的样子。仅仅承认在一个重要的社会问题上你的观点并不是一成不变的，它就会成为晚宴上的爆炸性事件。我们怎样才能找到"不知"（not-knowing）所迫切需要的清晰度和远见？本书讲述的正是在这一求索过程中所取得的不为人知的胜利。

在第一波新冠病毒袭击纽约的那个可怕的春天，某天清晨，我去公园散步后回家。走近我的公寓楼，我看到前面有位邻居正要进去。他回头看见了我，我能感觉到他在想什么。为我把住大门，像我们通常会做的那样，会打破我们之间应该保持的距离，但抢先进去，把我甩在身后，则会在我们最需要团结一心的时候破坏这种团结，哪怕只是片刻的伤害。我与他只是面熟，谈不上有什么交情，他是一个永远在赶时间的城市一族。令我惊讶的是，他站在那里，一副思前想后、左右为难的样子。然后，他一声不吭地用力推开门，力道大到足以让他进去，同时还能让门弹回来后仍有足够的开启空间让我安全地跟进去。就在那一天，就在还有如此多未定之数的时候,他找到了一种方法来保护我们和我们的人性,虽然只有一两分钟。这是微小的胜利,但源自非凡的成就:一种不确定的思维。

本书所讲述的是一种常常被浪费的才华,一种对人类成就至关重要但直至最近还鲜为人知的思维状态。不确定性非但不会让我们陷入认知瘫痪的泥潭,反而在高阶思维中发挥着关键作用,推动人们在充满挑战的时代拥有良好的判断力、灵活性、相互理解的能力,以及高度的创造力。它是在你的敌人身上寻找人性的突破口,是被忽视的卓越团队合作的关键,也是在动荡时期最需要的心态。

以不知为认知工具并善加运用,并不意味着有缺陷或软弱,相反,只有极具说服力的论证者、能力最强的学生、坚忍不拔的医生和患者,以及(从多个角度来衡量都是)灵活的执行者才能做到这一点。(这甚至会让人们更浪漫。在爱情游戏中,我们认为那些我们吃不准的人更有吸引力。)"只要人还有所坚持,只要他仍然富有成效和独创性,那么可以说他全部的生存活动都要应对不确定性。"美国心理学家和哲学家威廉·詹姆斯写道,"没有一场胜利是必然取得的,没有一个忠勇之举是必然完成的,它们都是建立在不确定性基础之上的。"然而,我们现在却把会带来最多可能性的不确定性视为一种不能宣之于口的耻辱。

在愤怒、对抗、焦虑和动荡中,迫切要求对之前发生的事情进行反思的强烈呼声日渐高涨。大家都说,现在到了我们可以纠正过去的错误,努力摆脱我们面前的大灾变的时候了。历史学家卡罗尔·安德森断言:"各种各样的叙事和旧观念都开始动摇了。"但是,这些刚刚勃发的希望和变革的萌芽最终可能会被证明是脆弱的，甚至会胎死腹中，除非各方首先努力重新审视一种文化，这种文化已经将人类对快速、确定答案的天然热爱转化为时代的基本价值观。

在一个算法和清单盛行的时代，经济学家默文·金和约翰·凯所说的"假精确"正在用偏好信息将事件发生发展的情境和矛盾性一概排除在外，不予考虑。著名科学社会学家赫尔嘉·诺沃特尼提醒说，在一个幽灵情人[1]、网络暴民和独断专行大行其道的时代，需要一点时间来三思而后行的人类判断反而"开始显得古怪"。当然，坚定的信仰仍然至关重要。有时，英勇的冲动也能成事。但更多时候，在不断加码的虚张声势和喧嚣杂音之下，我们在理解事物时会变得过于谨小慎微、缩手缩脚。我们要害怕的不应该是不确定性，而应该是越来越不情愿去辨析细微的差别，寻找深度和视角（而这些本来是我们在应对未知时的巧妙对策），以及这种辨析和寻找的能力可能变得越来越弱。这条路并不容易。不确定性让我们感到不安，这正是它送给我们的一份厚礼。

但当话题转向不确定性时，我们想要传达的信息是什么？生活中如此常见的一面怎么会遭到如此的误解？

虽然经济学家、心理学家和风险分析师仍在争论"不确定性"这一概念的轮廓和界限，但大体上他们将其分为两种主要类型：一种涉及生活的不可预测性，另一种则涉及我们心理上的缺乏自信。大多数时候，无论是在学术界、当天的头条新闻上还是餐桌上的谈话中，不确定性首先都被视为客观存在的东西，是对生活

---

[1] 在网络时代，通过网络交往保持亲密关系，但某一方突然切断与另一方的所有联系，不回信息，不接电话，仿佛从世界上消失了一样，这类情人被称作幽灵情人（ghosted lover）。——译者注

的一种不受欢迎的入侵。这就是偶然不确定性,也就是我们通常所说的那个"不确定性",即宇宙的随机性。我们不可能窥见天机。

从这里开始,谈话很快就发生了"概率转向"。股票市场到春天转为牛市的概率有多大?病毒会有多大的可能再次变异?现代社会一直在努力应对世界抛给我们的各种难题,而这样的努力在几个世纪以来一直被一套复杂的统计工具主导,也正是在这套工具的推动下,出现了当下流行的数据模型。一直到前不久,"驾驭机遇"实际上可能还是我们以小博大时的最佳选择,无论是古代通过献祭寻求命运的转变,还是现代精心计划,在未知领域有所建树。不过现在,关于不确定性的科学已有长足发展,不仅涌现出诸多数学成就,而且研究范围覆盖了更加广泛且绝少有人涉足的不确定性领域,这也正是本书的主题。

科学家们越来越同意,认识不确定性是所有求知行为的起点。(即使是概率论也越来越尊重人们的主观性,即常常具有个人独特性的估计对可能性的计算的影响会达到怎样的程度。)根据定义,这种思维状态本质上意味着你已认识到自己并非全知全能,你的理解是模糊的、矛盾的或片面的。这种不完整感并不是说你完全无知,好像一块白板一样;相反,这意味着你已经意识到自身知识的局限性,并对超出自身假设或观点的大千世界有了粗略的印象。你的孩子流鼻涕,你开始怀疑这可能不仅仅是感冒或过敏。也许你的设计原型缺少点东西,而焦点小组和你的团队都无法阐释清楚。接下来怎么办?也许是,可能是,很可能是这个或那个,或者完全是另一种选择。所谓不知,就是世界在许诺给你更多可能性,同时给你一种不尽完美的遗憾。

心理学先驱杰尔姆·卡根将寻求答案的内在动力称为人类行

为最重要的决定因素之一。打破砂锅问到底的决心推动我们不断前进，但它恰恰也是一把"双刃剑"，既是优点也是缺点。从本质上讲，我们一直在努力削弱最能开阔眼界、丰富阅历的认知能力。

每当面对超出我们认知范围的事情，慨叹于不确定性所赐予的机会为什么总是难以捉摸时，我们都会陷入这样一种困境。经过与挑战或问题的短暂交手，我们是急于抓住答案，还是放慢脚步去思考、端详和探索？哲学家约翰·杜威评论道："思想急于求得安定，只会忙不迭地加快步伐。"值得注意的是，即使是心理学领域，长期以来也简单地认为不确定性只是人类需要尽快消除的东西，因此在很大程度上忽视了这种心态本身就是一项值得研究的课题。但现在研究人员已不再将不确定性视为一片认知的荒原。

想想2004年面临欧盟最富戏剧性的扩张的企业高管们吧。10个国家同时加入欧盟，使欧盟成员国数量从15个增加到25个。这次欧盟东扩被广泛认为是仓促之举，且几乎没有考虑其经济影响。此事与英国"脱欧"恰恰形成鲜明对照，但与后者一样都引发了巨大争议。哪些首席执行官适应得最好呢？是那些将这种转变视为福音的人，还是那些认为广阔的新竞争市场会损害公司前景的人？赞成还是反对？加入还是退出？商业界，无论是在理论上还是在实践中，通常都倾向于认为，在危机中，优秀的领导者最终会选择一个明确的立场，不是站这边就是站那边。那么会是哪一边呢？两位顶级管理学教授发起了一项针对德国104名首席执行官的研究，试图找出答案，但调查并没有取得预期结果。

首轮密集访谈和调查在本次欧盟扩员之际完成，研究人员惊讶地发现，受访者里存在第三种立场：1/4的高管由于可能会导致的竞争而左右为难。不断变化的贸易格局是会带来不断增长的客户群，还是通胀加剧，抑或是新竞争对手带来降低劳动力成本的压力？这些领导者并不确定，但他们最终却出乎意料地成为值得效法的对象。一年后，当研究人员回来观察整个群体的表现时，他们发现，这种通常与惰性画等号的强烈矛盾心理却产生了相反的效果。这份研究报告于2009年发表，其合著者——美国西北大学的克劳斯·韦伯告诉我："实际上，我们以不同的方式进行了多次分析，以确保我们不会在凑巧得出的结果上浪费时间。"还真不是凑巧。

那些对危机的看法既积极又消极，一直拿不定主意的人实际上认为自己的理解是不全面的，因此，他们广泛考虑了更多的对策，在决策过程中纳入更加多元的声音，并采取了更新颖、更机智的措施来应对，例如在新成员国境内建厂。他们的矛盾心理激发了对问题更细腻的理解，并能更好地根据具体情况采取行动。"存在一个并非二元的现实。"韦伯说。相比之下，那些对前进的道路最有把握或认为尽在自己掌握中的高管往往会选择阻力最小的道路。他们固守以前被证明可行的老办法，有时甚至什么也不做。

这并不是一个谦逊战胜傲慢的传奇，尽管我们可以在故事中听到对于这种美德的暗示。相反，这项研究以及越来越多跨学科的相应研究揭示了更多东西，颠覆了我们关于睿智的思想家的过时观念。当涉及利害关系过多的时候，那些不知的人反而会获得认知优势。

为了理解不确定性如何推动我们前进，请首先审视一下思维的"奥林匹斯山"——新皮质，这是覆盖在大脑原始区域上的成熟较慢的皮质组织。位于新皮质前端的是额叶，其运作方式在对一战中头部受伤的士兵的研究中被首次发现，这些士兵无法再执行新任务，对自己的生活也失去了总体把控能力。这块区域就是作为执行者的那个你——一位狡黠的洞察者的主场。在柏拉图的比喻中，那个你是一名战车驭手，驾驭着两匹骏马追求崇高的理想，一匹是难以控制的欲望，另一匹是更高层次的本能。科学现实没有那么浪漫，但这个比喻仍然很恰当：新的思维与处理认知控制的大脑系统高度相关。所有被我们的本能反应匆匆略过的那些不一致之处，都会留给我们自己掌握控制权的那一面慢慢审视。

日复一日，人类喜欢根据过去行之有效的经验磨炼出来的认知捷径匆忙下结论，而这也占用了人类的大部分时间。例如，经验丰富的医生马上可以通过患者胸口疼来判断可能是心脏病发作。直觉思维可以忽略模糊性，自动弹出答案，在被科学家称为"良性"的可预测环境中为我们提供良好的服务。直觉带给我们的感受往往顺畅而简洁，通常带有一种令人踏实放心的"知之感"。心理学家、诺贝尔经济学奖得主丹尼尔·卡尼曼观察发现，"你的精神生活的一个显著方面是你很少被难倒"。

但当事情出了岔子，比如熟悉的贸易联盟四分五裂，算法造成严重破坏时，我们就获得了一个完全出乎意料的机会来摆脱自动驾驶，开始转向，并重新评估。我们有机会进行应对错误、竞争性选择、矛盾和预期落空所需的"冲突处理"。从本质上讲，人类已经演化出了一种平衡这种冲动反应的力量，在冲动反应占主导的情况下，只要严格按照剧本走，就能快速摆脱困境。

这时不管你乐意还是不乐意，你都必须放弃已成为例行程序的安全地带，重新仔细审视什么是假、什么是真，并努力应对新的可能性。随时待命的直觉认知学习起来很慢且抗拒改变。但速度慢只是表象,实质是直觉认知变迟钝了。相比之下,最优秀的思想者愿意提出问题,因此表现得也会更加机敏灵活。正如亚里士多德曾经提醒的那样,他们不会用直尺测量有凹槽的柱子。只有当你认识到世界是不完美的,你自己也是不完美的时,你才有可能打开这扇智慧的大门。

当麻烦来袭时,旧的期望与新的现实、成规与变化之间就会出现不匹配。我们会认识到这种落差,进而不知所措,而接下来则是考验人类适应能力的关键。因为就在那一刻,对不知的恐惧会让人战栗失色,从而点燃一种"不寻常感",引发对问题的更多投入和关注焦点的扩大。你会对新事物变得高度警惕,也能够更好地学习。研究表明,当我们不确定时,工作记忆(即记住一个想法并运用它的能力)会增强,大脑会引导能量向自身集中。这就是为什么领先的研究人员认为不确定性是一种很好的压力形式。不确定性既是可能存在危险的信号,也是一种思维状态,能够激发更加缜密的思考,而这种思考正是更新目前对世界的有限理解所必需的。

截止日期临近,无论如何都需要一个答案。到了这个时候,不管是不是管理者,我们渴望的都只有一件事,那就是采取行动,而不是决定在什么时间、以什么方式或者出于什么缘由。但优秀的思想者并不认为一切都尽在掌握。他们正视自己的无知,意识到其影响,并能够运用不确定性的力量在困境中培养、锻炼机敏的应对能力。

要了解这些技能的实际应用,只要看看以持怀疑态度著称的卡尼曼即可。他不留情面地质疑那些长期被认可的思维观点,激发了他和阿莫斯·特沃斯基的开创性工作,揭示了捷径思维的局限性。卡尼曼曾经的一位学生说，卡尼曼的典型特征是怀疑，"而且它非常有用，因为这让他钻研得越来越深、越来越深"。不确定性就像一只思维的牛虻，把我们从自满中唤醒，当然，前提是我们愿意回应它的召唤。

———————

"我要给你看一些照片。请你告诉我哪张更像狗、哪张更像猫。"根据这些简短的指示，加州大学伯克利分校的一位心理学先驱开始对人们进行所谓的感知测试，这些测试实际上是衡量人们面对生活的曲折仍能甘之如饴的能力的晴雨表。

研究人员向参与者出示一组动物照片，这些动物最初看起来明显像猫，但后来，通过调整耳廓或放大口鼻部位，逐渐完全变成犬科动物。中间的照片是不确定的，这让有些人感到很不踏实。一次又一次，这些参与者拒绝放弃最开始的答案给他们提供的安全港，直到所有照片都被出示完。研究人员埃尔斯·弗伦克尔-布伦斯维克写道，他们表现出一种"抓住一切确定性的倾向性"。

著名的猫狗实验是战后一些世界顶尖科学家对独裁主义和偏见追根溯源的一部分。弗伦克尔-布伦斯维克在她自己的研究领域发现了封闭思维的一个关键特征：不能容忍不确定性。

能否从"不知"中有所收获取决于一个简单的标准：人们是有意消除不确定性，还是愿意对不确定性以及形势的微妙性和复杂性保持开放的态度。这是需要面对实际情况当场做出的决定，但个人对于不确定性的舒适区有多大，也会对决策有影响。

"不确定意味着我缺乏信心。""还有解决不了的问题？就不存在这回事儿。""我应该能够提前安排好一切。"这些表述摘自"对不确定性的容忍度"和"对模糊性的容忍度"测试,这些经典的评估已经引起新的关注,因为可以以其为工具,发挥不知的正面作用。(模糊性,即不准确或容易接受多种解释的状态,是不确定性的一个来源。)本质上,测试衡量的是人们将不确定性视为挑战或威胁的程度,这种区别会影响我们学习、争论、探索、发明和解决问题的能力。

那些回避"无定限"的人倾向于用非黑即白的色调来看待世界,灰色被忽视了。他们更倾向于赶紧找到答案,并因混乱和意外而感到苦恼。弗伦克尔-布伦斯维克写道,他们的"认知地图"被缩小为"严格定义的轨道"。形成鲜明对照的是,处于标尺另一端的人更有可能是好奇、灵活的思想者,他们得意于解决复杂的问题,陶醉于从旅居海外到品尝美食的新经历。他们甚至可以更好地掌控自己的思维。有证据表明,这一类思想者在大脑与执行控制相关的区域拥有更多的灰质。

在思维研究中,容忍度是一种倾向,并非宿命。我们或多或少带有内向或外向的倾向,或意气用事,或沉稳多思,对于没有把握的机会可能欢迎,也可能不欢迎。拒绝不知不一定就是法西斯主义或偏执盲从的标志,就像不喜欢聚会的人未必会成为纯粹的隐士一样。(虽然政治保守派更不愿意接受不确定性,虽然这两个复杂概念之间的联系早已广为人知,但其实二者之间的联系很弱。也有许多自由派厌恶意外,而不少保守派热衷于变革。)

对于不知,我们每个人的接受度都是不一样的,但有一点是确定的,那就是这种倾向是可塑的。形势和情境很重要,时间的压力会加剧几乎所有人的紧迫感,逼着人们匆忙得出结论。但与此同时，通过练习外加一点努力，我们在充满认知宝藏的灰色空间中停留徘徊的能力也是可以增强的。能力的指针是可以拨动的。

想象有这样一个实验：一批政治观点相左的陌生人聚集在一起，两人一组，就堕胎或管控枪支等有争议的话题进行简短的网上交锋。2016 年就有一个这样的研究，其中展现的互动关系正是那种经常很快就出岔子的互动。此时此刻，我们面临的认知不匹配不是神秘的病毒，也不是贸易政策的转变，而是另一个持完全不同观点的人，也就是我们所说的对手。这时就要看"冲突处理"的潜力了。

一开始，一半的二人组合接受的教练指导是要高度竞争、锱铢必较；另一半二人组合则被告知要尽可能多地互相合作学习。只用了不到 15 分钟，这种立场上的细微差别就改变了参与者看待世界的方式。那些倾尽全力压倒对方的陌生人组合变得更加绝对，也就是说，无比热爱学习和知识中的确定性。他们变得更有可能相信每件事情都一定有一个准确无误的真相，而且相信他们抓住了这个真相，坚如磐石，稳如泰山，牢牢把握，坚定捍卫。

相比之下，那些已经准备好学习的人变得更愿意进行或接受仔细的评估。他们开始认识到，认知本身存在天然的不确定性，听取多方意见才能形成最好的认知。"我完全明白这一点。"一位参与者说。他们对自己的观点同样充满信心。与我们的预期相反，有勇气容忍模糊性与自信相关。但通过接受具有挑战性的新信息，他们变得愿意审视和修改自己的立场。他们将自己的理解视为一种不断演进但经久耐用的织锦，其力量源自它的柔韧性和可变性。从这样的角度出发，他们可以提出更有技巧、更有说服力的论点。

只靠一场学术研讨会，或是事先编好的某个剧本，是不可能将我们转变为不知的艺术大师的。当我缠着一位不确定性领域的顶尖科学家索要我们对未知事物的恐惧的解药时，他责备道："我们对此没有一举定乾坤的灵丹妙药。"美国国家卫生研究院的资深医学科学家保罗·K. J. 汗表示，我们不可能"将这一切注入瓶中，变成某种简单的干预措施"。他不断提醒我，在有问即答的时代，想一次性解决问题是不切实际的白日梦。尽管如此，我们也不应该忽视每天等待着我们的无数机会，去敞开心扉接受不确定性及其巨大的潜力。

2016年研究项目的首席研究员写道："如果两个争论者都拒绝调整他们的信念，就不会取得任何进展。"我读过此类实验的对比记录：一方面是残酷、简短的战斗，另一方面是温和、婉转的互动。但也许最能说明问题的是每次辩论间隙尴尬的沉默。当出现冷场时（这是不可避免的），寻求确定性的人往往会试图以对他们有利的方式结束争论，有时甚至连嘲讽都用上了。那些努力从这种来来回回的争论中学习的人则往往在这个节骨眼上承认他们并不完全确定自己的立场。对他们来说，交流中的微小中断成了在对手的帮助下拓展思维的机会。这些思考者不仅容忍"无定限王国"的存在，还积极寻求并发掘其潜力，因为在那个令人无所适从的区域里，本身就蕴含着转变。

以机敏灵活的反应应对充斥着风暴和压力[1]的不确定环境，也

---

1 原文 sturm und drang 是德语，直译为"风暴和压力"。在德语里也特指18世纪60年代晚期到80年代早期德国新兴资产阶级城市青年所发动的一次文学解放运动——狂飙突进运动。该运动得名于德国剧作家克林格尔在1776年出版的一部宣扬反抗精神的同名剧本《狂飙突进》。狂飙突进时期的作家都有着鲜明的政治色彩，他们反抗当局，反抗贵族和神权的权力滥用，要求人权和社会自由平等。——译者注

许永远都是一项令人望而生畏的工作。从语言学到哲学的研究证实了我们的猜测,而脑科学也揭示了一点:不确定性不适合胆小的人。根据心理学家迈克尔·史密森的说法,通常用来描述这种状态的隐喻包括黑暗、迷失和模糊,也会诱导出徘徊、探索和荒野等意境。不确定永远与感觉处于边缘、无法完全控制有关。

然而,一连串的不知并不是浪费时间。请放弃"答案总是唾手可得"的观念,勇敢走进不确定性的荒野,迎接新的视角。当我们试图否认不确定性时,科学史学家杰尔姆·拉维茨写道,人生就会变成一个"局促且终将碎裂的体验场"。

———

到底是阴险恐吓的假笑,还是捉摸不透的微笑?他们是霸凌者还是被霸凌者?从视频片段中可以看出,林肯纪念堂台阶上的对峙既让人不自在又令人担忧。[1]一群戴着红色帽子的男孩唱着校歌,与一位一边击鼓一边吟唱灵歌的奥马哈族原住民男子面对面站着。这段试图通过剪辑制造震撼效果的视频确实达到了预期目的。网络上对少年们的攻击逐渐失控,最终演变成针对他们及其家人的死亡威胁,而校长要把学生们开除的恫吓言论,则又引发了一场解雇校长的病毒式运动。可悲!可耻!当是时也,各路人马纷纷站出来发声,仿佛希腊合唱团一样众口一词、步调一致。几个小时之内,立法者、专家、一位主教以及该视频总计 250 万浏览者中的一大批人都将这个本来莫衷一是的事情视为清楚无疑

---

[1] 此处描述的是 2019 年 1 月 18 日林肯纪念堂对峙事件。

的事实而大加挞伐。研究显示，只有 1/4 的在线帖子在被分享、转发或点赞之前被点开过。我们是否变得像搜索引擎一样，没等问题问全就给出答案了？

很快，公众关注的镜头开始拉远，更多事实浮出水面。鼓手的故事存在漏洞，人们意识到故意激怒公众的煽动者是群众中的另一拨人。我们本来有机会看出其中的含混之处，有机会暂停和回看，但是，要求克制的呼声被越来越顽固的成见杂音湮没。一位专栏作家敦促大家不要过早下定论，以此缓解不断加剧的愤怒，却遭到了数百名网友的嘲笑。

半个世纪前，马丁·路德·金曾站在这些台阶上，大声疾呼"现在正是万分紧急的时刻"。他认为，必须纠正错误，但他强调这项工作必须受到"尊严和纪律"的约束，必须保持"知之为知之，不知为不知"的谦逊态度。他激励狂热的群众要奋斗、要追求梦想，不要认为确定就意味着正确。我们已经忘记了他的恳求。

人生在世，总免不了是是非非，也必然免不了进行各种评判，但加深我们困境的是我们越来越坚信自己掌握的知识就是终极真理。忽略明显的细微差别或另一种观点似乎不再仅仅是忙碌高效的副产品，而成为我们刻意追求的目标。在从忽视不知的概率到断言"我从来不想知道"的转变中，存在着一个充满差异和风险的世界。美国 1/5 的民主党人和同等比例的共和党人（数以千万的成年人）认为对立政党的许多成员不是完整的人。在大家眼里，令人反感的公众人物和朋友都会被"取关封杀"（即抵制），尤其是在网上。不一致和矛盾以及它们的代表人物不仅被认为不值得深究，连存在的权利都没有了。

但我们不应该忘记，答案无论对与错，皆有回响，尤其是在暴力和灾难愈演愈烈的情况下。最好的理解需要不断的改变和发现，要不然它的基础就会崩塌，我们所坚持的立场就会变得像纸片一样不堪一击。除非我们接受不确定性的挑战，否则我们就会与生活中的惊喜擦肩而过，错失正视变化的机缘以及改头换面的机会，更无缘享受放慢节奏、沉思冥想时那份不可言喻的优雅。

人类与动物一样，都有 6 种核心本能：逃跑、战斗、协作、进食、繁殖以及为了收集更多信息而僵直装死。几千年来，这些发自本能的慢化时刻逐渐演变成人类通过有意识地应对未知来指引自身命运的能力。揭示看不见的潜在联系，探秘对立观点的隐情，或者只是意识到谈话已经偏离正轨，都需要心理学家杰尔姆·布鲁纳所说的"脱离承诺"。无论脱离是强加给我们的还是一种策略性的寻求，这一令人不安的时刻都不是所有行动的休止，而是节奏和认知的换挡，表明我们已经开始挖掘未知的潜力。斯坦福大学神经科学家维诺德·梅农表示："暂停并不是什么都不会发生的时间。"

在一项开创性的实验中，在参与者事先不知情的情况下，梅农和他的研究团队对 18 个人在听巴洛克交响乐时的大脑思维模式进行了数据采集。令科学家惊讶的是，参与者的大脑在乐章之间的短暂静默期间最为活跃。音乐的停顿将听众带到了认知的悬崖边缘。由于违反了他们对连续性的期望，看似"虚无"的那一刻反而为思维进一步打开了可能性的空间。这项"微不足道"的研究登上了著名科学期刊《神经元》的封面，并成为世界各地的头条新闻。

很久以前，罗马政治家西塞罗曾发表了一篇旨在向古罗马普及希腊哲学的论文，其中使用了"*incertus*"一词（意思是"不明显的"或"无法辨别的")作为不确定性的术语。他其实可以多聊聊不确定性的诸多与生俱来的优点。

直到一个世纪前,人们还认为自然在很大程度上具有神圣的规律性,而上天也被认为是法度谨然、井然有序的。直到一二十年前,人们还认为大脑是模块化的,并在我们成年时就已发育完全,智力和气质在之后不再变化。直到最近,人类还被誉为理性的生物,就像天上的星星一样可预测。早期现代科学技术的兴起坚定了人们的信念,即世界好像一个时钟,而人类可以揭示其内部机制,从而使自然屈服于人的意志。总的来说,最优秀的思想者被视为超然的观察者、逻辑和数学大师,最重要的是,正如笛卡儿所教导的,他们是屠灭怀疑之龙的英雄。

决策树和道德代数,清单和对算法的服从,这些都是对哲学家约翰·杜威所谓的"对确定性的追求"的继承和延续,但将这样一种看待我们头脑内外世界的视角当作思考的终极目标已经越来越受到质疑。人类确实喜欢寻找答案,执着于自己所知道的东西,但同时他们的认知能力也远远超出了古典理性所容许的理想范畴。启蒙运动的成就是伟大的,同样伟大的是,它为揭开思维的奥秘开辟了一条笔直的通路。

现在,我们被告知,宇宙正在膨胀。在最小的量子水平上,空间和时间是无定限的、不断变化的域,其活力体现了生命的深刻无常。一个又一个自然法则被揭露为临时法则,而正如爱因斯坦、毕加索和美国女作家托尼·莫里森所教导的那样,我们的理解与我们看到了什么以及我们所处的位置有关。举目四望，几乎所有地方原本被普遍接受的观点都受到围攻，从浩瀚无际的宏伟构图到知识的内涵。无论你喜欢与否，不确定性都在扰乱我们的自信链条。

我们被数字时代破碎的承诺嘲弄，只有一小部分美国人相信技术增加了我们的好奇心、知识或理解力。近年来，人们对许多主要机构的信任以及彼此之间的信任都受到了打击。无论是社交媒体上还是饮水机旁的闲聊中，都充斥着日益强烈的焦虑感，心理学家现在将这种状态定义为"对未知的恐惧"。历史学家丹尼尔·布尔斯廷称这样的时代为"消极发现的时代"，这是"一个不再有答案而只剩问题的世界"。

难道躲回各种新的或旧的确定性里面，就是我们最好的依靠吗？或者，当火花四溅地互相否认、僵化的技术以及期望知识可以毫不费力地获取，甚至就按照我们的口味和理解量身定制这类事情越来越多地出现在我们的生活中，我们就能够超越现实吗？现在是时候把聚光灯集中到一种新的英雄主义上了：驾驭不确定性，哪怕快速判断和古典理性都试图消灭它。

本书是数百次采访和数千英里[1]求索之旅的结晶，向我们展示了如何巧妙地面对未知，如何寻求以不知增智慧、创奇迹、求发现。当不再逃避不确定性时，我们就能够克服对不知的恐惧，不再因为这种恐惧而保持一种极其有害的疏离感，以及不愿意多方面地、持续发展地理解现实，也不再因为这种恐惧而阻碍我们的想象力展翅翱翔。我们能够开始探索所有我们不理解的事物，摸

---

[1] 1英里≈1.6千米。——编者注

索出它们的轮廓，进而去适应模糊或新的东西，无论是应对一场正在发生的灾难，还是发现了令我们钟爱呵护的信念陡然崩塌的证据。通过质疑思维中那种对"轻而易举"和"快速"的成功不切实际的想象，我们可以认识到只用一种节奏、一种观点或一个简洁的模板就打满全场是多么罕见。最重要的是，我们可以发现不确定性既是一种可以实现善思的非凡的认知工具（实际上是一种技能），又提供了关键的时间和空间，使我们能够探索开拓未知世界的沃土。

本书每章都探讨了我所说的"行动中的不确定性"的一种不同模式，从世界级专家用于应对危机的"精修版"的不确定性到可以激发惊人创新的引导性遐想。我们首先要学习如何克服傲慢和焦虑，这些形式的确定性削弱了我们把握高风险问题以及生活本身的复杂性的能力。接下来，我们将探索遐想和遗忘的心理路径，并了解为什么认知上走的错路、弯路甚至出现的偏差失误并不是我们所认为的失败。哪怕是为了记住一个名字或一个事实进行徒劳的斗争，也会促进知识合成和抽象的进程，对意义的建构发挥着至关重要的作用。

在第三部分中，我们从社会角度对不确定性进行了解析，发现不确定性既可以充当缓解从众心理的解药，也可以用作消除仇恨异己的解毒剂。例如，群体中的不同意见即使是错误的，也会引发心理上的不确定性，这种不确定性最终会挖掘出通常在达成共识的过程中被忽视的关键信息。第四部分将带领我们跨越古代和未来，直击人类为生存而战的前线。我们将探索在动荡环境中长大的人们所拥有的长期被忽视的优势，并对"可预测性是人类应该追求的首要目标"这一假设提出疑问。最后，我们将以出人意料的不同视角审视一场新的革命性运动，通过使人工智能变得不确定来消弭其危险的僵化性和不可阻止性。

伴随我们的一直是一个不可预测的多变的世界。我们只有将自己从诱人但错误的信念中解放出来，才能开创人类进步的新愿景，展开探索人类进步新知的新视野。

当一位世界顶尖的化学家开始寻找生命密码时，他的两个年轻的竞争对手已经在这个问题上苦苦探索了一年多。但化学家并没有拿这两个人当回事儿。他当时刚刚高调揭示了蛋白质的重要组成部分 α-螺旋的结构，并将在两年后因这一发现而获得诺贝尔化学奖。对他这样一位德高望重的科学家来说，揭开脱氧核糖核酸（DNA，被怀疑是遗传密码的保管者）相对简单的结构似乎很容易。这位加州理工学院的杰出人物已经自信到了自负的程度，他坚信自己能够破解密码，"这只是时间问题"。

远在半个地球之外的英国，他的两个竞争对手正在坚持解决一个他们在大多数情况下根本没资格去解决的难题。在这个世界一流的学科领域，他们归根结底只是两个无名小卒：一个是躁动不安的 24 岁生物学家，想去加州理工学院读研却被拒之门外；另一个则是善于交际的 36 岁物理学家，仍在攻读博士学位。当他们在剑桥大学搭档组队时，两个人谁也没真正搞明白基因是什么。这把生存的钥匙有着自相矛盾的两面性，必须既有序（可复制）又无规律（孕育个体性），就像遗传界的雪花。蛋白质是细胞中最活跃、最复杂的分子，似乎是合适的候选者。然而，通过病毒研究和 X 射线完成的大量分析,两个年轻的科学家比许多同行更早地意识到,答案在于生命中不太活跃的组成部分,即在所有活细胞中发现的 DNA。现在科学界已经迎头赶上,终局之战已经开始。每一步都充满不确定性的这两个研究人员能否取得惊人的突破?

压力在肩,但两个人还是一如既往地工作、争论、试验、前进,然后又从头再来。他们从竞争对手和同事那里寻找具有挑战性的证据,相互之间不断地给对方固守的信念泼冷水。两个人都不指望这是一条顺利、快速的成功之路。(一位才华横溢的年轻化学家和她在伦敦国王学院的同事通过研究 X 射线下的 DNA 结构取得了进展,后来这一研究帮助印证了胜出的解决方案。但她专注于实验室环境中的分子变异,因此始终落后一两步。)"我们根本看不出答案是什么,"由物理学家转行的那个生物学家回忆道,"但我们决心从任何相关的角度来长期、认真地思考这个问题。"

他们面临的挑战类似于解决一个三维拼图难题,除了 X 射线捕捉到的模糊掠影,这个拼图是不可见的。分子的比例和组成已大致清晰:长链以磷酸糖为骨架,支撑着成对的核苷酸碱基,这些核苷酸碱基是遗传密码的字母。但没有人真正知道长链是位于结构的内部还是外部。DNA 是类似于带有叶基的致密花茎,还是由核苷酸台阶构成的螺旋楼梯?它会揭示出怎样的生命奥秘(如果有的话)?就在年轻的科学家们即将找到答案时,他们得到了一个消息。

经过不到一周的计算和绘图,那位著名的化学家告诉他的一位同事,他已经找到了解决方案。虽然数据并不完全符合他的结论,但这并没有阻止他。他对蛋白质 α-螺旋的发现源于一次科学信仰的飞跃。问题是，这一次，他忽略了他可能不知道的蛛丝马迹。虽然他对 α-螺旋的预感经历了多年的细化完善，但现在他只用了一个月就发表了论文，对其他可能性和同事的批评视而不见。"几乎毫无疑问，"他写道，"这个结构确实很漂亮。"

由于他认为基因就是自己所偏爱的某个版本的蛋白质，所以他提出了花茎形式的三螺旋结构，但这种结构早在一年前就已经被剑桥团队排除掉了。更糟糕的是，他推测将磷酸盐链结合在一起的是氢，但这是不可能的，因为在这种化学环境里，中心是无法保持的。当质疑者为了核查这位科学家的错误而翻阅当时的标准教科书时，他们意识到自己正在阅读的就是这位伟大科学家自己的著作。惨败的苗头一直存在，但他甚至都没有停下来看一眼。

在得知莱纳斯·鲍林的惊人错误的一个月后，詹姆斯·沃森和弗朗西斯·克里克破解了这首生命纯诗的密码。在两年的时间里，他们既遭遇过错误的开局，也做过炉火边的白日梦，还锻炼出了强大的抵受简单答案诱惑的能力，可谓历经九九八十一难，终于功德圆满。他们得到的奖励是被揭示的真相，而且这一真相有着精彩绝伦的科学优雅之美。从中间拉开拉链，双螺旋的螺旋链可以各自创建一个互补的副本，传递完成生命工作的蛋白质的配方。1962 年，沃森、克里克和伦敦国王学院科学家莫里斯·威尔金斯共同获得诺贝尔生理学或医学奖。[罗莎琳德·富兰克林（前文中提到的那位女化学家）的关键贡献最终得到了沃森和克里克的认可，尽管这个认可姗姗来迟且是最低限度的，她本人没有等到获奖资格评审就于 1958 年去世了。] 鲍林错过了历史上最伟大的科学突破之一，这一失败令他在余生中一直备受困扰。

在后来的几年里，克里克等人问鲍林为什么他会犯这样一个根本性的错误。他坦承"我不知道"。这一次,他没有现成的答案,但就在那一刻,他揭示了造成自己的蠢行却成就其对手辉煌的关键所在。克里克回忆道,选择正确的问题促进了他们的成功,但重要的是"不要做出任何经不起反复质疑的假设"。鲍林回避了不确定性,而克里克和沃森乘着不确定性之翼,展翅翱翔,直至胜利。但故事并没有就此结束。

在揭示 DNA 的结构之后,克里克又花了十多年的时间带领我们探索并揭开了其错综复杂的构造,接下来一路领跑,直到在意识奥秘的探索中站稳了脚跟。自始至终,他都在不断地提出问题,将猜测升级为一种战术,激励同事们探索新的学科,看透"数据背后的真正含义"。沃森后来领导了著名的冷泉港实验室,并协助发起首次人类基因组图谱的绘制工作,但在断言某些民族的智商低下源自基因之后,他不光彩地退休了。虽然有无数次重新考虑的机会,但他拒绝改变自己的观点。他失去了"或许"的勇气。

绝大多数思考乃至生活本身都在追求问题的解决。然而一路走来,正是不确定性使我们能够预见难以想象的事情,适应意外情况,像重视答案一样重视问题,并从差异和困难中汲取力量。我们不必害怕无定限的存在,因为这就是我们找到更好的解决方案、找到希望之路的地方。不确定性的优势即在于此。

第一部分

觉醒

第一章

火线下的思维
知之的阴暗面

> 凡不能探索不可预见之事者,亦将目无所见,
> 因为已知之路是一条死路。
> ——赫拉克利特——

手术进展顺利。患者躺在多伦多的手术室里,已经接受麻醉,等待一位在加拿大已跻身顶级名医行列的外科医生加入手术。一名刚入职10周的初级医生给患者开了第一刀,鲜红色的腹腔和准备部分切除的癌变肝脏暴露出来。在这个3磅[1]重的器官(供应人体13%的血液)上动刀,就像在雷区里穿行。在古希腊人眼里,肝脏是情感之所在,而它实际上是生命的纽带,对人体数百种以排除体内毒素为核心任务的重要功能至关重要。对拿着手术刀的手来说,它是一个充满危险和意外的器官。但这位资深外科医生、

1　1磅≈0.45千克。——编者注

癌症遗传学家和加拿大领先的肝胆专家知道该怎么做。做了这么多年手术，他已经可以在不放慢手术速度的同时让自己偶尔走走神儿，想想这忙碌的一天中的其他事情。他对自己的效率深以为傲，希望这回也是一次常规的切除手术。虽然病情在恶化，但患者的生存机会还是很大的。

这位资深外科医生在附近的等候区暂歇，一边嚼着百吉饼，一边与一位将观摩手术过程的同事评估病例。我在一旁默默倾听，准备陪他们进手术室。我来到这里是为了见证专家思维的实际运用，并想知道不确定性在最紧急的时刻可能发挥什么作用。面对危机犹豫不决，这样的外科医生是有勇无谋还是英勇无畏？是否只有心有定见且毫不动摇的人，才能达到某种高度的卓越？如今这个时代，上一个小时还是鲜花着锦、烈火烹油，下一个小时可能就天崩地裂、万劫不复了，而这位外科医生算是现身说法，让大家领教到从被追捧到被抹杀真的只有一步之遥。那么，在下一次完全失控的大崩坏中，我们能向谁求计问道？谁将是我们这个时代的再世诸葛？这位资深外科医生把最后一口早餐送进嘴里，又耽搁了一会儿，才戴好口罩，穿好手术服，准备把活儿干完。"我们的大部分工作是为了避免问题，"他说，"大多数手术，我想生活中的大多数事情，也是一样。"

过了一会儿，他高举消过毒的双手，走进手术室，踱到手术台旁，打量着他的"猎物"：肝脏右叶滋生出的一簇硬质的白色肿瘤。要想切除病灶，就必须打一场围歼战，医生们要在不伤害健康的左叶的前提下，努力隔离并切除右叶的癌变部分。这项工作的肯綮在于把分别连接心脏、肝脏、肠道的三根大血管和胆管区分出来。就像河流主干会分成两条支流一样，身体的这些补给线每条都会有一支分岔深入肝脏。肝动脉、门静脉、胆管和肝静脉,每条分支必须先封堵再切断,医生们才有可能保留未生肿瘤的另一半肝脏和患者的生命。如果他们错误地切断了这些解剖组织中任何一个主干,患者都可能很快因失血过多而死亡。

诀窍是在层层组织、脂肪和血液中找出最重要的东西,这些组织、脂肪和血液是如此复杂,解剖学特点是如此不同,乃至连外科专家有时也会迷失方向。这一领域的很多论文都会警告执业医师要当心数不胜数的解剖变异,因为没有一本医学教科书能够将这些变异完完整整地描述清楚。"我们不喜欢把'那到底是什么'总挂在嘴上,"这位资深外科医生开玩笑地说,"但我们确实会偶尔这么说。那通常不是一个好兆头。"美国女诗人艾米莉·狄金森写道:"外科医生们必须非常小心/当他们拿起手术刀!/在他们精细的切口下/悸动着问题的缘起——生命!"

就像无月之夜的破坏者一样,外科医生和他的学生小心翼翼地摸索前行,用烧灼器挖出肝脏和周围组织,房间里弥漫着肌肉组织烧焦的酸味和烟雾。初级医生是新来的,谨小慎微,工作缓慢。资深外科医生指导着她,一边聊着自己经历过的种种艰难考验,一边把护士们支使得团团转,最后变得越来越不耐烦。手术进行到一半时,他一般就会开始看表,这种习惯现在常见于被利润微薄、员工过度劳累以及疾病日益复杂困扰的科室。"(医疗保健的)所有压力都集中在生产效率上。"安全专家彼得·普罗诺沃斯特指出。在这家医院,任何超时的手术都会被贴上警示标识,这种效率统计可以影响外科医生未来的手术分配。对一个崇尚果敢决断的行业来说,目标很明确:速度就是黄金标准,怀疑是不受欢迎的搅局者。在医学上,应对不确定性的方法就是"让它消失,这样问题就解决了",一位医学科学家说。

"所以这是那根右动脉。"资深外科医生宣布。"事实上,它很大。"他补充道。突然,他陷入了回忆。此时此刻,两个人正在对器官的底端进行手术,以找到三条紧密排列的血管,其中包括一条将含氧血液从心脏输送到肝脏的肝动脉。在这里他们发现了一大段动脉组织,表明他们可能已经找到了目标,即可以切除的右分支血管,尽管尺寸超大。(患者是个高个子。)但也可能是相反的情况,血管的巨大尺寸或许表明他们处于危险的境地,即可能会切断动脉的主干。资深外科医生下定决心,命令初级医生阻断并切割手中的血管。但初级医生坚持首先用夹子暂时阻断还不能完全确定的这部分动脉组织,然后通过触摸附近左分支血管的脉搏,以检查其供血。资深医生认为她的这种谨慎属于偏执,但还是不太情愿地允许了。确认他的命令后,她开始了下一阶段的操作。

然而,在一旁观摩的医生后来解释说,这次交锋很能说明问题。卡萝尔-安妮·莫尔顿本人就是一位知名科学家和外科医生,这次充当我的向导,引导我对面前发生的事做出批判性评价。她以前是这位资深外科医生的学生,现在是他一个喜欢没完没了提问题的同行。十多年来,她一直在研究如何突破眼前这一类无法确定如何解决问题或做出决策的困难境地,因为在利害关系过于重大的困境中,很多事情并不像看上去的那样。莫尔顿是外科专业方面的全球权威,她的影响力已经远远超出了医学领域,目前在认知科学领域最具挑战性的一项工作中处于最前沿的位置。这项工作需要破解的疑问是,面对一个快速发展变化的问题,我们应该如何避免被它牵着鼻子走,并努力找出一个解决方案,同时又该如何应对螺旋式上升的未知数。

那天，在时钟的嘀嗒声中，面对一条处于危险中的生命，我们看到专家思维在高速运转，目睹它竭尽全力地变通和决策，并见证它达到危险的极限。莫尔顿后来告诉我，资深外科医生不想花两三分钟来夹住动脉，为了提高效率、节省时间，他很乐意冒这次风险，直接把血管分开。速度很关键，手术时间越长，产生并发症的风险就越高，尤其是在复杂的手术中。"总有你需要一直向前的时候。"莫尔顿说。然而她认为，在火线下仓促确信一件事是我们这个时代危险的海妖的召唤。莫尔顿沉着冷静，体格健壮。她有一个结实的下巴，脸上总是带着从容的笑容。她的兴趣是质疑现状，并且因为质疑我们有关卓越绩效本质的过时假设而获得赞誉。莫尔顿的求索有助于以一种全新的理解回答下面这两个问题：如何获得真正的专业能力？为什么我们比以往任何时候都更需要这种非凡的本领？

"沿着这条线切开。"资深外科医生命令道，他指着健康的黄褐色左肝叶和变暗的右叶之间越来越明显的边界。"来回运刀，很好。"他说。他正在接近这台艰苦手术最关键的节点，分离一条将消化液（我们称之为胆汁）输送到肠道的关键管道。他会正视局势的复杂性，认识到危险就在眼前吗？莫尔顿插话提醒大家小心谨慎，这已经不是这台手术中的第一次提醒了。但资深外科医生仍在做着不懈的努力。"再快一点，再快一点。"他说。患病的肝区几乎已完全切割下来，就在这时，莫尔顿的警告应验了。

―――――

快速敏捷、不假思索、笃定自信。独门绝技的代名词是顺畅，是靠时间积累而成的。经验丰富的医生可以隔着整间屋子进行诊断，紧急情况下还能做得更出色。消防队长可以在不到一分钟的时间内做出 80% 的战术决策。无论我们是主持会议还是领导战斗，卓越的专业水平似乎都会浓缩为一种神奇的轻松感。长期以来，专家一直是我们信任的能够快速下结论的人。新人，不好意思，是没有这种待遇的。那么这种才能的根源是什么？是什么让专业人士如此快速且如此确定？为了探究火线下的专家思维，让我们回到 1939 年 8 月，当时一艘比利时货轮正在战争迫在眉睫的阴影下开启一段为期数周的航行，前往阿根廷。

在参加世界国际象棋奥林匹克大赛的途中，大多数欧洲冠军以及一名荷兰队队员决心将这一贵族游戏作为研究判断力的一个新的实验场。当时，心理学领域的许多人在行为主义的影响下，认定思维的运作方式几乎不可能被破解，但一拨富有创造力的欧洲研究人员会证明他们是错误的。初出茅庐的心理学家阿德里安·德赫罗特[1]只用了一个棋盘和一个笔记本，就在船上进行了一系列实验，厘清了专家们经常几乎是在瞬间选出最佳方案的原因。

德赫罗特要求棋手在盘中思考对比赛结果至关重要的关键一步时，把自己怎么想的大声说出来。高手几乎总能选择正确的下一步，但在选择的过程中，他们并没有比棋力较弱的棋手想得更远，也没有走出更多的试探棋。（高手算棋平均可以算出 6.8 步，而弱一点的棋手则能算出 5.5 步。）高手几乎立即知道该做什么，后来的一系列实验给出了线索，从中可以一窥个中缘由。只给 4 秒钟去记忆对局的棋盘，新手平均只能记住 4 枚棋子，而高手则能记住 4~5 倍的棋子，试到第三次时，高手就可以几乎完美地将

---

1 阿德里安·德赫罗特是荷兰著名的心理学家和国际象棋大师，本段中的"一名荷兰队队员"指的就是他。——编者注

对局复现了。

德赫罗特大胆地认为，专家的超凡能力得益于按切实可行的模式进行"组块"的大量经验性记忆储备。这就是为什么他们常常一眼就能看出正确的一步。面对64格棋盘上26个棋子的布局，高手可以迅速看出这是经典卡罗-卡恩防守型开局的一种变化，从而找到取胜的突破口。新手则不能识破隐藏在乱局中的策略。深受德赫罗特影响的1978年诺贝尔经济学奖获得者赫伯特·西蒙总结道："直觉无非就是认知，增一度即太过，减一分则不足。"

行动中的思考通常不是从费力地处理你面前的所有可能性开始的。谁有时间去进行无穷无尽的利弊分析呢？相反，我们会采用被西蒙称为"启发法"的认知捷径，先直接抓出来一个足够好的答案。这一套快速思维的技巧源自数万年来形成的生存法则，这是一种从我们祖先那里继承下来的天生就有且已成家常便饭的本事。例如，我们很容易认定陌生人是一种威胁，从演化的角度来说，对新的潜在朋友保持警惕比对可能的侵略者寄予致命的信任要好得多。第二类启发法源自同样有影响力的学习领域：我们自己储备的随着时间的推移而逐渐积累增加的认知捷径。这是德赫罗特帮助发现的知识礼物：通过练习，我们可以用更少的脑力去执行更复杂的任务，无论我们是将字母c-a-t转换成单词cat（猫），还是灵光一闪，突然知道如何将死卡斯帕罗夫。一开始劳心费神的事情（夹吗？）变成了不假思索的下意识行动（切！）。[1]

---

[1] 国际象棋中，"夹"（clamp）可能被用来描述一种"夹住"或"限制"的局面，使对方的棋无法自由移动，从而限制对方的行棋选择。"切"（cut）可能被用来描述某些战术或局面特征，比如切断对方棋子之间的联系或保护，从而削弱对方的防御或进攻能力。——编者注

所谓"前事不忘,后事之师"就是这个道理。

通过简单的实验,德赫罗特激发了人们对思维的想象:思维就是一个由潜意识的规则、语法和运筹组织起来的信息处理器。他打破了专家表现的"黑匣子",为人与机器建立新的合作关系奠定了基础。工业时代生产力大师 F. W. 泰勒剖析了体力劳动的各个要素,以揭示其隐藏的效率。和他一样,战后认知革命的先驱们利用第一代计算机的算力对思维机制进行了剖析,以试图解码其能力。认知被视为由某种机器执行的计算,有序、分层且快速;经验则被视为一种编程。(接下来,我们手中拿着的各种机器也会变得"智能"起来。)这种对大脑的理解至今仍然巧妙地强调了我们对技能的看法。我们觉得专家可以马上意识到制胜战术。他们可以一边谈论上周末高尔夫球赛的第九洞,一边顺利完成整个操作过程。我们自豪于成为手中设备的主人,能够一边开车一边发短信,一边交谈一边发推文。我们是具有神性的机器,正在迈上奥林匹斯山般的轻松境界。

但我们真的是这样吗?德赫罗特的开创性工作表明,我们的许多独门绝技并不是天生的,而是艰苦积累而来的。他向我们揭示了专家早已习以为常的高速度背后的故事。但当科学家开始让熟练的操作者承担更加艰巨的任务,借此来测试人类表现的上限时,他们发现这个故事存在一个意想不到的小问题。事实证明,将积累而来的知识打造为平顺的"不假思索的行动",并不能保证卓越的表现。古老的拉丁语格言"*experto crede*"(信任有经验的人)放到现代,是要多留一个心眼儿的。

以那些锋芒(不是他们的狂妄哟)早已不在但确实见多识广的记者或久经沙场的销售主管为例。从国际象棋到金融再到体育等领域，经验积累的年限往往与准确性和技能弱相关甚至负相关。在一项大型实验中，平均而言，资深审计师在发现账簿中的异常问题（例如贪污）方面还不如会计专业的本科生。而另一项调查了4500名医生的研究显示，在因心脏病住院的患者中，经验更丰富的医生的患者死亡率更高。具有神性的"机器"为何失灵？和蔼可亲的德赫罗特的科学继承者们有一个关于专业能力的新故事要讲。大脑不仅仅是一台机器。在火线下保持睿智的思考需要的不仅仅是按按钮式的捷径，使我们成为专家的独门绝技最终导致我们翻车的情况也已司空见惯。

还记得前面说过的吗，我们的大脑以生存为第一要务，因此会无休止地竭力寻求快速的解决方案。当面临某个问题时，我们的意识中往往只会突然蹦出来一个反应，基本上就是以过去行之有效的方法（即能产生奖励效应的方法）为基础。然而，如果把这段反应时间放大来看，我们就会看到独门绝技精炼巧妙的另一面：行动中的思维会缩小思考范围，变得狭隘。例如，我们通常会先入为主，可能是因为几乎所有跑得最快的、飞得最高的也就等于是最成功的。就像新生的小鸡会把第一眼看到的动物认成妈妈一样，我们也会对第一个进入视野的选项给予不成比例的重视，很大程度上忽略了接下来的其他选项。研究表明，在审判之前或审判期间提前接触证据会对陪审团产生极大的影响。

另外还要考虑一下我们是多么容易屈服于"定势效应"，这是一个以德语"Einstellung"（本义为"设定"）命名的术语，意思是，人们在掌握了解决问题的某一种特定方法后，就会对更好、更快地解决类似挑战的方法视而不见。也许这就是我们如此墨守于洗碗机里碗筷摆放方式的原因。当国际象棋高手们围观一局正在进行的比赛时,他们可能马上就能看出一方可以采用著名的五步法实现"闷杀"将军,但大多数人没有看出其实还有一种下法只用三步也能将军。过去半个世纪中摸索出的数十种此类启发法暴露了捷径思维的致命弱点:在可能性的海洋中,我们跳到我们能找到的第一个、最熟悉的救生筏上,然后就紧紧抓住不撒手了。

生存天然需要在所有认知层面上剔除选择和证据。即使是最基本的感知机制也会参与这种对意义的建构。作为大脑的步兵,低级神经元并不像人们曾经认为的那样,只负责将原始感官数据输送到负责"思考"的高阶区域。相反,大脑的这些微观小宇宙会根据我们的目标和期望以及从外界环境中收集的动态线索对新的信息进行过滤,我们的前线细胞有识别和学习能力,是"不假思索"的最小组成单位。信息会在认知食物链上下游之间被不间断地解读(这是科学界最近、最伟大的发现之一),使我们在面对周围复杂的环境时不会茫然无助、不知所措。我们很快就知道正在发生什么以及该做些什么。然而,这种无情的选择既武装又限制了我们的思维。是敌是友?是夹还是切?我们对一个问题如何界定,为接下来所发生的一切奠定了基础。关于德赫罗特的棋手们的故事还没有结束,下面我们会结识一个摆弄蜡烛的人,通过他,我们将对独门绝技的阴暗面有更为细致的了解。

作为一名赴美求学的德国研究生,卡尔·东克尔开始利用蜡烛、软木塞等简单的家用物品,策划一些最具影响力的心理学实验。一位导师后来评价说:"问题富有成效,解决方案也很漂亮。"常规性流畅之外的未知领域令东克尔极为着迷,他的独创性测试旨在揭示解决问题的"调停阶段",而他感觉这就是我们在面临棘手挑战时为了最终真相大白而必须经过的不确定路径。他断言,这类问题不可能一下子被解决。通过搜索记忆寻找过去的解决方案具有"一定的启发价值",但"与思考关系不大"。对于火线下思维的运作过程,他的探索几乎比任何人都更大胆,也走得更远,但是在这个过程中,他很快发现我们是多么自信得"不过脑子"。

在东克尔最著名的实验中,被试被要求将一根蜡烛固定在墙上,提供给他们的只有三根火柴和一盒图钉。许多人试图将蜡烛直接钉在墙上,或者用熔化的蜡液将其粘在墙上,最后的结果当然是一团糟。总体而言,3/5 的人完全忽略了将图钉盒作为蜡烛支撑物的可能,而这正是解决方案的关键所在。("当关键物体后来被指出时,"他写道,"就好像'他们猛然觉得自己上当了'。")我们马上就能将一个物体与其常用用途联系起来或"固着"下来(在这个实验里,是将盒子与容纳功能联系起来),然后对它所有可能的用途就都视而不见了,这个发现让东克尔大为意外。他在其遗著《关于解决问题》(*On Problem-Solving*)中写道,我们忽视了情况的"本质方面"。

他的发现解释了为什么英国海军部最初以对海军缺乏"任何实际用途"为由拒绝了莱特兄弟的发明,以及为什么直到 20 世纪 80 年代医院仍是将捐献的血液视为红细胞的主要来源用于输血,而将含有干细胞的血液层一扔了事(很可能正是这种做法延缓了医学界对这种主细胞价值的认识)。心理学家认为,追求解决问题的效率会产生"代价高昂的副作用"。在全力寻找答案的过程中,人们通常会根据首先想到的办法采取行动,因此最终往往通过他们已经熟悉的视角来看待世界。接下来是随着经验的累积而加深的"认知固化"。例如,只要把玩家花了数年时间才掌握的游戏规则稍做调整,就能轻易地将他们搞得不知所措。

然而，这种短视是不可避免的吗？在东克尔首轮实验 75 年后，研究人员塔姆辛·杰曼对儿童进行了一次亲子版的蜡烛问题测试：使用盒子里的一系列玩具，把一只毛绒熊放到高架子上的玩具狮子那里。如果这个盒子（能当一个方便的脚凳来用）被放在玩具旁边，那么能解决这个问题的 7 岁孩子的数量会是用这个盒子放玩具时的两倍，就像几乎所有成年人都会因为在图钉旁边放了一个盒子而破解蜡烛问题一样。但有趣的是，无论工具如何排列，5 岁的孩子都表现出几乎相同的灵活性。由于还没有形成"固着性"，幼儿园的孩子基本都会问"一个东西能做什么用？"，而成年人甚至二年级学生则会搜肠刮肚，尽其所能去思考"它是用来做什么的"。

因为年幼的孩子不需要摆脱他们自身成见的羁绊，所以在解决这类更棘手的"工具在盒子中"的问题上，他们的用时仅为成年人的一半。他们愿意面对不确定性的天性令解决问题变得更容易。他们让我们很没面子，但同时也让我们看到了出路。我们是否也可以学着把第一个结论作为判断的起点而非终点呢？我们能否重获不知之心的垂青？无论我们面对怎样的麻烦，是简单如蜡烛问题还是严重如灾难祸患，我们都急于绕过困境的混乱边缘和内部隐藏的因素，在我们完美的独门绝技中寻找庇护所。这里还有一个额外的问题：越是艰难的时刻，人们就会越快地停止思考。

前面说过，一个人得出结论的速度有多快，部分取决于他对不确定性的容忍度有多高。这样一种性格倾向在心理学上被称为"特质"，属于思维的某种设定值。人对未知事物的基本态度是可塑的，也就是说，有着强烈的"情境性"。特别是精神压力、疲劳、信息超载、时间压力，或者我们必须发表意见的情绪（基本都是我们今天所熟悉的人生常态）都会急剧增加结束的需要，即对确定性的渴望，对"不管什么答案，只要有答案就行"的渴望。这是阿里·克鲁格兰斯基的观点，他开创了一个针对此类心态的新研究领域。

克鲁格兰斯基在他的一项研究中向两组人分别展示了"9·11"恐怖袭击事件和时髦的高科技工作场所的 7 分钟影像。在衡量人们对于计划在最后一刻发生变化，问题有很多可能答案，或者仅仅就是暂时不知道怎么办等情况的容忍度时，那些观看了大灾难场景的人在后续测试中的得分远远高于那些平静场景的观看者。"他们渴望确定性。"克鲁格兰斯基告诉我。他认为，这种强烈的倾向性近年来在美国人中表现得越来越突出，在疫情暴发初期更是得到了极端充分的展现：人们争相提现，抢购枪支和小狗，还有些人过早要求放弃安全措施。克鲁格兰斯基和他的同事将对结束的需要称为"我们思维的守门人"。当身陷困境无力摆脱时，我们往往会升起心理的吊桥，在最需要新信息的时候将其拒之门外。

这是明显的第二十二条军规[1]。当对自己所处的困境知之甚少时，我们渴望得到清晰的答案，但在威胁或逼迫之下，我们陷入了"延转模式"，继续抱着那些经过锤炼的，在更容易预测的时期构成能力基石的成见继续前进。不仅如此，我们一旦走上了草率判断的道路，就不愿意回头了。用克鲁格兰斯基的话说，我们先是抓住一个想法，然后将其固定下来，对自己草率的判断越发自信。这种"先开枪后瞄准"的确定感一次次地让我们免于陷入

---

1 "第二十二条军规"（catch-22）出自美国作家约瑟夫·海勒的长篇小说《第二十二条军规》。在该小说中，根据第二十二条军规，只有疯子才能免除飞行任务，但必须由本人提出申请，而能提出申请，恰好证明申请者是一个正常人，所以必须继续执行飞行任务。后来，第二十二条军规被用来比喻两难境地。——编者注

瘫痪。不过，当惯常的套路走不通（盒子不仅仅是盒子）时，延转模式也无法挽救局面。在我们迫切需要拓宽视野的时候，我们反而用一个看似不错的答案来回避问题，不惜一切代价掩盖我们的无知。最令人担忧的是，越是专家，在这个陷阱里就陷得越深。两个世纪前，正是这样一次心灵启示激励了一位拥有诗人之心的医生走向伟大。

———

1817年，一位伦敦外科医生最后一次放下手中的柳叶刀。虽然年仅21岁，但他已经将1/3的人生时间投入在一门刚刚从理发店和战场中脱颖而出的职业中。在第一次使用麻醉剂之前的几十年，手术都是在布局类似于圆形剧场的开放式手术室里以尽可能快的速度完成的，周围回荡着学生的呼喊声和患者的尖叫声。在那个时代的手术室里，没有退缩的余地。对敏感的青年济慈来说，这一职业变革来得太晚了，他日后将成为一个比肩莎士比亚的诗人。济慈在学业上已经崭露头角，然而在过去的一年中，他一直在协助一名臭名昭著的外科医生，即使在那个外科手术基本就是刀割手撕的时代，那位医生也以"极端狂暴"而闻名。对济慈来说，这种暴行很快就变成了令人恐惧的家常便饭。3月，他退出了这个行业，出版了他的第一本诗集，也有了一个新的发现。这个发现不仅与他那个时代的医学背道而驰，而且往往与我们自己习以为常的规律格格不入。

他的顿悟始于参观大英博物馆一个专为著名雕塑而建的新画廊，这些雕塑被称为埃尔金石雕，取自雅典帕特农神庙。济慈穿过堆满化石、动物标本、宝石和艺术品的画廊，最后走入一个顶部通过天窗透光的高大空间，雅典卫城山顶雅典娜神庙的楣板残件就典藏于此。当时，艺术界和文学界的一些人称赞这些雕塑是无与伦比的，而另一些人则认为它们只是毫无价值的碎片。所以早在那个时代，在关于现代社会如何处理古代文物的持续争论中，这件艺术品就已成为一个引战的话题。作为一位正处于上升势头的文学批评家和诗人，济慈感受到了选边站队的压力。

这次参观之后，济慈有感而发，写下了两首十四行诗。在诗中，他首先承认自己不足以完成"明确地"谈论"这些伟大的事情"的任务："请原谅，我没有鹰的翅膀，我不知道去哪里寻觅我之所想。"但后来，随着写诗的水平越来越高，他意识到自己不需要在一味的崇拜或嘲笑之间做出选择。正如传记作家尼古拉斯·罗所指出的那样，他的诗句开始颂扬生活的矛盾性和模糊性，从以时间"无情的摧毁"为标志的"希腊的壮观"到受到鼓舞的心灵闪现出"恍惚的光辉"。[1] 兜了一圈，济慈意识到只有不知道某件事，他才能开始很好地掌握它。

在当年晚些时候写给兄弟们的一封信中，济慈详细阐述了这一著名学说，它不仅激发济慈创作讽刺性、质疑性的诗歌，还为我们提供了一剂解药，可以让我们这个时代的思维封闭药到病除。济慈描述了一位诗人同伴如此渴望确定性，以至哪怕是短暂的不知都无法令他满意。他的另一位文学评论家朋友，按照济慈的描述，最突出的性格特点就是"对每件事都打定主意"。相比之下，济慈断言，生活的复杂性需要一种强烈的谦逊淡泊，他称之

---

[1] 该句中的引文来自济慈的诗《初见埃尔金石雕有感》。——编者注

为"消极能力",一种沉浸在"不确定、神秘、怀疑"中而不会不耐烦地妄下结论的能力。他写道,这一立场是取得伟大成就的关键。济慈在 25 岁时死于结核病,染病时医生难断其因,反倒被他自己诊断出来。无论是在生活中还是在对艺术的追求上,他都知道如何给可能性一个机会。

———

"这是需要分割的最后一大块组织。"莫尔顿低声对我说道。此时,资深外科医生已经把他的最终目标暴露出来:位于器官隐窝处的关键胆管。癌变的一半肝脏即将被切除,5 个小时的手术即将完成。资深外科医生不停地催促初级医生快点。他积极行动起来,缝合器在肌肉组织上咬合。莫尔顿后来解释说,这是一个关键时刻,他完全像把这件事当作例行公事。然后他停了下来,说:"别动。"汗水浸湿了他的帽子,闲聊停止了,电话铃声响起但无人接听。"别剪。"他命令道。意外地瞥见胆管让他感到困惑,他怀疑一分钟前自己可能做了一件没过脑子的事——切断了胆管的主干。在医学上,此类事件被称为"绝对不应该发生的事故",是永远不应该犯的错误。他是否盲目地陷入险境,把不可替代的组织误认为是可以切除的了?

这一次就差一点点,几乎是死里逃生。由于对周围组织清理得不够充分,他在偏离目标几毫米的位置切开了一根良性的血管,并误认为这就是他的真正目标。"前面那个东西不是胆管,"他低声说道,并且迅速恢复了节奏,"这才是胆管,是的,我们犯的错误是,我们太靠右了。"

在自助餐厅享用午餐,喝着辣椒浓汤时,他和莫尔顿对这次事故进行了不留情面的复盘。

"我显然切除了错误的组织。"他承认。

"那可能是颗地雷,"她指责道,"你没检查。"

"我当时感觉不舒服,我必须承认这一点。"他说。

他一路高歌猛进,直入这次手术的关键环节,并且始终认为成功是理所当然的事。他执着于自己的确定性,老派专家都是这副样子。

这位资深外科医生精干瘦削,脸上布满皱纹,有着一副随时愿意开诚布公的坦诚表情和一双富有表现力的大手。他承认,莫尔顿极大地提高了他在手术室里的判断力,而莫尔顿则指望向他学习如何在可能的情况下加快节奏。两个人都以自己的方式深刻地反思各自的失误所在。尽管如此,他仍然固执己见,笃信或单纯希望在他的独门绝技的保护下可以防范一切风险。他在餐厅里不安地转来转去,承认自己有一种"羞愧感",同时一再为自己对流畅性的不懈追求辩解,他认为这是他应该有的水平。"你对自己的速度快感到自豪。"莫尔顿说。"是的,"他表示同意,"我想很多人都是这样。"莫尔顿低下头,若有所思。"这套体系是我们一手造就的。"莫尔顿又说。

在他们争论时,那位初级外科医生还在手术室里给患者缝合。患者那块垂死的、长满癌细胞的人体组织摸起来仍然温暖,在一边的托盘里泛着微光。在接下来的几周内,他剩余的肝脏可能会再生,这是唯一有能力做到这一点的人体器官。莫尔顿说,这一次没有造成任何伤害。

济慈放下手术刀两个世纪后,莫尔顿正在努力将消极能力这份"不确定性的礼物"带入一个被过时的专业能力观念束缚的世界。莫尔顿是一位牧师的女儿,父亲的谦逊一直是她的灵感来源。莫尔顿对这个问题的探索可以追溯到她漫长训练的最后几个月。那时,作为一名初级肝胆外科医生,她多次被召去帮助修复因胆总管被切断而造成的可怕损伤,这类事故通常发生在长时间手术的最后阶段。"我们就害怕这种事情,"莫尔顿说,"我经常想,当这种情况发生时,外科医生的脑子里在想什么?……我开始思考不确定性意味着什么。"她开始通过实地考察探索专家决策的"方式"和"原因",而不仅仅是结果,试图揭开那些出错时刻背后的真相。

莫尔顿花了数百个小时劝说同行谈论他们内心深处的恐惧和假设,观摩他们在没过手腕的血肉中进行手术。她意识到,真正的专业能力始于从不假思索到准备应对未知的转变,而这一转变过程是毫无确定性可言的。要想拥有一流的判断力,首先要完成认知换挡,从一个会在危机中停止思考的古老系统转变为一个孕育有意识的灵活思考的系统。到了这个时候,就需要像莫尔顿所说的那样,"在你应该放慢速度的时候放慢速度",这样"你才能真正掌控当下"。挑战在于,我们会欢迎不知的加入吗?我们愿意在原本轻松自如的流畅中出现不和谐的音符吗?

遇到麻烦的外科医生往往会被搞得措手不及。就像一位按自己熟悉的套路走棋,对其他统统视而不见的国际象棋特级大师,他注意不到正常状态正在崩溃的迹象,并一点一点陷入麻烦。莫尔顿说:"有太多外科医生在出现问题的时候都说这原本只是小菜一碟。"

她讲述了自己在一次手术中遇到的险情。为了给刚刚暴露出来的肝脏内表面止血，外科医生必须烧灼小血管，或者用一个小钛夹再加上手术刀彻底封断大血管。烧灼还是夹切，都由她说了算，根本不需要过脑子，有时甚至不会仔细检查钛夹是否完全夹住静脉。（清晰、重复甚至隐约熟悉的情况会让我们更容易受骗，降低我们的警惕。）莫尔顿当时心里嘀咕了一下，感觉可能出了问题，但她选择无视，带着侥幸心理下刀切口，结果引发了出血，将患者的生命置于危险之中。常规被打破了。专家手忙脚乱。在那个时候，继续死守一套心理捷径和快速确定的结论是很诱人的。莫尔顿说，在危机中，"许多专家并没有解决问题。他们认为自己已经找到了答案"。

以一组正在接受培训的年轻麻醉师为例。他们被要求解决正在接受紧急阑尾切除手术的女性患者血氧水平急剧下降的问题。在患者病情逐渐恶化的过程中，P医生最初判断是支气管痉挛，这是手术中常见的呼吸道收缩问题。但这个诊断是错误的，然而他在25分钟内10次重提这一错误诊断。与此同时，他的同事V博士非常快地做出了8种可能的诊断，包括正确的诊断（呼吸道阻塞），但他也没能化解危机。他捕捉到了一个又一个似是而非的猜想，但每一个又都是浅尝辄止。两个人参加的是著名的2003年哈佛模拟实验，这是第一批试图分析手术室里的医生在行动中如何思考问题的研究之一。在实验中，85%的医生未能放慢速度，以留出足够长的时间来充分检验他们草率的结论。在判断上左右摇摆反而只会让他们原地踏步，这种现象在今天实在太常见了。

"当火车以每小时100万英里[1]的速度行驶时，变轨是很难

1　1英里≈1.6千米。——编者注

的。"纽约重症监护医生卡梅伦·凯尔-西德尔说。他所在的领域对经过千锤百炼积累下来的独门绝技可谓奉若神明，而他在新冠疫情初期曾努力提醒要注意这一问题。起初，医生们认为，病情最严重的患者的呼吸系统问题是由通常会导致急性呼吸窘迫综合征的感染引起的。毕竟，大多数患者符合该综合征的主要标准：血氧含量严重偏低。由于预计受损达到这种程度的肺部会"崩溃"，同时担心较少侵入性的呼吸支持设备会通过空气散播病毒，因此医生们就给重症监护室中高达90%的患者上了呼吸机，也就是治疗最严重呼吸衰竭的标准机械式换气装置。凯尔-西德尔告诉我："有一段时间，就只剩下一个问题，也是唯一的护理工作：什么时候给他们插管？"

然而，随着疫情渐渐达到顶峰，凯尔-西德尔和其他一些全球疫情重灾区的一线医生开始质疑一窝蜂地上呼吸机。许多患者的血氧含量较低，但他们的肺部是"顺应性的"，也就是说，扩张和收缩都表现良好，而许多患者上了呼吸机以后效果反而不及预期，因为使用这些机器会损害肺部和大脑。凯尔-西德尔说："我看到的模式都没什么意义。"然而，他和其他人要求重新考虑标准治疗方案的呼吁一上来就遭到了专家的抵制，这些专家对自己的独门绝技过于自信，不愿意轻易质疑。

随着时间的推移，研究表明，虽然相当一部分急性新冠病毒感染患者需要完全借助机械外力呼吸，但也有许多患者依靠侵入性不那么强的呼吸支持设备痊愈了。根据一家独立研究机构的数据，2020年7月，在进入重症监护病房的首个24小时内使用了呼吸机的英国新冠病毒感染重症监护患者只占总数的1/5左右，低于3月的大约70%，而同期这类患者的死亡率下降至25%，降幅近一半，这一下降的部分原因是医生越来越倾向于延迟或放弃使用有创通气以及类固醇等其他疗法。形势十分严峻，变量众多且复杂，但此时最重要的是超越此前屡试不爽的老经验进行思考。凯尔-西德尔说："你脱离一种范式，才能走进未知。"

当意识到危机时，我们不能只问"这里发生了什么"，然后就仓促行动。哪怕时间很短，我们也必须把问题吃透，反复审视眼前的可能性。检查清单、预定方案和直觉反应，把这 3 条作为认知的中转站就够了，其他都不需要。哈佛模拟实验中的那位患者最终被几位麻醉科精英救了下来，他们平均考虑了 5 种可能的诊断结果，然后又对每种可能性用了大约 4 种方法进行探讨，这是他们那帮手忙脚乱的同事思考深度的两倍。尤其值得一提的是，他们进行了"否定性测试"，即对似乎已经解决的问题进行复查，其目的是寻找伪装成已知的未知，而解决方案的钥匙，往往就掌握在这些未知的手里。（正在吸痰的那根管子是否真的通畅？血氧含量低是否真的像以前看起来那样是致命的？）在火线之下，仅仅拓宽你的认知视野是不够的，虽然这一步通常被视为解决决策不力问题的"一贴灵"。我们还必须完善并加深我们的理解框架，问"什么没做"和"什么没做对"，这样我们才能给可能性争取一线生机。

我们可以称之为"三思而行"的威力。正如神经科学的先驱迈克尔·波斯纳所表明的那样，解决一个棘手问题的最关键时间通常是在问题出现后的最初几分钟。对于一个问题的第一反应，也被称为"心理表征",是简洁的、合理的,能让人产生一种比较放心的熟悉感,而且经常不切题。要想对形势有全面了解,你需要牢记那些隐藏的甚至相互冲突的可能性并逐渐将其精细化,最终把它们吃透,德赫罗特称此过程为"渐进式深化"。

面对困境的重重阻挠,大师级的思想者会至少多考虑一种局势应对方案,更重要的是,接下来要采取两个或更多的步骤来权衡和评估每种可能性。(但如果产生的替代假设太多,也会稀释或缩短关键的试错阶段。)管理咨询师罗杰·马丁指出,这种做法隐含着一种乐观性,因为一流专家在寻找局势的最佳对策的过程中,"测试的永远都是他们认为自己知道的东西"。他们不断提出问题,并质疑自己的结论。"确定无疑从来不是他们的常态。"他们就是通过这种方式避免惯性思维的陷阱的,你也可以做到。

设想你是一位经验丰富的高科技公司高管,现在你被派去解决公司最大的问题:公司即将破产,除非能够挽救一款已开发一年时间但进展乏力的新产品。高层的意思是,你必须迅速整顿负责此次失败项目的全球特别工作组。首席执行官命令说,快速、果断的领导是我们所需要的,而你凭借长期的行业经验,认为自己知道该做什么。虽然每耽搁一分钟就会损失一大笔钱,但你还是选择后退一步,准备三思而行,也就是说,你采取了另一种更为深思熟虑的方式。虽然到处都是错误,但你还是考虑了另一种可能:领导团队真的应该受到责备吗?接下来,你密切观察特别工作组的一举一动,并借助一批内部专家来研究这种可能性。与高层的假设相反,你发现正是他们对特别工作组管得太多太细才阻碍了研发工作的进展。所以需要后退一步的其实是公司的领导者,他们需要放手让特别工作组和公司的设计师一起做拯救产品该做的事，对半导体制造进行改进。

在这个真实的故事中，一位大胆的高管拯救了他的公司，他致力于揭示关键问题的内在规律，而不仅仅停留在问题表面。领导力研究人员乔伊丝·奥斯兰在她有关这一事件的案例研究中写道："他并不准备采取行动，直到对全局有了大体真实准确的把握。"经过 7 个月的努力，项目攻坚达到高潮，特别工作组准备从几个解决方案中选出最佳方案。许多成员支持其中一个方案，因为他们认为那将是一击必中的"银色子弹"[1]。这位高管（我们权且叫他汤姆好了）反而敦促他们将两个最强的最终设计结合起来。当最初的测试结果显示支持单一方案时，汤姆再一次"三思而行"，在最后关头要求进行一次多层级分析，结果显示数据被误读，事实上，合并后的解决方案是最好的。

最终，特别工作组完成了一项一度被视为不可能的产品设计，然后在 9 天内而不是通常的 3 个月内进一步完善，使其符合制造规范。如果管理者充分调查问题的根源，探究多种可能的解决方案，战略性业务决策成功的可能性会高出 4 倍。但研究表明，5 次里面他们有 4 次都只认真考虑一个选项。一位同事告诉汤姆，"如果你没有决定"重新查看数据，"我们可能都失业了"。

为什么这么多人在成功攀上学习的高峰后还会马失前蹄？在几乎任何领域，"常规专家"都能得心应手地实践他们所熟知的东西，日复一日，他们似乎永远是不可战胜的，尤其是只与新手相比的时候。科学家最开始也容易有这个毛病。依靠心理学家安德

---

[1] 银色子弹（silver bullet），在欧洲传说中被认为是狼人和吸血鬼的克星，是杀死狼人的唯一方法（只是其中的一种说法），专门对付妖怪，并具有驱魔的效力。——译者注

斯·埃里克森所说的"逐渐蔓延的直觉偏差",他们的表现快速而出色,直到面临一个新的或棘手的挑战,然后他们就开始翻车了。离开"成就的舒适区",他们只能用在日常生活的乏火闷炉中锻造的一套技能来面对未知。

相比之下,"自适应专家"在压力下会变成我们最意想不到的样子:不确定。他们欢迎不确定性的空间,并将其作为评估具有挑战性的情境的跳板。莫尔顿的研究表明,在手术室里,遇到麻烦的优秀外科医生可能会叫停手术,沉思,或加深对关注点的了解。看似犹豫实际上是一种刻意为之的尝试,努力调和新旧知识,充实早期印象,放过不必要的复杂性,揭示已经存在的关键复杂性。研究表明,无论在医学、物理学还是其他许多学科领域,专家会比新手花更多的时间来分析诊断一个新的或模糊的问题。在最近的一项实验中,当棋盘上的问题很简单时,最好的棋手选择第一反应的次数会占到3/4;但当面对棘手的比赛困境时,他们选择最先想到的一步的次数只占大约1/5。"你进入一种不同的模式,因为你不确定,"莫尔顿告诉我,"你正在创造一个空间,考虑暂时不做选择,先收集信息。"

从常规的独门绝技中走出来,我们面临的是用错视画[1]技法描绘的似真似幻的未知风景。我们愿意把这一切考虑清楚、勘破看透吗?无论是真正的专业能力,还是在行动中思考这类费心耗力的事情(从不假思索中走出来,寻求三思而行的关键最后一步,破解问题的隐藏维度),几乎都与智力没有任何关联。我们可能有

---

[1] 错视画(trompe l'oeil,"眼睛的把戏"),特指那种把画面的立体感、逼真性推向极端,使人产生真实的错觉的绘画形式,是一种利用真实的图像创造深度视觉错觉的技术。——译者注

知识，也有智慧，却无法完全解决摆在我们面前的棘手问题。相比之下，自适应专家会让求知的大脑沉静下来，接受不确定性的前景，随时准备负起责任。即使在常规操作中，他们也充满好奇，保持怀疑和警觉。这套非凡的认知技能，为专业能力在越来越受到质疑的时代提供了一个新的未来。

长期以来，专家们已经习惯于将现成的答案赐予在台下热切期待的民众。我们指望他们来治愈疾病，揭示风险，教会我们如何应对一个复杂的世界。但现在公众的敬畏之心已经出现了裂痕。那些只会招摇过市吹牛皮的技术官僚是把"挑战者"号和"哥伦比亚"号的宇航员送上西天的帮凶，他们也未能将老弱病残从"卡特里娜"飓风的暴风骤雨中拯救出来，还毒害了弗林特的孩子们[1]。而那些夸夸其谈唱高调的金融家则引发了一场全球金融危机。研究表明，最能一门心思做学问的专家，也是最不善于慧眼前瞻的人。送给身处疫情一线的医生和护士的掌声是真诚而迅速的，但关于专业能力在医学和社会中的地位的诸多潜在问题仍未消除。为什么弱势群体一次又一次地被抛在后面？如果连那些掌握了知识宝库的人都被偏见和错误玷污，那我们还可以信任谁的知识？1/3~2/5 的美国人表示，医生很少开诚布公地讨论利益冲突或他们的错误，而且人们对这一职业的信心也因种族和政党不同而存在

---

1 此处指美国密歇根州小城市弗林特爆发的饮用水危机。2014 年，该市为节省开支，不再向底特律的淡水处理厂买水，而改用本地河流为饮用水源，结果导致超过 4.2 万名两岁以下的婴幼儿发生铅中毒。——译者注

严重分歧。难道曾经被视为进步象征的杰出才能已成如烟往事？

能够马上获得答案（以及错误信息）进一步加剧了警惕心理，让人们对那些用各种资质背书的公告声明敬而远之，与其信别人，还不如信自己。只要稍稍在网上搜索一下，我就可以将医生的建议一脚踢开，并用两星评价来强调我的嫌弃。对于图书管理员、科学家或工程师这类传统的知识守门人，轻点一下鼠标就能避开了，而且这种诱惑还会被照本宣科的公式化声明强化。例如，研究表明，当公布一项科学发现时，研究人员和媒体往往省略了注意事项和限制条件，而这些本来可以成为验证科学发现正确性的线索。一位英国内阁大臣断言："人们已经受够了专家。"还有某位以不接受任何权威、以自我为权威而闻名的总统表示："看看我们所处的困境吧，亏得我们还有这么多专家。"我们现在人人都敢自称圣贤了吗？

抛开民粹主义言论和政治自大不谈，切中要害的是质疑过去的理念和过时的专业能力等级制度。什么一流的技能是流畅的同义词，什么启发法（从直觉假设到现成的算法）包打天下，什么令人不安的不确定性是新手的专利，这些观念统统都是常规专家的专属话术，他们对捷径式独门绝技的过度依赖把我们带入了歧途。我们把假神仙放在专业能力的圣坛上顶礼膜拜的时间已经太久了。

展望未来，肯定会有一些人——无论是常规专家还是过于自信的新手——满足于有限知识，也肯定会有另一些人，不断拓展自身理解力的极限。我们绝不能把前者的虚张声势误认为是后者的勇气。因为这才是优秀的自适应实践者的基本立场：他们一直努力探索知识和能力的外延。（专家一词源自拉丁语动词 *experīrī*，意思是

"尝试"。）无论是岁月静好还是世事多艰，最优秀的思想者都会向前看，寻找即将出现的问题和自身思想缺陷的蛛丝马迹。他们在常规专家避之不及的边陲之地苦心经营，在那里，对安逸的希望不仅让位于对麻烦的预期，而且让位于不断应对更大挑战的意愿。伟大的外科医生面对最复杂的疑难杂症，从来都是闻战则喜、不甘人后的。木雕师戴维·埃斯特利说，只有"一个充满失误的世界"，才能造就手艺最精湛的工匠。通过寻求拓展而不仅仅是使用他们的知识，他们可以避免常规专业能力的"发展停滞"。这才是值得拥有的大智慧。

现在，许多医学界人士开始将重视不知的文化视为培养新一代专家在动荡的时代茁壮成长的能力不可或缺的组成部分。惧怕不确定性的医生往往会开出过量的抗生素，为患者没有得到良好的治疗而羞愧，并可能成为焦虑症和抑郁症的牺牲品（焦虑症和抑郁症在这一群体中的发病率已经上升到令人担忧的水平）。他们对简洁答案的渴望，以及在欠缺快速解决方案的情况下日益加剧的焦虑心理，助长了医疗保健行业一些最严重的弊病。医学科学家阿拉贝拉·辛普金在其发表于《英国医学杂志》的一篇论文中写道，解决我们"对不确定性的不健康反应"至关重要。一些身处一线、志向远大的人正在加入莫尔顿的行列，并为这一目标而奋斗。

不久前，缅因州一个家庭医学专业住院医生项目的医生们注意到，他们带的学生在治疗门诊患者时越来越缩手缩脚，因为门诊患者的持续护理往往比专科医生或住院医生看到的急性疾病更复杂、更模糊。例如，就单位小时护理工作的复杂程度而言，心脏病专家比家庭医生低 1/3，家庭医生可能在一个上午就会接诊一个患有厌食症的青少年、一个癌症晚期的老年人和一个 30 岁的慢性糖尿病患者。缅因州中部医疗中心的资深医生们不禁犯起了嘀咕:"这就是住院医生选择的人生道路啊,他们有什么不开心的?"

问题的症结花了一段时间才被弄清楚,原来实习医生对于所选职业普遍存在的不确定性感到恐惧。从某种意义上说,住院医生已经在努力成为某种常规专家,用他们所熟悉的角度来看待世界。该项目 2017 届毕业生努浦尔·纳格拉尔告诉我:"我原来希望每个患者都是我在课本里恰巧见过的。"该中心的一位负责人说:"我们给他们铺的就是这样的路。"

但让实习医生一上来就备受打击的是,他们的教授开始强调,不确定性是他们工作中值得欢迎的常量,而不是可耻的缺陷。从本质上讲,老师们是在激励住院医生从多个角度看待同一个问题,同时让他们具备与问题斗争的开放性。项目的联合创始人、心理学家德博拉·泰勒表示,项目的目的是"让事情变得更加混乱,确保他们不会舒舒服服地搞定自己认为显而易见的事情",无论他们是在学习做患者访谈还是更好地诊断疾病。例如,一名执业医生在治疗患者的糖尿病时,没有发现她的抑郁症,这就可能会忽视最佳护理方案。项目主任贝萨妮·皮克尔医生说:"我们重新定义了学习,让人们对不知持开放态度,不是抗拒它,而是寻找它。"就在那时,"我们看到他们的思维被点亮了"。

2018 年的一项试点研究显示,在一年之内,这些细微但直击要害的教学内容产生了戏剧性的结果:住院医生将模糊性视为威胁的倾向显著而持久地下降了。例如,在经历新的轮岗之前,年轻医生都由衷地同意,"一个不能给出明确答案的专家可能知道得还不够多"。但此后,甚至 6 个月后,他们往往强烈反对这一观点。

这些经验改变了他们的职业认同乃至工作文化。

在纽约州北部行医的纳格拉尔回忆道:"我们被反复提醒的一点是,讲'我需要查一下'或'我现在不知道答案'都是可以接受的,但这真的是一件很难做到的事情。"这次培训改变了她的行医实践和生活。她告诉我:"如果你对模棱两可持开放态度,你的眼界就不会狭隘,事情也不会那么确定不变。在人际关系、工作或对自己的期望中,你会多一点可塑性。"你可以超越熟练应用独门绝技的舒适区。你不仅可以检验问题,还可以检验你自己。她和其他医生还注意到,这种立场反过来又增加了他们的信心甚至勇气。皮克尔说:"当重视不确定性时,你就会树立一种信心,能够随着形势的变化,构建并允许对下一步行动的持续思考和重新思考。"正常状态的崩溃不再是你曾经恐惧的深渊。

能否避开麻烦是不确定的,因此要留意由此产生的不安情绪,即使初步想出的答案离题万里,也要一笑而过,不要介怀,深入思考手头的问题,不断探索你的知识边界,创造一种重视不知的文化。这样,无论是在面对危机三思而行时形成粗略的初步构想,还是在正要接近某项常规操作的关键阶段,你都可以日积月累,逐步练成自适应专业能力的非凡本领。在你的日常工作中练习这些本领会让你知道自己的局限性,扩大你的选择范围。

例如,学习"三思而行"地处理问题时,可以尝试从对立面思考掂量。假设性问题,尤其是那些与我们的假定完全背道而驰的问题,会让我们超越我们寻求保持的熟悉感,丰富我们对正在发生的事情形成的初步印象。也许你正在负责寻找一位新的设计主管,这份工作要与客户打交道,所以必须是一个擅长交际的人。不过你可以停下来问自己:"如果我找一个内向的人来当这个主管会怎样呢？"研究表明，通过选择与事实相反的立场，你更有可能令提出的问题直中这两种特质的要害，从而对应聘者有更多的把握。这样，你就可以更好地了解主要申请者有多外向，或者找到一个外向但并不害怕花时间独自反思的设计师。

你也可以从自适应专家的宝典中得到启发。面对快速发展的形势，你可以通过分解它来扩大对它的了解。这个技巧有时被称为"费米化"，其灵感来自物理学家恩里科·费米，他习惯运用这种方法解构看似棘手的科学谜团，从而来寻找他能够掌握的知识切入点。泛泛地问一个关于问题点的简单问题（这是右支动脉吗？），在紧要关头是不够的。相反，一流的外科医生可能会问：我如何判断自己是不是锁定了正确的人体组织、使用了合适的器械，并充分意识到采取这一不可逆步骤的连锁反应？政治学家菲利普·泰洛克解释说，通过将挑战分解成更小的部分，你可以"将无知公开化"。你会发现这时需要讨论的反而是问题，而不是你的第一假设。

———

当我离开多伦多时，我想起了那位资深外科医生不管不顾拿起手术刀的前一刻。当他把自己的工作乃至生活本身描述为避免问题的练习时，莫尔顿立即反驳了他。她说，生活不是为了回避问题。大多数时候，生活是为了解决问题。

就在取得博士学位两年后，卡萝尔-安妮·莫尔顿发表了她职业生涯里最负盛名的一次主题演讲。在演讲中，她呼吁在外科医生中建立一种重视"深思熟虑、不确定甚至犹豫不决"的身份认同。在她之前，没有人能像她那样准确地剖析外科医生在"必须快速、无所不知"的巨大压力下做出的决定。每次讲座结束后,她都被团团围住,而她的研究也在国际上得奖无数。莫尔顿对自己所参与推动的进步感到振奋,人们终于可以坦率地讨论确定性的代价,以及如何将不确定性视为一种优势的训练。

但她断言,她的同行们以及其他许多人还有很长的路要走。"我们现在所处的状态是承认不确定性,但同时感到非常不舒服,这和我们应该达到的境界还相差甚远,"莫尔顿说,"到我们能为不确定性欢欣鼓舞的时候,到我们可以对我们正在做的事情表示叹服和展现好奇心而不必担心这种情绪被扼杀的时候,我们才算达到了我们应该达到的水平。"她的工作远未完成,但她对变革的呼吁应该让我们所有人都听见。莫尔顿并没有让我们的生活充满济慈所说的"不确定、神秘、怀疑",相反,她正在揭露我们对它们的恐惧。她正在解放我们,让我们实现一种新的技能愿景,身负绝艺,心怀谦卑。"你不确定,"莫尔顿说,"你才会在乎。"

对我们中间讲真话的人来说,现在还为时不晚,比如分析师将一丝怀疑都视作充分理解问题的第一步;无论经验水平如何,诗人始终警惕自满情绪的诱惑。有了能力,就可以保证把日常的大多数事情做好。然而,人们往往满足于仅仅知道该做什么,这种诱惑远远大于知道这么做的用处是什么,尤其是那些因应变能力强而备受尊敬的人。相反,只有真正的专家才知道什么时候才能打破知之的惯性,从而追求更大的成就。即使已经身处事业的巅峰,他们也仍然轻松保持着自己的理解力。经过不确定性强化的知识是在火线下取得优异成绩的核心,也是为动荡时代创建质疑、开放、适应性等新的专业能力标准的关键。不确定性是动态的智慧。

第二章

保持好奇
接受不确定性的引导，看清问题的关键

> 我之所以钟情于经验，是因为它是如此诚实。
> 你或许曾自欺欺人，但经验不会试图欺骗你。
> —— C. S. 刘易斯 ——

1939年9月，当害羞的数学家来到这处绝密的英国情报基地时，还没有人研究在这场刚刚爆发的大战中将发挥最关键作用的密码。德国海军的恩尼格玛密码机（以下简称"恩尼格玛"）被认为是不可破译的，是这场贯穿整个冲突并决定海战胜败的关键。丘吉尔后来回忆道："其他地方发生的一切，无论是陆地、海上还是空中，最终都取决于（大西洋之战的）结果。"英国每年需要数百万吨商品和物资来维持生存、武装军队，并为欧洲大陆的解放做准备。它拥有全球1/3的商船运输能力和世界上最强大的海军。但德国U型潜艇在恩尼格玛的隐身衣下移动，对英国的经济和海上力量构成了潜在威胁。在纳粹于9月1日入侵波兰几天后，沉

船就开始了。

由各种货轮组成的船队，往往受制于最慢船只的速度，自然也会成为通过加密无线电通信协同作战的U型潜艇"狼群"的猎物。这些潜艇的游弋范围极广，横跨大西洋两岸，但重点集中在北大西洋中部海域，因为护航的海空军事力量对它们鞭长莫及。它们在船队中默默潜行，发射艇首和艇尾鱼雷，将粮食、石油、武器、木材、船只和生物送入冰冷的大洋深处。为防不测，有些海员宁愿和衣睡在甲板上，即便如此，在沉船时也很难保证性命无虞。为了增加逃脱的机会，船队中幸存的船只绝不能停船，必须狠下心来，无数次从几英尺[1]外还在水中挣扎的落水者身边破浪驶过。在1940年的一次突袭中，从哈利法克斯启程，由41艘商船组成的HX72护航船队被U型潜艇击沉了11艘；一个月后，在布雷顿角外海，由35艘船组成的SC7船队又有一半以上被击沉。同年10月，一支由27艘作战潜艇组成的纳粹舰队摧毁了逾两倍于自身数量的船只。这是一个事关生死的困境：敌人是隐形的，藏身于一个广阔而多变的战场里，而战争的结局与其说取决于速度或力量，不如说取决于洞察力及其成就的伟绩。在战争的这个角落里，你看不到肉体的毁灭。一位历史学家指出，这是一场"智慧的较量"。

战前，德国不仅致力于提高潜艇舰队的实力，还大力强化密码战的力量，使其以集群方式进行海上攻击的新战略变得可行。在两次世界大战之间，德国军方开始使用各种型号的恩尼格玛密码机，这是一种类似于打字机的加密机，最初是为企业通过电报

---

[1] 1英尺 = 0.3048米。——编者注

交换专有信息而设计的。海军的恩尼格玛密码机是加强版，塞满了电线、转子和圆环，可以提供多达 1.5×10^{20} 种设置组合，将一个单词变成了看似随机的字母序列。随着战争的展开，德国强大的密码能力使其在公海上占据了决定性的优势。更糟糕的是，英国人的做法正中德国人下怀。

1937 年，英国海军参谋部的一份报告总结道："潜艇应该永远不会再带来我们曾在 1917 年面临的问题了。"一战后期护航舰队的使用，以及声呐和雷达等新发明的羽翼渐丰，使英国海军错误地认为潜艇已无用武之地。"我们的目标必须是无论如何都要让英国对此坚信不疑。"希特勒的潜艇部队司令，后来升任海军总司令的卡尔·邓尼茨说。除了妄下断言，英国政府还缺乏远见，将密码工作排除出战略优先目标。当英国的军事密码破译单位（委婉地被冠以"政府信号与密码学校"）被疏散到伦敦郊外一座杂乱无章的维多利亚时代的庄园时，其负责追踪德国海军的部门甚至连一名密码分析员都没有。到 1939 年秋，英国海军完全在两眼一抹黑的状态下作战，通常只有在敌人击沉了皇家海军一艘船的时候才知道敌人的大致方位。据说当时布莱切利园里只有两个人相信可以破解海军版的恩尼格玛：一个是该部门的负责人，因为他们必须破解；另一个就是还带着一股孩子气的蓝眼睛数学家艾伦·图灵，因为这个问题过于棘手，所以这对图灵来说意味着"我可以独自享用它了"。

24 岁时，图灵解决了数学领域最重要的逻辑难题，即"决策问题"。问题的具体内容是：是否存在一种机械的方法，也就是算法，来判定任何一般性数学断言的真假。图灵抽丝剥茧，对问题的最基本机理进行了思考，最后证明不存在这样一种方法，决策问题和其他一些类似问题是没有答案的。为此，他直入问题和数学本身的根源，通过想象一台理想的、通用的计算和处理机器的工作，巧妙地定义了可计算性。他一举为计算机革命奠定了基础，并帮助揭示了不确定性本身也是知识的一种启发形式。

这是典型的图灵模式：剥离无关紧要的内容，为一个大多数人认为无解而弃答的问题找到一个意想不到的解。"A. M. 图灵，"他童年时的一位数学考官写道，"能在某些问题中注意到哪些不太明显的点需要讨论，哪些可以避开，他在这方面表现出了不同寻常的天赋。"终其一生，图灵都高度重视他所说的"最重要的天赋，即将感兴趣的主题与其他主题区分开来的能力"。他怎么知道该去找什么？在一个充斥着错误的信息、动荡不安、危机四伏、与我们自己所处的时代相差无几的乱世里，他是如何攀上认知的高峰的？

那一年，在闷热的秋天之后，是近半个世纪以来最寒冷的冬天。高耸的雪堆掩埋了汽车和火车，泰晤士河部分河段结冰，布莱切利园的密码破译人员穿着大衣、戴着手套在遮光窗帘后面工作。日复一日，图灵从猜测、数学、力学等各种可能的角度寻找恩尼格玛盔甲下未被察觉的漏洞。他的许多成就要么长期处于保密状态，要么被公众遗忘。但几十年后，真相揭晓，他的天赋终于让他名扬天下，也启发我们对如何赢得我们这个时代的关键一战有了新的认识，那就是要敏锐地感知我们周围的世界，而不能将这项关键任务完全交给图灵所开创的那些机器。

大脑如何构建一个现实，让我们屡屡满足于接受它的表面价值？人类又如何进化出种种巧妙的方法，让自己从对世界的误读中清醒过来？这个故事回答的就是这些问题。我们怎样才能知道什么是重要的？靠不确定性的引导。为了追寻当今迫切需要的辨别能力，我前往法国，与另一位才华横溢的蓝眼睛数学家会面。在他的领导下，人们正在努力解码思维如何与生活进行一场非凡的问答游戏。

———

倒了一趟火车，简单吃了点法棍面包，最后又坐了一段出租车，我终于在 6 月的一个早晨到达了某个戒备森严的政府研究中心门口。那里周围环绕着铁丝网，再外面是一大片麦田。访客禁止使用手机，所以我只好随便走进一栋没有标志的建筑问路，但前台工作人员的反应好像我的出现是一个令人震惊的安全漏洞。于是我赶紧跑路。步行经过纳米技术和核安全研究所，我终于找到了神经回旋研究所（NeuroSpin），这是一家世界闻名的脑成像研究所，位于巴黎郊外几英里的地方。一连串巨大的波浪形混凝土拱顶覆盖在神经回旋研究所的玻璃和金属建筑群顶上，并从一侧迤逦而下。楼内装有氦冷却超导电磁体，为功能性磁共振成像扫描仪的工作提供动力，其强度是普通医院设备的 8 倍。这里是斯坦尼斯拉斯·德阿纳的科学大本营。

2005 年，40 岁的德阿纳被选入法国顶尖名校法兰西公学院执教，在他专攻的那个领域，德阿纳是最具影响力的远见者之一。借助成像、计算机建模、心理实验和将电极植入人脑等多种科技手段，德阿纳取得了一系列发现成果，也因此让他关于我们如何感知世界的理论受到越来越多的关注。他因对大脑天生的数学能力（我们的"数字感"）进行研究而一举成名，此后又帮助证明了学习阅读需要对大脑进行重新"布线",进而推进了对神经可塑性的理解。在大量研究成果的基础上,他形成了自己的一套理论,认为意识是从神经连接的高度紧张状态中产生的,这激发了世界各地的实验热情。

德阿纳跑过来向我道歉的时候,我已经在神经回旋研究所的大厅等了他两个小时。他身材结实匀称,头戴费多拉草帽,身穿米色运动夹克,一副忧心忡忡的样子。一个绘制大脑地图的国际项目近来闹出点不愉快,打乱了他紧凑的日程安排。他刚从北极圈以北的一次会议回来,马上还要去巴西牵头组织几次实验。15分钟的访谈够不够?他不等我回答就疾步走开了,我只好紧跟其后。对我们两个人来说,这个上午注定要被一连串破碎的期待碾压。但是,我渐渐意识到,对我所追寻的奥秘来说,这不正是一条线索吗?敏锐的意识始于我们思维深处对意外情况的反应。

无意识感知一度被视为一种发生在大脑深处的认知组装工作(在那里,光子和音素被转换为图像和语言),没有进一步研究的价值,但脑损伤患者无意识感知能力的深度不断向研究人员的这种认识发出挑战。有些"盲视"患者已经没有了视力,但不知何故,他们仍然可以灵巧地穿过杂乱的走廊。"空间忽视症"患者缺失了一半的视野,但仍然可以借鉴周围的环境提取意义。例如,一名女性看不出两张房子的素描画有什么不同(其实其中一张画的是着了火的房子),却坚持选择不住那间熊熊燃烧的房子。患者的功能缺失很严重,但仍然能够与外界进行交流。特别需要指出的是,正是一个令人心酸的病例为年轻的德阿纳打开了探索意识能力的第一扇窗户。他的大部分科学工作始于他问 N 先生"2+2等于几"的那一天。停顿了一下,患者回答说:"3。"

作为一个全靠数字说话的推销员，N 先生已经连一点计算都不会了。1986 年，41 岁的他遭受了严重的脑出血，左后脑大部分受损，生活也因此四分五裂。N 先生的妻子很快就离开了他，还带走了他们的两个年幼的女儿，他只好和年迈的父母一起生活。受伤三年后，当德阿纳见到他，检查他严重的失算症时，病变的影响仍然很明显。N 先生说话很慢，几乎不能用右手，基本上不会读写。他只能认出字母表中的 4 个字母。德阿纳在一份病例研究报告中写道，他只能慢慢地大声数手指头做加法。减法超出了他的能力范围。

虽然 N 先生存在认知缺陷，但他仍然对现实有着令人印象深刻的把控。有些问题他也能回答，比如他报告说，1 月份有 15~20 天，一年大约有 350 天。他还说，一打鸡蛋的数量是 6~10 个。德阿纳观察到，他的答复往往"既明显错误，又与事实相差不远"。N 先生的病例启发了德阿纳对数学的神经根源的突破性发现。与此同时，N 先生的"奇怪的模糊宇宙"为探索"我们何以为人"提供了更大的线索。对我们的生存至关重要的是不断努力预测和评估世界。大脑就是一台猜谜机。德阿纳给他的患者起了一个绰号——"近似人"（Approximate Man）。

想一想在你的文化中欢庆的典礼仪式或你所说语言的语法，再想象一下泡一杯咖啡的方式或早上通勤的路线。要了解如何评估世界，我们必须首先意识到，我们的大脑里并不存储零散的、没有联系的数据碎片。相反，我们的大部分理解采取了心智模型的形式，也就是德阿纳所说的"或多或少忠于现实的微缩模型"，而这种模型在很大程度上是我们无意识构建的。动物的生存有赖于构建其所在地点的心智地图，大鼠在一个已经比较熟悉的迷宫中的行走过程确实可以从其大脑网络细胞的顺序激活中看出。随着时间的推移,基于模型的空间技能演变成了人类非凡的能力,使人类不仅能在房间里自如穿行,还能驾驭棘手的程序或抽象的想法,比如某种道德困境。从那时起,人们将他们的心智模型作为理解不断变化的世界的跳板。

心智模型是预测处理的基础。预测处理是一项不间断的面向未来的评估工作,神经科学家越来越认为它在人类感知中发挥着核心作用。来听听 21 岁就被确定为克利夫兰交响乐团首席圆号手的纳撒尼尔·西尔伯施拉格描述他如何克服困难,完成一场艰难的独奏。"演奏这些音符,变数太多了,"他对一位采访者说,"如果你在演奏一个音符之前听不到它,还真就吹不出来。虽然我的脑子里一片寂静,但音乐已经以某种形式开始了。"西尔伯施拉格以他对圆号、音乐整体以及当晚乐谱的心智模型作为基础,预测他周围会发生什么。然后,他的预测充当了实时过滤器,帮助他对扑面而来的混乱信息进行筛选。(相比之下,启发式的独门绝技提供的是用于解决问题的策略性思维捷径,而不是对我们所感知的东西的预期。)我们以这种方式进行预测的能力有助于我们在生活中领先一两步,提高我们的生存机会。正如神经科学家喜欢说的那样,我们用大脑来看。

人们对周围发生的事情进行猜测,是对我们人类极其有限的感官能力的一种极为必要的变通。我们能看到、听到和感受到的外界的光、声音和纹理都只是很小一部分。例如,与昆虫不同的是,人类没有直接的方式来感知湿度。我们显然是通过对皮肤上记录的热信号和触觉信号进行拼凑来推断出这种感觉的。此外,正如德阿纳指出的那样,原始感官数据,例如到达视网膜的图像或耳朵记录的气压,是非常模糊的。圆形的东西可以是很多物体:餐碟、飞盘、花盆或帽子。当感觉神经元计算各种客观可能性的发生概率时,高阶大脑区域会用源源不断的猜测和解释来填充正在出现的图像的其余部分。"那个圆形的东西在桌子上,靠近叉子。"大脑可能会说,"啊!晚餐时间到了。"

然而,这种最优解也有缺点,那就是我们的思考、感觉和行为大部分源于神经科学家所说的"精心控制的幻觉"。我记得有个朋友在与一个感染新冠病毒的熟人相处几天后开始感到不适。她一直将自己的早期不适症状归咎于晒伤,直到检查结果表明并非如此。因为不愿意放弃健康的常态,她让自己的预测思维占了上风。轻微的幻觉,例如幻听到的电话铃声或臆想闻到的烟味,都只是预期战胜感官的结果。这种奇怪且很难解释的经历比以前认为的要普遍得多。有一半人平均每月至少发生一次这类情况。虽然它们通常与想象中的威胁有关,但它们基本上是无害的。我们可以将它们视为某种有趣的小提醒,让我们知道自己经常不知不觉地生活在我们各种假设的阴影下。

自古以来,人类就很难割舍这样一种信念:他们是目光敏锐的生物,能够看清世界的本来面目。许多早期希腊哲学家推定,视觉错误是罕见的系统故障,而这个系统可以巧妙地对现实进行抓拍。当时的一个著名理论认为,物体的微小复制品飞入眼睛,视觉由此产生。11世纪的阿拉伯博学家伊本·海赛姆在他的七卷本《光学之书》(*Book of Optics*)中驳斥了这种无稽之谈,通过他的开创性实验,海赛姆富有先见之明地推测,认知是随着思维对眼睛中产生的图像进行下意识的详细阐述而次第展开的。虽然他对眼睛工作原理的发现为他赢得了全球赞誉,但他有关视觉经常性地服从于大脑的初步理解还是在西方失传了 700 年。

早期佛教思想家进一步探索了主观性的含义，而人类最微小的感觉行为也会受到这种主观性的扭曲。7 世纪印度著名哲学家法称的预见是，甚至在我们感觉某个物体之前，我们的预测就已经限定了我们对所述现象的观念。例如，当偶遇一位久未谋面的同事时，你会基于过去的关系抱有某些预期，而这些预期可能会影响你对他的反应。学者约翰·邓恩解释说，这种认知效率"从根本上扭曲了我们对世界的体验"，常常会造成法称所谓的某种形式的无知（*avidyā*）。我们最终要将"实际上不同的事物（我一年前遇到的人和我现在看到的人）视为相同的事物"。佛教思想家长期以来一直在争论如何获得"善智"，不过该思想体系中最伟大的思想家们同样持乐观态度。他们教导我们，思想是一条反复无常的认知事件流，我们可以塑造和增强它。通过努力和实践，我们可以更清楚地认识世界。现在，神经科学正在帮助揭示不确定性对于这一觉醒的核心作用。

―――――

设想一场"非常快乐的战争"（very happy war），这是一个令人震惊的短语，在 1939 年的美国可能属于叛国言论。这种不协调很可能会在你的大脑中引爆一次活动，一种"嗯？"的皮质反应。这样一种被称为 N400 的脑电波，表示这种脑电波在异常发生后 400 毫秒左右出现。当你疾速阅读这三个简短的单词时，你的大脑可能会预测"非常快乐"后面可能跟的是"新闻"、"庆祝"或"孩子"。所以最后一个词"战争"可能会对你有关哪些元素构成满足或冲突的心智模型造成一些打击。瞬间，你的大脑发出了科学家所说的预测误差的信号，表示在那一时刻，你的预期与你的感官报告之间出现了分歧。

大脑不仅仅是使用过去和现在的经历编织出故事般的预测，还同时对这些故事的情节进行一系列令人震惊的现实检验。除了要对原始感官数据的概率解释进行计算，前线处理区域还会拿我们对世界的初步感知与我们的预期进行比较，看看两者是否同步。如果你的猜测被证明是正确的，"那么你神经元的放电模式与输入的感官数据就是相匹配的，你的大脑已经有效地为你的行动做好了准备"。神经科学家莉莎·费尔德曼·巴雷特解释说。这就是西尔伯施拉格熟练完成勃拉姆斯《第二钢琴协奏曲》关键的开场圆号独奏，让指挥备感开心的一刻。但是，如果某个预测发生偏差，哪怕只有一点点，我们在生活中也会差得更远。因为这是一个"哎哟，搞错了"的时刻，认识到这种不足，才会让我们开始更新我们现在不敷使用的内部模型。那么是不是真有"战斗悲伤地带来欢乐"的时候？我该怎么做才能更好地与管弦乐队的其他乐手保持同步？清醒地面对世界首先需要打破我们自己珍视的现实。

各种各样的预测误差不断在大脑中泛起涟漪，生动地记录了我们在感悟世界的过程中遇到的沟沟坎坎。在与 N 先生见面 20 年后，德阿纳开始让人们接触"非常高兴的战争"和"非常愤怒的派对"之类的表达方式，以了解在这些情况下大脑活动的实际情况。阅读这些短语会在人们的大脑中激起强烈的 N400 脑电波，而且他发现，N400 脑电波的强度反映了不协调的"荒谬程度"。接下来德阿纳又进一步，继续向被试展示相同的短语，只不过这一次用闪烁的圆形将"非常高兴"等不协调的单词盖住。虽然人们只是清楚地看到了"战争"或"派对",但已经存在于潜意识里的这个短语仍然引发了强烈的 N400 脑电波,几乎与他们明明白白阅读了完整表达一样强烈。

大脑的无意识感知能力是有限的、稍纵即逝的,但会留下深刻印象。无论达到还是没达到意识清醒的程度,我们满怀期待的大脑都会一刻不停地留意不足之处。"你必须了解你自己的幻觉。"德阿纳告诉我。我们坐在他明亮通风的办公室里,屋里堆了几十本书,陈列着三个大脑的复制模型,其中一个就是他自己的。我们的谈话早已超出了一刻钟的限制。聊起"人类思维的潜力"这个永远让他着迷的话题,他就特别起劲儿,根本刹不住车。

大脑能够发出预测误差的信号已属非凡,但德阿纳还发现,这项工作甚至会持续到深夜,只不过换作节奏更为舒缓的低音小调。当他的团队向熟睡的人播放一系列不同的音调时,他们的大脑仍然能微弱地记录到声音模式的意外变化。虽然在睡眠时监测不到通常与在有意识的状态下听到新声音有关的 P300 脑电波,但大脑会发出另一种被称为"失匹配负波"的报错信号,只不过没有我们清醒时那么显著。德阿纳可以从大脑记录中看到睡眠者无法告诉他的东西:在睡眠时,人丧失了感觉,但不会彻底切断对环境意外变化的感知能力。伴侣在床上翻身,或者远处汽车在黑暗的路上呼啸而过,可能都不会打扰我们,但最意外的、最不熟悉的声音则可以瞬间穿透睡眠的迷雾。婴儿的哭声或雷声都会把我们惊醒,与新现实搏斗的召唤甚至战胜了我们对休息的生理需求。

长期以来,心理学家认为学习是一个建立在重复基础上的联想过程。想想 20 世纪初的研究人员伊万·巴甫洛夫,他通过条件反射训练狗在晚饭端来前听到铃声就会流口水。狗的行为被视为仅仅是刺激与反应之间的挂钩，是某种联系的建立。然而，越来越多的证据表明，我们拓展知识的立足点并不是死记硬背和例行公事，而是各种意外情况。如果你在上班的第一周突然遭遇一次假火警，你刚刚开始形成的办公室生活模型就会出现缺口，进而为你提供了质疑和探索的机会：我在这座摩天大楼里安全性有多高？出口在哪里？但是，如果报警器开始每周响几次，你很可能就会忽略这个声音，经验教训就这么多了，直到环境发生新的变化。这就是为什么婴儿大部分时间在探索让他们吃惊的物体，以及为什么环境中违反他们预期的部分反而会让他们获得更多的知识。正如德阿纳所说，"意外是学习之母"。

与有些脑损伤患者不同，N先生知道自己的病情。在德阿纳的测试过程中，N先生一度无法将一系列数字标记为奇数或偶数，他变得非常沮丧，以至于德阿纳不得不提前结束当天的工作。虽然N先生可能已经能够记录预测误差，但他无法让自己的猜测更进一步。他陷入了一种"5+7=19"的生活，难以置信却又无法验证。他永远被困在我们开始与世界接触的地方。

达达主义这一艺术运动的发起人特里斯坦·查拉在其1931年的长诗《近似人》中写道："文字在旋转/在它们的意义背后留下一条微弱的、庄严的痕迹/几乎没有意义。"在这部超现实主义的杰作中，查拉讲述了一个人在混沌的世界中旅行，与自己思想的奥秘做斗争。"狂野的知识碎片……哦，唯有难得一见的闪现让我窥见力量。"当我向德阿纳提到这首诗时，他让我回家后给他发一个链接。他对自己的工作能与文学作品联系在一起感到既惊讶又开心。在我们狼吞虎咽地吃了一顿比萨、奶油布丁和意式浓缩咖啡的午餐后,他向我道别,然后跑回他的研究室,继续急切地探索新知去了。

———

模型崩溃了。生活本来就是这个样子,绽放着,喧闹着,迷茫着。你现在看向哪里?你如何把握一个超出你知识范围的新现实?从某种意义上说,即使是在光天化日之下,感知的关键工作也始于我们惊醒的那一刻。

当人们遭遇生活的无常时,大脑会被应激激素和化学物质的浪潮淹没。去甲肾上腺素等强大神经递质的释放增强了神经元对新数据的接受能力,刺激大脑各个区域做好共享信息的准备,并激发认知回路,以灵活控制我们的注意力。多巴胺的爆发将感官数据从顶叶皮质("关联网络"的中心)上传至高阶额叶区域,协助处理来自外部世界的数据的优先顺序。在几毫秒内,预测误差的引信被触发,大脑认识到当前行动程序必须中断。现在是时候唤起我们进化的认知系统了,以突出强调最有可能是新形势之关键所在的信息。大脑在告诉自己,"嘿,这里有一些东西需要学习"。神经科学家约瑟夫·凯布尔说:"觉醒即适应。"

想象你在参加公司的一场棒球比赛。目前,你的球队比分落后,有两名球员在垒上,有几人已经出局,现在轮到你上场击球了。突然,一位身材高大、看起来几乎是半职业选手的新投手站上了投球区。这可不是你想象中的击球啊。你应该盯着球还是向一脸蒙的教练寻求指导?视觉是感官皇冠上的明珠,对其破译和解码已经取得诸多进展,也揭示出大脑为了决定注意力的优先顺序而进行一刻不停且几乎立即完成的复杂计算。尤其是顶叶皮质一侧的专业神经元，它们会跟踪并计算哪些物体或方位会随着时间的推移提供最多的"信息增益"。每天，新的和令人惊讶的东西都会上升到这份清单的首位。大脑会强调环境中哪些东西值得关注，进而构建一个不断变化的优先顺序图，启发我们应该向哪些地方投射注意力。思维实际上是在发出信号，表示新的信息已经可以获取使用了，是时候尝试确定它是什么了。面对站上投球区的巨人"歌利亚"，你开始死盯着球的动向。

经历过几次心跳加速之后，你发现自己离三振出局只有一步之遥。这位神秘的投手正在施展出根本不属于业余选手水平的精湛投技。球场上的紧张气氛渐趋白热化。然而，你的感知大脑还秘密准备了一个新的必杀技：根据形势的波动增强你的注意力。

在一系列开创性的研究中，哥伦比亚大学神经科学家杰奎琳·戈特利布设计了一种小球游戏。在实验中，两只猴子通过凝视来指示屏幕上的一簇点是向上还是向下移动，奖励是一口果汁。在一段时间内，这些点会连续几分钟只朝一个方向移动，然后在下一段时间内，它们的轨迹会发生变化，而且每次试验都不一样。当这项任务开始变得更加不可预测时，动物顶叶皮质的神经元甚至在看到这些点之前就开始释放强烈的神经冲动。它们警觉的大脑注意到了形势的不确定性，当这种情况发生时，它们的反应变得更加持久和准确。大脑在告诉自己，这个地方需要留意啦，现在更重要的是集中注意力。戈特利布说："不确定性是另一种知识。"她的发现在人类行为中也有体现。她将这项选择和放大重要信息的关键工作称为"专注觉醒"。

我们如何才能开始利用这些天生的警醒、专注和辨别能力？

研究表明，仅仅是愿意期待改变，就会让我们对生活结构的变化更加警觉。如果你认定周一上午的会议基本还是老生常谈，你可能就会错过对手意见的微妙转变或下属团队严重的情绪低落。凯布尔是对在动态环境中如何学习进行计算研究的领军学者，他说，在形势不稳定的时候坚持认为形势是稳定的，"会让你有理由说，'我将忽略这些新数据'"。英国在两次世界大战之间对潜艇武器的自满情绪就是一个很好的例子。同时，重要的是要认识到，在乱世中直面困难并不是一件让人舒服的事，觉醒没有那么轻松惬意。耶鲁大学神经科学家罗布·拉特利奇说："你要在最不可预测的情况下承受最大的压力。"

2016年，拉特利奇和他的同事用一个令人紧张不安的游戏剖析了"训练有素的警觉性"的神经解剖学结构。他们向成年人展示了不同大小和颜色的石头的数码照片，并让他们逐一猜测是否有蛇藏在下面。如果有人猜对了，他们就能赢一点现金。但有一个暗藏的机关：如果有蛇潜伏在石头下面，即使玩家已经正确预测了结果，他们也会受到轻微的电击。通过这种方式，科学家可以将游戏中不确定性的水平不断上升和下降带来的压力与玩好游戏的压力区分开来。

随着时间的推移，玩家开始在预测误差的基础上积累经验，并摸清了游戏里的弯弯绕绕。例如，他们可能会注意到，有斑点的大石头会带来麻烦，而灰色的小石头不会"咬人"。然而，他们仍然必须保持警觉，因为规则会在没有警告的情况下突然发生变化，比如一块曾经无害的石头下面会开始经常甚至更频繁地出现蛇。玩家在这些不确定性加剧的时刻压力很大，表现为皮肤出汗、瞳孔放大和皮质醇水平升高。事实上，当人们不知道接下来会发生什么时，他们的压力比他们几乎可以判断出即将发生冲击时更大，这一发现被许多新闻报道大肆宣扬。一篇报道的标题写道："我们天生讨厌不确定性。"

不过，藏蛇游戏还留给人们另一个更加微妙的启示。那些压力水平与游戏时常变化的不可预测性保持最高一致性的人做出了最准确的预测。从本质上讲，最好的玩家与意外保持了惊人的同步，这可以从他们不断上升和下降的压力中看出来。作为一个物种，人类对生活的变幻莫测高度敏感。N400脑电波等报错信号记录的恰恰就是我们的期望与现实之间的差异程度。此外，我们在经历日常的不确定性时，比如早上通勤出点小差错时，会释放神经递质乙酰胆碱，而面对意外的变化，比如6个月的突然封路或某个复杂游戏的规则改变，则会释放出海量的去甲肾上腺素。与普通玩家的区别在于，藏蛇游戏的精英玩家倾向于觉醒，这样他们就可以保持警觉。我们可以从他们的汗水和成功中看到，在世界给了他们学习机会的关键时刻，他们愿意甚至渴望提高自己的游戏水平。研究表明，去甲肾上腺素也是认知努力的晴雨表。觉醒是我们付出了多大努力睁开眼睛看世界的参照标志。

德阿纳惊叹道："我们不仅是智人（*homo sapiens*），更是教育智人（*homo docens*），一个能够进行自我教育的物种。"大吃一惊触发觉醒，觉醒激发我们的身体进入主动侦察环境所需的清醒状态。有什么好点子可以帮助我在这次击球时打出一个本垒打？是什么原因让这个项目失败了，而上一个却成功了？如果没有感知系统来标记错误的假设，将注意力集中在值得关注的事情上，并与我们现在面临的不可预测性保持一致的水平，人类将危险地与动态世界脱节。随着预期的破灭和思维的惊醒，我们正在努力把握一个新的现实。我们是信息搜寻者。

然而，如果用德阿纳的话来说，清醒学习是"我们物种的独特才能"，那么我们为什么要浪费时间去追求那些明显无用、琐碎或偏离轨道的信息呢？我们拥有卓越的认知系统，可以适应生活中的意外，可以对落入我们关注范围内的目标按照优先级进行排序，那么，我们为什么还倾向于走信息弯路、漫无目的地上网、聊一些鸡毛蒜皮的琐事或八卦呢？例如，在实验室环境中，人类通常会放弃大量的实验收益，只是为了获取一些没有即时利益的信息。当然，这种好奇心和个体差异也是有限度的。但总的来说，人们希望抢先得到独家新闻，只要是独家的，任何新闻都行，即使他们认为这些信息不会给他们带来任何好处。这种态度长期以来被经济学家、进化理论家和决策学者标记为"次优选择"。

著名经济学家乔治·勒文施泰因及其同事观察发现，根据自然选择和现代理性的原则，有机体乃至社会都应该优先考虑"像激光一样聚焦于具有直接效用的知识"。从这个角度来看，只有能够收割直接、切实利益（也就是砸钱的时候声儿最响）的选择才是理性的。希望荐股提示保证有利可图，这没毛病，但要是面对一场我们无法控制的赌博，提前知道一点赌博结果的消息，那可就不好办了。勒文施泰因是最早研究经济心理学的学者之一，他写道，长期以来，良好的认知一直被认为"严格来说是达到物质目的的一种手段"。然而，我们对信息看似不加区别的渴望到底是需要克服的障碍，还是感知思维的一种意想不到的力量？这就是神经科学家伊桑·布朗伯格-马丁不久前开始试图破解的谜团。

为了探究这个根本问题，他求助于大脑中最著名的（物质和精神）"价值法庭"：多巴胺网络。在他的一些研究中，猴子一再选择在它们无法控制的赌博游戏中预测即将到来的得失。在那一刻，它们释放神经递质多巴胺的中脑神经元会剧烈地发出电脉冲。为什么？这种分子通常等同于纯粹的快乐，但它的真正作用更为复杂。在人类及其灵长类亲戚中，多巴胺回路能够通过其自身的预测误差系统，不断评估某件事相对于预期是更好还是更差。如果你买了一块蛋糕，发现它比你预期的更甜，一个"正向奖励预测误差"（惊喜）会激励你改天一路小跑着再去光顾那家烘焙店。布朗伯格-马丁的研究表明，这些相同的神经结构不仅处理甜食和工资，还处理信息。通过传递信息预测误差的信号，多巴胺神经元将优先考虑获得数据的机会。对蛋糕爱好者来说，镇上新开一家烘焙店的消息也能成为一道愉悦心灵的美味佳肴。

信息，任何信息，对我们的生存都至关重要，以至大脑的一系列区域会持续发出催促获取信息的神经信号。在2015年的一项实验中，另外两只猴子通过眼神的快速移动，反复选择，来提前获取关于赌博的信息。这一次，布朗伯格-马丁及其同事追踪了眶额叶皮质一组神经元的活动。眶额叶皮质是眼睛上方参与学习和奖励处理的区域。该区域的神经元发出电脉冲的活跃程度，取决于待定奖励的大小。但一些眶额叶皮质神经元会使用一种单独的神经编码，将仅仅是对新信息的预期标记为有价值。

最终，高阶大脑区域将综合考虑奖励的物质价值和我们手头信息的精神价值。早点下班以便及时赶到烘焙店值得吗？毕竟，我们生来就是为了追求任何能促进我们生存的东西，也就是食物、金钱、友谊以及被科学家称为奖励的其他一切东西。但在寻找信息的早期过程中，大脑不仅会将一小块新数据（或者说只是对数据的预期）视为达到目的的手段，而且将其视为本身具有物质价值的东西。本质上，在我们搞清楚其最终优点或效用之前，大脑似乎会使用多种神经语言来评估寻找信息的价值。布朗伯格-马丁告诉我："进化赋予了我们一种天生的感觉，即在几乎所有情况下，如果我们先知道更多信息，我们都可以做得更好。"他指出，毕竟，一点数据的效用往往不是一眼就能看出的。"当你进入一个环境时，你能立即知道什么？通常很少。"

这就是婴儿探索的方式：有心机，有策略，但并不知道他们游戏的终极价值。这是我们所有人都具备的能力，用勒文施泰因的话来说，它帮助我们"在满足有形需求的直接收益和投资知识的延迟收益之间达成平衡"。经过有很多猴子参加的赌博测试，以及数百个小时的实验室工作，布朗伯格-马丁终于有了一个初步的答案：对看似无用的东西的渴望不是认知障碍，而是一份非凡的礼物。

布朗伯格-马丁沉浸在破解感知奥秘的激情中，讲起话来语速很快，饱含热忱。他风度翩翩，谁看见都会禁不住暗中赞叹，但他以科学家的才华和创造力而闻名，其工作在业内亦颇具影响力。虽然他的研究是在精确的分子尺度上展开的，但他仍然努力为自己的工作发掘更大的意义。他在自己的网站上写道："我认为，了解世界不仅仅是一个被动的估算参数和减少误差的过程，更蕴含着一种主动探索和发现的乐趣。"

他的研究也恰恰表明了这一点。布朗伯格-马丁解释道："我们正是这样一种生物，理应拥有一些身体器官，这些器官不仅可以弄清楚我们已知事物的价值，还重视对未知事物的探索，即使这在目前看来毫无用处。"本质上，我们天生的好奇心意味着我们不仅仅在意外发生后才渴望信息，我们生来就有追求意外的能力。布朗伯格-马丁说："寻找信息就好比让预测误差提前（发挥作用）。你可以把它看作找出预测误差。"

———

生活的种种意外需要我们打起精神，去适应一个紧张的环境，要花上一段时间耐心地、充分地探索我们周围的世界，尽管这可能给我们带来很大压力。但我们往往目光短浅，只关注结果，从而丧失了在面对充满变数的世界时应有的敏锐洞察力。寻找最丰厚的报酬，努力工作争取加薪自然是至关重要的。对奖励的追求逼着人们全力以赴。然而，大量研究证明，如果只是狭隘地死盯着接下来的事情会获得哪些收益或是蒙受哪些损失，无论是渴望已久的奖杯、名列前茅的成绩，还是失败的阴霾，往往都会适得其反，损害执行中的绩效表现。由于过度沉迷于奖励，我们最终会回避不确定性带来的启示。

在一项实验中，躺在大脑扫描仪中的人通过捕捉一个在网上迷宫中乱窜的灰色小圆圈来赚取或多或少的收入。在回报仅为 1 美元的回合中，人们抓住猎物的次数比例平均为 75%；但在奖金高达 10 美元的实验中，成功的次数比例就不到 2/3 了，而且往往在距离目标非常近的时候惜败。更有意思的是，那些后来报告说想要更多钱的人反而在报酬更丰厚的实验中表现得更糟，并且与评估奖励相关的大脑区域也表现出更高的活跃度。他们过度沉迷于追逐"金戒指"了。这项研究的题目是"金钱带来的压力"。

在苛刻的环境中，有些人过度关注游戏规则或自身技术，屈服于这种"分析型瘫痪"，导致表现欠佳。还有一些人容易焦虑。也有大量"逢考就糊"的考生、喘不上气来的运动员以及被怯场击倒的表演者被一种科学家所谓的"奖励驱动的分心"折磨。研究显示，人们好像被现场的利害关系催眠，困在他们自己预期的笼子里，退出了比赛，有时在做事的时候他们的注意力还会出现盲点。就在他们需要警觉并适应这个世界的时候，他们反而渐渐脱离了眼前的动态环境。他们不接受不知。

例如，对100多场比赛进行的数据分析显示，当一场奖金丰厚、备受瞩目的职业网球锦标赛的奖杯在决赛期间被醒目地摆放在球场附近时，最受欢迎的选手更有可能表现不佳。在这种情况下，水平较高的选手不一定会经常输掉比赛，但他们在相持时的表现往往并不比那些处于劣势的对手更强，而且比赛就算赢下来，总比分也比较接近。这球打得苦啊。

那么，有什么办法可以减轻过度关注结果对我们的束缚吗？当然有。而且在对抗这一类表现焦虑方面，有些方法还是很有潜力的，比如有必要暂时不去理会"效用"这个幽灵，并完全沉浸到手头的工作中去。如今，从高中特长生到职业选手，运动员都会接受训练，运用所谓的"提示词"对自己进行简短的个性化心理提示，将注意力从他们的场上表现可能导致的未来结果转向整场比赛的曲折过程。例如，参赛者可能会在比赛中途悄悄告诉自己"专注于每个动作"。类似的做法还包括对场景中的重要元素进行一种被称为"冷静观察"的刻意打量，以使自己重新回到当下。这类技巧可以保护你，不让你对结果的预期超过当下的需求。但重新唤醒回到真实世界最有希望的方法也许是，同与清醒的洞察力相辅相成的觉醒和平相处。

想象自己被要求在三个穿着白大褂的人面前做 5 分钟的演讲，他们正在评估你能否胜任一份工作。你被告知要谈谈自己的长处和短处，只有 10 分钟的时间来准备。当你豁出去了走进房间时，评委们迅速记下笔记，盯着你看，甚至没有一丝微笑。然后，等你不再自我动摇时，他们又对你搞突然袭击，临时安排一次测试：以 7 为单位从 996 开始倒数。这就是臭名昭著的特里尔测试，它是心理学诱导和评估临场应激的黄金标准。这段让人紧张的经历关乎的不是奖金、奖杯，甚至不是一份真正的工作，而是同样重要的东西：社交尊严。这个场景可能是假的，但你手心里的汗和内心的紧张可是真得不能再真了。研究身心压力的社会心理学家杰里米·贾米森说："人们意识不到 5 分钟有多长。"这种场合会产生一个又一个预测误差。不管不顾必然会导致砸锅。

2010 年，贾米森和他的同事开始为接受特里尔测试的人和其他被困难吓倒的表现者寻找出路。经过多年的实验，他们发现可以进行简短而有力的鼓励：不要把压力看作应该害怕的东西，而要把它看成身体自我振作，更加积极主动地面对严苛形势的方式。贾米森的研究表明，那些只用几分钟的时间被告知觉醒对身体和心理而言都是一种资源的人，虽然在挑战中面临的压力不会减少，但是他们在面对复杂局势时会振作起来、兴奋起来，不泄气，不放弃。

回想一下去甲肾上腺素是如何激发大脑学习的。震惊导致它的释放，进而刺激我们心跳加速、血管扩张，把更多氧气输送到主要肌肉和大脑。贾米森说，此时思维开始进入接敌模式，实际上是在告诉自己："我们可以做到！"我们会开始重新感知这个世界。相反，当害怕不确定或新的事物时，我们就会演化出一种不同的应激化学反应：血液流动受到限制，流向身体核心，远离包括大脑在内的外围区域。威胁是思维的首要关注点，生存才是目的，而不是什么最佳表现。身体和思维都开始切断与外界的联系。

10年的实验室和野外研究显示，学会重新评估压力，将其视为天然存在且有用的人，在充满挑战的环境中会更具洞察力，效率也更高。从高深艰涩的数学课到研究生入学考试，再到在严肃的听众面前即兴演讲，他们往往不会被各种困境压垮。他们已经摆脱了心理上的痛苦，依然充满活力，对手头的任务也更加投入。"他们实际上并不担心评估。"贾米森告诉我。

例如，经过独立分析师的评定，那些先获得技巧传授再接受录像特里尔测试的人比那些没有接受过此类指点的人焦虑更少，对情境的投入度更深入。他们的姿态更加开放，与评委也有更多的眼神接触。他们全身心地感受现场的氛围，应对现场发生的意外情况，也许他们开始注意到某位起初态度严厉的评委露出了一丝感兴趣的微妙迹象。人们在测试中搞砸的情况并不少见。有时他们几分钟后就会哑口无言。相比之下，那些认为觉醒即适应的人往往会在语言表达上更为出色。贾米森说："如果这是一次真正的工作面试，他们早就搞定了。"

模型崩溃了。我们正在经受考验。然而，如果我们愿意，随之而来的令人不安的意外和不确定性可以促使我们变得警觉和专注，珍惜不知的场合。作为大脑自身的信使，神经递质去甲肾上腺素、乙酰胆碱和多巴胺发出信号，表示是时候唤醒并引导我们自己探索新的现实了。适应性觉醒（也被称为"接敌模式"）有助于我们认识眼前的挑战，避免过于短视地只关注结果，进而破坏我们的感知能力。完全适应当下的复杂性，从某种意义上说，不正是自适应压力的真正含义吗？大脑在告诉自己，这里有一些东西需要学习。面对未知，睁开你的眼睛，敞开你的心扉，开放你的思维。挑战是艰巨的，但这正是饥饿的思维所寻求的。谁是当今眼光敏锐的探险家？我们称之为"好奇"。

好奇心既是一种思维状态，也是一种性格特征，它有很多种形式。戴维·莱登-斯特利、丹妮尔·巴西特和佩里·朱恩的研究表明，它是有起伏的，在锻炼后会上升，在心理抑郁时会消退。它可以是社交性的，比如八卦，也可以是一种孤独的求知。亚历山大城的古代犹太思想家斐洛观察发现，有时人们在信息领域"四处搜索游荡"，几乎不会在任何一个话题上停留太久。在其他时候，这种倾向表现为像寻血猎犬一样寻找知识，依次追踪每一条有希望的线索。在一项饶有趣味的研究中，研究人员要求人们在3周内每天浏览维基百科几分钟。通过网络分析，他们发现，虽然人们每天都会在朱恩等人所说的"爱管闲事型"和"猎人型"风格之间来回转换，但他们还是能够表现出对其中一种原型的偏爱，只不过这种倾向并不强烈罢了。

不过，研究表明，无论好奇心通过怎样的方式表达出来，高度好奇的人往往都有一个共同的品质：愿意承受意想不到的新压力。神经科学家尚未完全摸清好奇心的神经根源，但早期研究表明，这种思维状态与激发我们寻求信息的欲望的部分大脑回路是重合的。好奇的头脑以接敌模式运作。

"并不是说好奇的人从不感到焦虑，从不感到警惕，"现代好奇心研究的先驱保罗·西尔维亚说，"他们会尝试很多事情，也确实会感到不舒服。但确实会感到尴尬，并不能阻止他们这样做。"好奇心很强的人会被晦涩难懂的书籍、不同寻常的电影、各种新体验以及与他们观点相冲突的证据吸引。他们拒绝让探索未知所必须付出的努力和承受的不安阻碍他们发现未知蕴含的宝藏。"那是一块创意的宝石。"西尔维亚告诉我。

在他讲话的时候，我回想起藏蛇游戏中那些最优秀的玩家，在不可预测性达到极致的时刻，他们也同步付出了最多的汗水和劳动。我还想到了接受特里尔测试的那些人，他们把压力视为一种资源，哪怕他们的心跳加速，还要面对怒目而视的评委们，他们也依然能够非常好地适应挑战。他们最终都取得了胜利，但更重要的是，他们获得了一种觉醒，这本身就是一种奖励。

要想持续保持好奇心，人们需要对生活有更高的满意度，需要每天体验更多愉快和有意义的时刻。在朋友和家人的眼里，有好奇心的人往往是童心未泯、真诚坦白、不循常规、能够很好地处理不确定性的思想者。心理评估也证明了这一点。他们甚至能够通过一种凝视的方式，也就是科学家所说的"好奇的眼睛"对周围的世界进行更加广泛的视觉探索。

令人惊讶的是，那些被压力挑战吸引的人往往在生活中也会享受挑战的快乐。但正是敞开心扉、坦然面对人生道路上各种可能的能力，使人们在忐忑不安的同时，保持昂扬向上的身心状态。压力承受能力是秉性好奇的一个方面，它与整体幸福感的联系最紧密。好奇心研究人员托德·卡什丹指出，那些缺乏这种能力的人也许能意识到自己知识上的差距，"但不太可能向前一步去探索"。有好奇心的人会把没有达到的预期视为机会，借此研究探讨现时动态中的各种可能性，进而让自己摆脱对结果的迷恋，不再让结果牵制我们的辨别能力。他们用参与和求知替代了令人麻痹的焦虑感。我们也可以这样做，将人生转变为一段积极发现的时间之旅。

———

发挥好奇心驱动的接敌模式的活力，在我们的网络生活中也至关重要，因为逃避不知所带来的不适在网上变得越来越容易。人们依靠网络信息做出人生中最关键的一些决定，但通常在第一个结果出现后就停止搜索了。网络干净利落的外观和点击一下尽在掌握的感觉满足了人类与生俱来的对于毫不费力获取知识的渴望。此外，推送给我们的搜索结果都是广告驱动的，会根据它们与我们的查询和我们的整体品位的相似性进行排序，这个过程可以最大限度地减少意外。"网络搜索引擎并不是为需要探索和学习复杂任务而设计的……尽管 1/4 的网络搜索很复杂。"一份由来自世界各地 26 位多学科搜索专家撰写的报告总结道。也许最令人担忧的是，随着求诸看似无所不知的设备，我们越来越相信自己也能看一眼就知天下。"通过在线搜索工具，全球资讯于你如探囊取物。"谷歌搜索质量高级科学家丹尼尔·拉塞尔在他《搜索的喜悦》(*The Joy of Search*) 一书中夸张地赞美道。

根据 10 年来的研究成果，即使是只进行了简短的在线搜索，信息搜寻者也往往会认为自己知道的比实际知道的多。在由 5 项实验组成的一个研究项目中，人们被要求研究一些严肃的课题，例如孤独症或通货膨胀，然后再接受有关该课题的测验。半数参与者被告知要上网查找一篇有关该课题的文章，而其他参与者不必搜索,直接可以获得同样的信息。进行在线搜索的人在参加测验时自信得近乎狂妄。在一轮测验中,他们平均判断自己可以答对 2/3 的问题,但最后他们答对的问题还不到 50%。

相比之下,只是拿到这些信息的人学习时间更长,消化的内容也更多,可以答对大约 60% 的问题,而且测验的内容都在他们的意料之中。在生活中,我们很少只负责信息的传递。探索和追寻是人的本性,但我们如何做到这一点很重要。在虚拟世界中,我们似乎失去了对自己不知道的东西的感知能力,以此为基础的辨别能力自然也就无从谈起。进一步的研究表明,即使人们从网上搜索中一无所获,也会滋生出这种虚假的自信。只要假设我们可以毫不费力地知道,我们就会闭上眼睛,不去理会自己会不会失败,还有没有探索的机会了。我们总算不用去百分之百地适应实时实地的环境了,因为牛气哄哄的我们找到了一条退路,可以不用面对现实的挑战,毕竟这种挑战的强度并不亚于害怕结果带给我们的挑战。

圣贤的智慧再次值得重视。如果我们在与世界的互动中引入不确定性的激发作用,那么无论我们是在参加比赛、发表演讲还是在网上搜索,对感知能力的强化都是可能的。为了修补低得惊人的数字素养水平,对抗猖獗的错误信息,人们进行了饶有兴趣的尝试,越来越多的教育工作者、心理学家、软件设计师和数据科学家正在对在线搜索进行重新构想,意在让它发挥比快速获取信息更大的作用。"搜索即学习"运动正在重新思考排名系统和测试网络的新外观,并发起多项研究,首次揭示了辨别能力最强的在线信息搜索者的习惯。那些能够抓住要点的人不会回避甚至干脆容忍意外的挑衅。文化学者萨拉·麦格鲁说,他们会提醒自己,

"我们的眼睛欺骗了我们"。他们要找出预测误差的教导信号。

2017年,还在斯坦福大学读研究生的时候,麦格鲁对几十个人进行了一系列颇具难度的在线挑战测试,例如确定"李鬼网站"的真伪或揭露某项有争议诉讼的秘密资金来源。这些人不是普通的网络用户,而是一批令人印象深刻的高手,包括最优秀的事实核查员、四年制大学的历史学教授,以及来自麦格鲁母校的本科生(要知道斯坦福大学在选才上是极为苛刻的)。在一项任务中,被试阅读了有关儿童霸凌的文章,这些文章有的发布在世界著名的美国儿科学会网站上,有的则来自美国儿科医师学院,后者是一个对同性恋人士怀有敌意的小众异见组织网站。这两个网站都拥有精美的徽标、学术引文、看起来颇有声望的证书以及听起来很官方的语言。哪拨人是披着羊皮的狼?麦格鲁发出了挑战。

几乎所有学生和大多数学者都把时间花在阅读提供给他们的原始网页上。许多人短暂浏览了每个组织网站的其余部分,只有一名学生和两位历史学教授进行了更为广泛的网络搜索。一名学生表示:"我会不假思索地信任这个来源,就是因为它看起来很官方。"一位历史学教授说:"我正在查看一些脚注,它们看起来都是完全可信的来源。我可以信任这个网站。"最终,精英学生压倒性地选择了那个边缘团体,认为他们更可靠,而40%的专业历史学教授则认为这两个组织同样合法有效。

与之形成鲜明对照的是,事实核查员们几乎马上从包含原始文章的页面出发,展开对未知领域的搜索。他们查看了多个其他网站,整页整页地浏览搜索结果,然后点击链接,试图将两个组织的主张与他们自己的初步假设进行交叉验证。这是一个非常费心耗力的过程,充满了停顿、倒查和怀疑。他们带着好奇的眼睛,寻求更深层次的学习，而这种学习只能来自寻找不确定性的意愿。经过广泛探索，一名事实核查员开始察觉到这个医师学院网站隐藏的仇恨语言。"如果只看第一篇文章，我可能永远不会知道那类事情。"他说。麦格鲁借用了物理导航的术语，将这种信息搜索形式称为"定位"。通过全身心地投入调查，了解各种可能性，每个事实核查员都能够辨别出有效的实体。

2022年，谷歌的丹尼尔·拉塞尔向马里兰大学信息研究学院的师生们发表演讲。虽然他是一个完全站在企业立场上维护其利益的大企业卫道士，但他显然对现代信息搜索的质量低下感到担忧。"研究让你的眼光超越凡尘俗世，"留着白色山羊胡、有点趾高气扬的计算机科学家拉塞尔说，"但我们生活在一个研究概念被严重贬低的时代。"他指出了诸如把第一个搜索结果当作正确答案而予以接受的常见错误，劝告有朝一日将成为图书管理员或他的同行的学生们保持好奇心，将搜索视为一种"滚动评估"，并记住世界并不是非黑即白的。

然而，在演讲结束时，一位系领导用一个问题开启了讨论，他说很多观众都在聊天中问过这个问题。"谷歌正越来越倾向于直接提供答案，"这位教授直言，尽管有点不好意思，"这种网络现状似乎与你所说的有点不一致。"怎么会出现这样的情况？他问。拉塞尔的第一反应是不太自在地挪了挪身子，抱起胳膊，然后像足球运动员那样大脚解围。"谷歌越来越多地试图直接提供答案，主要是因为（我们的数据显示）人们正在寻找简短的答案。"他说。

然后他停顿了一下，准备好好回答这个问题。"但是，如果你正在做一些关键、重要或更精巧的事情，请花点时间多了解一点背景信息……理解细微差别绝不是浪费时间。"他说，要积极迎接挑战,主动回到游戏中去。因为,正如他在演讲和著作中不断警告的那样,搜索引擎"不会表示它们缺乏给出答案的知识"。机器不承认它不知道。相反,搜索引擎在搭建时就"留了退路",提供另一组结果就完了。"但是答案与一组搜索结果之间有一个重要的区别,而且是一个值得注意的区别。"拉塞尔说。对于"不知"带来的令人沮丧的工作成果,我们应该予以尊重和接受,否则我们就是在浪费敏锐思维的潜力。

———

在英国,1940 年的寒冬逐渐化作舒缓的春天,"虚假战争"[1] 被一场日益血腥的冲突取代。还在秋天时,一艘 U 型潜艇潜入英国本土舰队在苏格兰的锚地,击沉了老旧的"皇家橡树"号战列舰,造成 800 多名水兵死亡。到 3 月,德国潜艇已经击沉了 200 艘盟军船只,差点击沉另外 50 艘。比利时、荷兰、丹麦、挪威和法国都在 6 月之前被占领,这为 U 型潜艇提供了一系列宝贵的沿海基地。英国开始实行对培根、黄油和糖的配给制度。刚刚重掌大权的丘吉尔后来承认,战争期间唯一真正让他害怕的就是 U 型潜艇的威胁。他写道:"这让我寝食难安。"

在布莱切利园,英国人取得了一些成功,包括破译了更简单的德国空军恩尼格玛。但与海军恩尼格玛相比,空军的就属于小

---

[1] 1939 年 9 月 1 日,德国入侵波兰,英法对德宣战,二战爆发。虽然波兰仅坚持了一个月就宣告投降,但盟军在西线与德国平静相处,双方直到 1940 年 5 月 10 日才爆发战斗。这段和平时期被德国人称为"静坐战争"(sitzkrieg),西方则称其为"虚假战争"(phony war)。——译者注

菜一碟了。到那时为止，面对1938年以来的海军恩尼格玛加密信息，图灵团队仅仅破解了其中5天的消息，并且除了密码的加密深度几乎一无所获。"你知道，德国人并不想让你读懂他们的东西，"布莱切利园的总管阿拉斯泰尔·丹尼斯顿告诉图灵沮丧的上级弗兰克·伯奇，"而且我觉得你永远读不懂。"图灵的绰号是"教授"，因其古怪的行为而闻名。图灵患有花粉热，因此当他骑自行车在乡下穿行时，为了免于花粉引发的过敏反应，他会用绳子扎住裤脚，还戴着防毒面具。由于注意力高度集中，他有时会花几天时间思考一场谈话的知识意义。27岁时，他即将证明丹尼斯顿的悲观主义和德国不可战胜的假设大错特错。

"密码学家，像所有发现者一样，必须从已知走向未知。"布莱切利园的密码破译员克里斯托弗·莫里斯指出。换句话说，预测性猜想是解密的第一件武器。无线电通信量的增加是否预示着入侵的开始，或者只是一个诡计？一个反复出现的符号会不会是德语和英语中最常见的字母"e"？英国密码破译人员特别喜欢使用可能的单词或短语（例如地名或标准问候语）作为破译加密信息的突破口。恩尼格玛有一个主要弱点，它有助于寻找猜测的明文［英国人用考试作弊的"小抄"（crib）代指猜测的明文］——它的镜像对称性，也就是说，字母不可以加密为它本身。例如，如果密码破译人员在一条德语信息中看到"rvzxiq"，他可以判断"小抄"至少可能是"convoy"，因为两者字母完全不同。"有一种流行的观点，认为科学家不可阻挡地从一个既定事实走向另一个既定事实……这是完全错误的。"图灵曾经写道，"猜想非常重要，因为它们提供了有用的研究方向。"正是凭借感性思维的力量，图灵开始找到破解海军恩尼格玛的方法。

他继承了一项技术知识遗产：波兰在战前研制的一台机器，帮助破解早期版本的恩尼格玛密电文，并取得了一些成功。波兰人的这台精巧设备被称为"炸弹机"（Bomba），本质上是一系列连在一起的恩尼格玛密码机复制品。他们用这台机器煞费苦心地搜索大量信息，试图找出每天用于设置纳粹机器的内部指令的字母重复模式，这些线索为了解恩尼格玛的设置提供了帮助。

不过，图灵接受的是在他那个时代极为艰巨的挑战。他要设计一种机器寻找"小抄"，以此作为一种猜测的武器攻击恩尼格玛的整个逻辑。在加密一条信息时，恩尼格玛本质上是在信息的原始明文和编码字母之间创建逻辑连接链，就像隐藏在密林深处的条条小路。图灵的"炸弹机"（Bombe）[1]搜索了数百万条加密链，寻找其中与密码破译人员的"小抄"明显一致或不一致的地方。在数学家戈登·韦尔什曼的帮助下，图灵设计了一种机器，其精髓是穷尽一条"小抄"的含义，从而大大缩小了密码破译人员的搜索范围。图灵终生迷恋于对人类和机器思维潜力的探索，也正因如此，他才能牢牢把握住破译的高光时刻，无论猜测是一击中的还是错失靶心。

没有产生被完美解码的信息，但从巧妙的猜测、10英里的接线和咔嗒咔嗒的背景声中，还是浮现出了一连串可靠的线索，以供密码破译人员深挖细究。这台机器本身还不是计算机。尽管如此，通过利用逻辑学、统计学和机械指令（算法）的思路，图灵在"炸弹机"里创造了现代搜索引擎的前身。他找到了一种方法，可以通过一种设备来窥视德国的秘密运作，而这种设备最终将成

---

1 波兰人的 Bomba 是西班牙语"炸弹"的意思，图灵的 Bombe 是法语"炸弹"的意思。——译者注

为我们了解世界最重要的窗口之一。

不过,图灵有先见之明,他早就知道我们可能才刚刚开始承认一件事:从炸弹机到计算机,这些自动化机器并不比人类更无所不知。"计算的机器绝不可能永远正确。"他在战后说道。如果只看重计算机数据的表面价值,我们就会陷入一种不管是什么都一目了然的误区。同时,我们又会掉进另一个陷阱,即认为"仅仅从数据中推算结果,不算有本事"(图灵说,哲学家和数学家往往容易这样认为)。因此,他说,恰当的认知是,我们的机器,就像生命本身,应该不断地给我们带来惊喜。它们的数据,就像我们不完美的假设一样,只是学习的邀请。图灵说:"机器让我大吃一惊的是惊人的频率。"

英国人的第一台炸弹机经常发生故障,漏油严重,花了几天时间才开始进行恩尼格玛的破译工作。它的诞生一波三折,与布莱切利园自身的成长阵痛相依相伴。为了摸清恩尼格玛每天都在不断变化的设定,必须建立一套完整的情报系统,不仅要有猜测或窃取的"小抄"、被截获和破译的信息,还要让军方那些习惯怀疑一切的"老狐狸"被远离前线的一群不拘一格的知识分子说服。尽管如此,图灵在破译恩尼格玛方面富有远见的工作和他同事们的创新仍然慢慢发挥了作用,拯救了护航船队,制定了战略,改变了大西洋之战的进程,进而扭转了整个战局。(历史学家 B. 杰克·科普兰认为,如果图灵没有破解 U 型潜艇的密码,战争可能要推迟数月乃至数年才会结束,并会造成数百万人丧生。)与此同时,纳粹指挥机关将其不断增加的损失归咎于叛国、间谍、盟军雷达的改进、对恩尼格玛密码片段的偶然破译以及运气,同时坚定地相信海军恩尼格玛的无懈可击。德国海军通信主管路德维希·施图梅尔上将在 1944 年的一份内部调查报告中写道，对于恩尼格玛，没有"安全性不足的具体证据"。

只有抱着极大渴望去感知世界的头脑才能精心组织和设计战胜恩尼格玛的工作。图灵对于官位头衔不感兴趣，连让自己出名都不屑一试。布莱切利园的一位同事写道，他"对任何形式的浮夸和官僚主义都感到不耐烦"。相反，他的动力来自智力追求带来的快感，以及在对隐藏的新现实进行调查时那种心跳加速的刺激。带着一丝笨拙、紧张以及孩童般的渴望，图灵总是以接敌模式引领自己的生活，无论是追求纯数学的高度，还是为乘法器（一种他为战前实验性质的加密机设计的计算器）搭建电路。当布莱切利园的密码破译人员给他带来了诱人的新启示时，他总会高兴地说："我懂了！我懂了！"

但传记作家安德鲁·霍奇斯表示，最重要的一点在于，正是图灵对假定事实的质疑能力使他在世界舞台上占据了一席之地。图灵以彻底的思想自由解决了我们这个时代一些最棘手的问题。对决策问题的攻坚屡屡失败并没有困住他，相反，他另辟蹊径解决了这个问题。战后，他巧妙地利用物理、化学以及对野花、松果、海星和其他自然现象的密切观察，揭开了生物学最大的谜团之一：复杂的图案和形式，例如斑马的条纹是如何从同质胚胎细胞中产生的。以这项开创性的工作为起点，数学生物学这一新的学科诞生了，并展开了持续数十年的科学揭秘工程。

图灵能够看出什么是重要的、什么是不重要的，因为他不会不加判断就将任何事情当作显而易见的事实排除在外。"学会的过程并不能产生百分之百确定的结果。如果能，就不会学不会了。"图灵写道。他在 41 岁时去世，去世前两年因同性恋而受到政府迫害。他的密友琳恩·纽曼观察到图灵明亮、深邃的蓝眼睛充满了"坦率和理解力……让人几乎不敢呼吸"。霍奇斯写道，图灵用"异常鲜活的双眼"看世界。

预测误差不断地影响大脑，标记和评估我们已知的与经验正在努力教给我们的之间的差距。最意想不到的事情会带来令人惊奇的震撼，而这是思维本身发出的信号，表明现在是时候关注此时此地的一切了。然后，觉醒形成的复杂的神经化学反应让我们做好探索新现实轮廓的准备。至少在一段时间内，大脑准备好充分而耐心地搜寻信息，且通常在判断信息的最终价值之前。我们内心会有一个声音提醒自己，这里有一些东西值得学习。此时，你可能感到你的心跳在加速，你的肠胃在颤抖，你的不安越来越强烈，这些都只是表明你可以应对这种情况，你可以睁开好奇的眼睛，带着一丝恐惧甚至是欢欣走进未知。图灵的才华强调了一点，对思维的新的理解证明，充分理解和正视你面前的不解之谜是一种诚实。

第二部分

思维的小路

第三章
忘记不是一种损失

> 不知是一种既宽容又严格的意愿,让知之处于暂停状态,
> 信任没有结果的可能性。
> ——安·汉密尔顿——

某天深夜,在一所世界闻名的睡眠实验室里,一位年轻的科学家不耐烦地等待着。实验室设在波士顿一家医院经过改建的翼楼里,现在已是一片死寂,只有日光灯在空无一人的走廊上投射出诡异的光芒。"她快睡着了,"阮南轻声对我说,他的眼睛盯着闪烁的脑电图监视器,"哦哦,差不多了……"我和他坐在另一个隔间里,透过单向玻璃,我差不多可以看到隔壁幽暗房间里一名大学生焦躁不安的样子,她的头上缠着电极,躺在床上翻来覆去。阮南正在观察她清醒头脑释放的 α 波逐渐退变为缓慢、有节奏的 θ 波,她的身体也慢慢静止,这标志着这个人初步进入了睡眠状态。"她还没睡踏实,"阮南低声说道,屏幕上快速跳跃的电

磁波轨迹变成了慵懒的曲线，然后又变回来了，"好吧好吧，就快了。"

不过，在凌晨时分辗转难眠的凯蒂并不是阮南的终极目标。早些时候，凯蒂换上了自己的 T 恤和胡椒博士睡裤，回答了一系列问题（"你前两天晚上睡得怎么样？""你现在有多困？"），然后坐在那里一边用手机聊天，一边等着阮南在她的眼睑、下巴、前额和耳朵后面的骨头上贴上电极。接下来，她爬上床，拿起游戏机手柄开始玩电子游戏。在游戏中，她必须射杀潜伏在虚拟迷宫石头走廊周围的绿眼睛怪物。凯蒂一次又一次地失败，起初她没能达到阮南所说的"黄油区"，也就是说没能在不到 10 分钟的时间里逃离迷宫，但随着逐渐适应，她的成绩加速到了 8 分钟，然后是 7 分钟。在接下来的几个小时里，他会在她刚要睡着的时候反复叫醒她，通过双向无线电询问她想到什么、看到什么和梦到什么。游戏的新生记忆会在人们普遍认为认知几乎一片空白的时段里开始形成吗？

阮南的导师是主持当晚实验的著名科学家罗伯特·斯蒂克戈尔德，他一直致力于探索休息时大脑的奥秘。他学的是生物化学，后来又短暂从事了一段时间的软件工作。在他开始研究睡眠的那个年代，睡眠刚刚开始被视为不只是一种"弥漫性皮质抑制"，即夜间的认知关闭。1953 年，一名研究生偶然发现快速眼动（REM）睡眠是一种深夜做梦的方式，大脑夜间活动的迹象由此被揭示。几十年后，突破性研究表明，学习能力可以在黎明前的几个小时里得到提升，而这几个小时只占睡眠时间的 1/4。但几十年来，大部分睡眠仍然是一个科学之谜，也是一个研究停滞的领域，人们认为睡眠对培养智慧思维几乎无关紧要。

时间回到 20 世纪 90 年代末，斯蒂克戈尔德和他的同事在非快速眼动周期中发现了认知宝藏，这些周期从入夜开始，占据了睡眠时间最大的一部分。这是夜晚的慢速时刻，巨大的振荡波穿过大脑，平复和同步思维，而在它们的节律中穿插着狂乱的"涟漪"和"纺锤波"活动。在这些周期的早期阶段，我们的梦是碎片化的，眼前会浮现出白天的片段时刻。斯蒂克戈尔德的顿悟发生在一天晚上，那天上午，他刚在佛蒙特州攀过岩。晚上闭上眼睛后，突然，他觉得自己好像又在爬山，手摸着巨石，在床上重新体验挑战。"我吓醒了，"他回忆道，并对自己说，"哇，这告诉了我们一些事情。"他瞥见自己的思维在一个静止、无声和悬而未决的时刻正在构建新的知识。

1999 年，斯蒂克戈尔德干了一件让自己名声大噪的事。他使用电脑游戏俄罗斯方块完成首次受控梦境孵化，验证了睡眠在记忆形成中的重要作用。经过持续三天、每天 7 个小时的游戏，这款益智游戏的大多数新手和一半有经验的玩家在睡梦中都梦见了俄罗斯方块。有趣的是，几乎所有玩家对游戏的幻象都是在实验室的第二个晚上开始形成的。但让斯蒂克戈尔德震惊的是他的第三组被试。作为实验的一部分，5 名重度失忆患者每天也会玩相同时间的游戏。虽然他们几个人每天都要重新学习一遍如何玩它，但大多数人在睡觉时会梦到俄罗斯方块模样的拼图在他们眼前跳舞。休息和时间之手做了白天做不到的事：激励健忘的头脑开始消化和保存新的体验。

参观睡眠实验室的次日上午，我去斯蒂克戈尔德在医院的办公室向他汇报。他身材瘦小，白发谢顶，脸色苍白，喜欢引用弗洛伊德的观点，不过他对弗洛伊德的这种偏爱总感觉有一点恶趣味的意思，而且从科学上讲已经过时了。他全神贯注地听我讲述凯蒂天马行空的梦境片段，其中大部分涉及她的童年。"我记得小时候，"她在午夜后咕哝道，"我的奶奶、妈妈和姐姐正在看《泰坦尼克号》，但不准我看，所以我偷偷溜到走廊里看。"在其他梦中，她出现在她家的餐厅里、朋友家外面的街道上、高中教室里，或者在合唱团音乐会就要开始的礼堂里。我很失望，似乎没有怪物或迷宫侵入她的思绪，但斯蒂克戈尔德立刻就感兴趣了。"你要在这类梦境旁边加星号。"他告诉我。

凯蒂的暗影世界常常狭窄而黑暗，充满一种期待的情绪。她不止一次向走廊里张望或站在走廊里，似乎在寻找出口。这些并不是一个想家的学生杂乱无章的冥想，而是斯蒂克戈尔德几十年来一直在研究的精神蜕变的迹象。入睡几分钟后，白天的思绪就会放松并转变。迷宫游戏会让人产生在黑暗洞穴中迷路的想法，梦境中的走廊则让人想起童年的走廊。在漆黑的夜晚，思维将过去和现在交织在一起，权衡相关性和共鸣点，开始进行斯蒂克戈尔德称之为"记忆进化"的关键工作。

我们放慢生活的节奏，还有着远比做梦更重要的意义。在睡眠、休息或小憩时，有一部分我们还没有认识清楚的思维会尝试对经历进行解析，丰富我们的知识宝库，帮助我们做好准备，迎接未来。那天早上，我睡眼惺忪、好奇地站在"休耕期"的边缘，在这样的时间里，我们会发现生活中被忽视的线索和看不见的推理过程。然而，这种关于效率的悖论并不是事情的全部。知识的积累既需要安静的时间，也需要逐渐培养。为了找回对一件事或一次活动的记忆，我们常常必须努力寻找正在消失和被遗忘的东西。而这种努力本身，哪怕让人感到不舒服，哪怕最终竹篮打水一场空，也能进一步加强我们已经网络化的知识在支线上的连接。

不确定性的火花使思维能够以更多的选择来应对危机，并使我们从对世界的持续误读中警醒过来。而我们腾出时间"什么都不做"，同样也蕴含着"不知"的智慧。面对白天的各种煎熬，退后一步，不要预期马上找到一个答案，我们仍然可以在拖延和悬而未决中找到闪光点。让我们的理解力浸润到知识里，努力跟上它的演变，我们可以亲身领悟到知识并不是我们进行假设的基石，而是一个活生生的世界，洋溢着充满活力的变化。徜徉在不确定的空间如何将我们从浅薄理解的残酷牢狱中拯救出来？在知之可以下载的时代，为什么还要费心去纠结于频繁变化且不可靠的记忆？"休耕期"的启示始于一个男孩的一次摔倒，以及对记忆起源的意外发现。他的名字叫亨利，但在科学史册上，他将永远被称为"H. M."。他是神经科学领域最著名的"缪斯之神"。

1933年，7岁的亨利·莫莱森（Henry Molaison）被一个骑自行车的人撞倒后短暂失去知觉。10岁时，他开始癫痫发作，而且发作的严重程度和频率迅速上升，常常使他陷入木僵状态。到27岁时，他再也保不住流水线的工作了。于是，康涅狄格州哈特福德市的外科医生威廉·斯科维尔建议他进行一个"坦白说是实验性质的手术"。在精神外科短暂的鼎盛时期，手术也会用于治疗严重的精神疾病，但斯科维尔医生建议的手术是一个基本上未经尝试的版本——脑白质切除术，即切除额叶，目的在于控制精神分裂症，但常常使患者变得温顺和昏昏欲睡。斯科维尔希望通过切

除被认为与癫痫发作有关的邻近大脑区域，可以抑制亨利的癫痫病，同时不会抑制他的思维。

1953年9月1日，亨利在医院醒来，他可以与家人和医护人员聊天。他的严重癫痫发作从接近每周一次减少到每两年左右一次。但斯科维尔和心理学家布伦达·米尔纳在亨利的首份病例报告中写道，手术产生了"惊人且完全出乎意料的行为结果：短期记忆严重丧失"，这一点令医生们震惊不已。另一位记忆研究人员写道，患者可以跟上对话，抓住笑话的笑点，并且可以短暂记住某个数字，但他"忘记日常活动的速度几乎和它们发生的速度一样快"。他安静而聪明，一次又一次为忘记别人的名字而道歉。饭后不久，他就记不起自己已经吃过饭了。"每一天都是孤立的，无论我有过什么快乐，也无论我有过什么悲伤，"他曾经告诉米尔纳，"就像从梦中醒来一样。"

当时，记忆力被认为是感知力或智力的一个方面，而不是源自大脑某个特定位置或某种机制的单独能力。斯科维尔切除了亨利的海马，也无意中发现大脑深处这个小小的海马形状的区域就是记忆形成的中心。不过，这个病例（第一项针对失忆症的科学研究）提供了许多令人惊讶的发现，对它的研究也才刚刚开始。

与那些身份完全被抹去的疯狂失忆的电影角色不同，亨利可以记得高中时的爱情、青少年时期的工作，以及如何修剪草坪或是玩拼图游戏。亨利保留了他丰富的过往记忆。因此，海马不可能是记忆的最终安息之地，也不是经验的最终储藏地。尽管如此，亨利几乎不记得近十几年到手术前几个小时发生的任何事。他不记得在手术前见过斯科维尔。他完全忘记了他最喜欢的叔叔已于1950年去世。他的失忆症黑洞范围大得令人吃惊。

其他被切除海马和毗邻大脑区域的人也表现出这种奇怪的现象。像亨利一样，这些患者通常无法产生新的记忆或回忆起最近发生的事件，尽管他们往往能够记住长期保持的技能和知识。他们的手术似乎中断了"向信息长期存储转变的……一些次要进程"，米尔纳及其同事在1968年做出的推测颇有先见之明。将迷宫、死亡、手术等新知识转化为我们自己的知识并加以保留的缓慢力量是什么？1991年，一位年轻的科学家发现了一种小动物的"休耕期"的开场曲，这种小动物像所有生物一样依靠记忆生存。

想象一个脑细胞。它呈金字塔状，一端长出包含很多树突的分叉的"树"，另一端则是一根末端呈须状的长杆状轴突。这些羽毛状的突起通过神经元之间被称为"突触"的部位接收和发送电信号与化学信号——突触是分隔一个神经元与另一个神经元的连接点。细胞通信本质上都是有阈值基础的，而大脑活动源于神经元群突触活动的趋势。因此，没有一个单独的神经元（无论多么专业）能够讲述一个故事，诸如很久以前泡到茶里的玛德琳蛋糕[1]，改变记忆科学的童年时代摔的跤，以及一个女孩或一只大鼠走出迷宫的胜利之路，等等。想法是神经元激活的一种模式，而记忆是加强将细胞联系在一起的纽带，使一个想法比另一个想法更持久。这些正是博士后马特·威尔逊试图捕捉的连接关系，当时，他刚把一只在迷宫里忙了一天的大鼠的大脑连接在录音设备上。

威尔逊刚刚在亚利桑那大学的工作台坐定，准备分析大量数据时就听到了熟悉的旋律，那是神经元放电的时间节律模式，听

---

[1] 此处出自普鲁斯特的《追忆似水年华》，书中普鲁斯特详细描述了玛德琳蛋糕泡茶之后带来的强烈的味觉快感。——译者注

起来像大鼠在迷宫中穿行的声音。但引起他注意的是此时大鼠已经睡着了。被称为空间辨识细胞的海马神经元负责记录大鼠的方位，此时正在追溯大鼠早前的行动步骤。科学家之前曾记录过同一部分海马细胞夜间活动的爆发，但无法辨别这些思想的火花是否连贯，也无法辨别为什么会在动物静止时发生。威尔逊让麦克风开着，发现了"回放"，即大脑对当天关键片段的重温，以增强新生的记忆。

如果回放被中断，海马完整的大鼠开始表现得像微缩版的亨利一样，无法回忆起它们的最后一顿饭。一项研究让大鼠每天多次穿过八臂放射状迷宫，每次都在相同的三根放射臂中放置食物。经过 5 天的练习，完成觅食之后睡觉的大鼠在任务上的表现要好于随机猜测，而那些在夜间被电刺激压制回放了一个小时的大鼠，在一周后仍然在漫无边际地猜测觅食。尤为明显的是，它们在第一次转弯时极为犹豫不决，就像亨利在桌面触摸迷宫中测试时表现的那样。

随着时间的推移，研究人员逐渐揭开了两脚动物和四脚动物的思维都会进行排练的奥秘。人类方面的最初证据是一支法国-瑞士摄影团队发现的，当时还没有成像技术或电极。那支摄影队在拍摄梦游者的影像，发现梦游者有时会表演自己的梦。梦游者在白天接受顺序彩色按钮的按键训练，到了晚上，他们的许多动作都在重复白天的任务，有时达到不可思议的程度。第二天，训练的效果还会有所改善。斯蒂克戈尔德入睡后又梦到爬山，本质上是他的思维在练习一种他可能会在生活中再次遇到的情境。回放过程中海马再次被激活的幅度越大，我们对回放过的任务记得越牢。值得注意的是，在清醒的静止时刻，也会展开回放。

现在，科学家的耳朵已经捕捉到了新生记忆的回放，他们很快在新迷宫的十字路口做短暂停留的大鼠身上发现了回放。打断这些无声的排练，让它们用比平时快 7~20 倍的速度奔跑，大鼠就丧失了对迷宫的新理解。这一发现在人类身上也得到了回应，首次启发科学家考虑了在主动唤醒和睡眠之外记忆形成的另一个关键因素。黑暗的房间，片刻的宁静：仅仅几分钟的休息就能极大地增强对新知识的记忆。

在一组开创性的实验中，科学家让健康的老年人和患有健忘症的阿尔茨海默病患者阅读两段短篇散文，然后让一些被试休息 10 分钟，另一些人则接着玩一款简短的在线电脑游戏。经过一周的测试，休息 10 分钟的健忘症患者能回忆起 1/3 以上的故事，他们从安静时间中获得的收益甚至比健康的同龄人还要略多一些。相比之下，一周之后，大多数玩电脑游戏的患者虽然受到了强烈的提示，但仍然记不起散文的多少内容，甚至什么都不记得了。健康的成年人（无论年龄大小）也能从学习后的小憩中受益。爱丁堡大学的塞尔希奥·德拉萨拉领导的一项为期 10 年的研究表明，在学习新词汇、故事或虚拟迷宫后，安静地停顿至少 6 分钟的人比直接开始一项新任务的人能多记住大约 1/5 的东西。这些初步实验是在意大利进行的，其结果如此惊人，以至他必须亲自飞过去确认消息的真伪。

科学家指出，记忆的产生似乎是择机实现的，是一个在停工期活跃起来的过程。我们可能会快速回顾一整天的各种记忆，有时是有意的，有时则是因为一段经历或一句话让我们想起过往的点滴。不过科学家现在认为，"休耕期"似乎特别能为大脑提供其开始处理和稳定新体验的脆弱印迹所必需的保护性安静。在短暂静止和非快速眼动睡眠中，与觉醒相关的神经递质乙酰胆碱都会急剧下降。海马会猛然释放出高频尖锐的电波涟漪（这是回放的标志），让它与大脑感官区域的通信也变得模糊不清。

那么，除了收集意识所能感知到的范围内的所有信息，大脑是否只是将新体验灌输到思维中，死记硬背我们想要记住的一切？"回放"这个词本身就让人联想起对记忆的经常性的理想化想象：简单的复制、粘贴。在人们发现海马是记忆处理中心之后，海马起初仅仅被视为暂时安置新捕获的快照式记忆的"畜栏"。然而，通过逐渐揭示这一区域复杂的解剖结构，其真正的用途也正在慢慢显现。霍华德·艾肯鲍姆领导的开创性研究表明，海马神经元与高阶皮质的几乎所有区域都保持高度连接和深度挂钩。此外，海马突触的强化也比大脑中的许多其他突触表现得更显著、更持久。

在回放中，大脑并不是按下某一段生活记录的重播键，而是结合具体的环境背景整合和锚定记忆。迷宫中的第一个转弯处可能与你在生活中看到的其他空间相似。悬崖上某处难以攀登的新部位，下次你可能需要格外注意。海马再次被激活的模式记录了新信息的时间、情境、顺序、地点和功能，因此新体验的回放不是完全孤立的，而是与既有知识相关的。神经科学家雷·多兰及其同事指出，回放既稳定了新生记忆，又"使记忆的要素作为一个整体共同发挥作用"。在成为长期记忆的存储过程中，新生记忆会被标记和交叉引用，随时准备灵活使用。通过这种方式，回放培养了"大脑的开放式学习的能力"。

要想一窥内在知识的深层联系，可以尝试记忆这几组单词——"猎鹰、王子、鲑鱼"或"幸运、治愈、荣耀"。第一组的记忆方法是死记硬背的重复，第二组可以根据自己的喜好排序记忆。（你最渴望的是哪一个，财富、健康还是名望？）在一项实验中，将这些概念联系起来并排序的简单行为对海马的激活力度远远超过了死记硬背的训练，使这些单词更加令人难忘。用死记硬背的方法学习这些和其他分组的单词，人们后来大多只能回忆起一组单词中的一两个。但经过"精细加工"之后，人们以三词一组的形式记住所有三个单词的次数是死记硬背学习的 4 倍。

知识保留在庞大的思维网络中，记忆在这些网络连接之间的动态相互作用中产生和消亡。在睡眠和休息时，我们的思维获得了所需的时间和空间，开始将新的体验编织到记忆的宫殿里，我们每天也会像迷宫中的大鼠一样穿行其中。在安静的时刻，大脑会探索新的信息并进行排序，以确定它在我们复杂的知识层次中的位置。这就是为什么，正如凯蒂的梦境片段和对回放的研究所表明的那样，"休耕期"的思维可以在几分钟内就从单纯的复制转变为更松散、更具联想性但最终更持久、更明智的认知。

然而，这项关键的工作似乎需要思维可以真正自行其是。在德拉萨拉的实验中，那些休息时在脑海中排练甚至思考他们必须记住的材料的人并没有因此受益，而那些纯粹就是放松且彻底放飞思绪的人反而被证明在后来回忆这些材料时做得最好。与思维的彻底放飞相比，即使试图在休息时详细回忆或想象生活中的一幕，也会干扰始于回放的复杂记忆的形成过程。正如一位思想独立的年轻心理学家很久以前意识到的那样，通过屈服于我们无法控制的隐藏的认知力量，我们可以解放思想，实现一次显著的转变。1914 年，弗雷德里克·巴特利特给人们讲了一个鬼故事，从他们曲折的回忆中，他瞥见了记忆进化中意想不到的辉煌。

一战爆发后，巴特利特被留下来管理剑桥大学成立一年的心理学实验室，这是世界上第一批心理学相关实验室之一。由于身体方面的原因，巴特利特无法参战，所以一开始他只想排除万难，继续做好自己的本职工作，测试学生随着时间的推移能记住多少无意义音节。在一个渴望摆脱哲学根源，寻求系统剖析认知的领域，这项实验有着一定的时代前沿性。研究人员相信，通过将心理刺激简化为最低的共同标准，就可以揭示感知、想象力或记忆机制的本来面目。刺激-反应，刺激-反应：这是当时普行于世的实验方法，那时有人吹嘘说，这是一种可以"消除联想"的原料。巴特利特却不这么认为。"刺激的……统一性和简单性并不能保证有机反应……任何程度的统一性和简单性。"他写道。换句话说，这会带来人类思想复杂性的持续变化。

巴特利特避开还原论[1]，将目光转向记忆之谜，并进行了一系列不同寻常的实验。这些实验一直持续到战后很长时间。巴特利特观察发现，在当时，记忆被认为是"固定不变的'印迹'"，可以随意访问。他没有采取死记硬背的简单刺激，而是让人们有现实的体验，比如一张脸的照片、一个故事，然后耐心地等待记忆发展的迹象出现。在几十年来基本被遗忘的著作中，他大胆地推测说，也许是因为我们对确定性的迷恋，所以我们对记忆问了错

---

[1] 还原论（reductionism）又被译作简化论或还原主义，是一种哲学思想，认为对于复杂的系统、事物、现象等，可以通过将其化解为各部分的组合的方法，对它们进行理解和描述。在心理学领域，人的思考和行为方式十分复杂，因此把一个复杂的现象分解成简单的部分有一定的必要性。——译者注

误的问题。"对意义的追求"能否驱动记住不忘的行为？巴特利特在他的开创性著作《记忆》(Remembering)中写道，记忆并不是一个干巴巴的往事仓库，而是对"为了掌握和享受一个充满多样性和快速变化的世界而不断奋斗"的惊人反射。

在他最著名的研究中，他给人们讲了一个既陌生又熟悉的小故事，一个以流血、灵魂和战争为核心的美国民间神话。对许多参与他实验的人来说，《幽灵之战》听起来是不连贯的、自相矛盾且耐人寻味的。（这个故事发表于 1901 年，是一位人类学家从最后一位讲奇努克卡斯拉梅特方言的人那里听来的，而这种方言现已消亡在时间的长河中。）在故事中，一群奔赴战场的人划着独木舟沿河而上，途中邀请岸边的一位年轻人参加远方的战斗。这位年轻的战士在激烈的战斗中受伤，但感觉不到疼痛，他无意中听到一个陌生人说："快，让我们回家吧：那个印第安人被击中了。"然后他意识到自己的这些友军都是鬼魂。"看哪，我与鬼魂在一起。"他回来后把这个经历告诉族人。然后，正如故事所说，"当太阳升起时，他就倒下了，嘴里吐出黑色的东西。他的脸变得扭曲。大家被吓得跳起来哭喊。他死了"。

巴特利特一次又一次地要求学生、大学教职工和市民复述这个故事。（在他停止这个要求很久之后，有时当人们偶然遇到这位和蔼可亲的教授时，他们还会主动提出要再讲一遍。）听众省略、添加、改变和记住了什么？十多年后，规律逐渐显现。情节总体上得到了保留，但地名没了，陌生的词语（独木舟、箭头）变成了自己更熟悉的词语（划艇、武器）。巴特利特写道，听众改变了细节，例如将"黑色的东西"变成垂死者的呼吸。渐渐地，听众将难以理解的新内容与原有的知识库联系起来，把一个在 1914 年引起深刻共鸣的故事变成了他们自己的故事。

巴特利特总结道,记忆是永无休止的蜕变。然后他谨慎地选择了自己的措辞:持久的回忆不仅仅是"串在一起并深藏于内心"。它们属于我们。他惊叹道,一种新的体验不会"作为某种被动拼凑物的孤立组成部分而持续存在",而是成为"活跃组织"的一部分,一种他称为"图式"的"活生生的、短暂的场景"。他从本质上揭示了我们构建内部知识大厦(也被称为"心智模型")的过程,它是推理、推论和预测未来的重要支架。[1]

这种认知架构是我们内心的歌之径[2],诞生于古老的梦幻时代[3],体现了我们如何组织对世界的理解。爱尔兰诗人谢默斯·希尼写道:"很久以前的圣贤们将记忆描述为一座建筑或一座城市……让思维之眼无暇他顾……并学会按有意义的顺序阅读其内容。"巴特利特的工作现在被认为是 20 世纪最有影响力的心理学研究之一。通过走自然主义科学的"低端道路",通过结合具体情境寻找记忆,通过他的从容不迫,巴特利特在探索发现记忆演化的进程中发挥

---

1 虽然大致可以互换,但术语"图式"和"心智模型"的含义略有不同。图式描述的是某类事件或对象,人们可能有一个典型的鬼故事的图式。心智模型则通常用于描述与当前现实或进程相关的某个概念。你一点一点地构建了你正在阅读的特定故事的模型。这两个术语指的都是构成我们知识基础的动态内部记忆结构。

2 歌之径(song lines):在澳大利亚原住民的万物有灵论信仰体系中,歌之径也被称为"梦想之路",是穿越陆地(有时是天空)的路径之一。歌之径记录在传统的歌曲、故事、舞蹈和绘画中。一个知识渊博的人能够通过重复歌曲中描述的地标、水坑和其他自然事物的位置穿越陆地。通过按适当的顺序演唱歌曲,原住民可以长途航行,经常穿越澳大利亚内陆的沙漠,有些歌之径可以长达数百千米,穿过许多不同原住民的土地。——译者注

3 梦幻时代(Dreamtime)一词同样源自澳大利亚原住民神话,大体是指时间之外的永恒世界居住着先祖,他们通常具有英雄般的比例或超自然能力,但不被视为神,因为不控制物质世界,也不受崇拜。——译者注

了开路先锋的作用。

那么我们如何消化理解白天铺天盖地的思想、文字和声音呢？回放开启了海马和我们持久图式的守护者——新大脑皮质之间的重要对话。在回放过程中，海马神经元将新标记的记忆汇集到整个大脑的皮质区域。实际上，海马开始教导皮质存储哪些记忆。然后，大脑的这两个区域会在筛选、分类、整理和整合新旧知识的过程中进行充满活力的交流。"大脑在问一个问题：这些新记忆有什么意义？"斯蒂克戈尔德说。它们如何与我们对世界的理解相契合？哪些记忆能与我们已知的内容产生共鸣？如果新生记忆与我们的原有记忆是一致的或者是我们所熟悉的，海马活动就会变得模糊，而与概念知识相关的脑区皮质神经元则（从化学和遗传的角度）变得乐于将经验融入它们的突触样式。当我们认识到虚拟迷宫的布局就像童年的家一样时，在我们图式的联系中就会不知不觉地打上"如实"的标记。

不过，面对新奇、矛盾或不一致的信息，海马和皮质之间的对话可能会持续数天乃至数年时间。科学家惊讶地发现，亨利可以学习。他的皮质能够吸收一些与很久以前建立的知识较为相似的信息片段。例如，他可以回忆起1963年的肯尼迪遇刺事件，尽管此事发生在他手术10年后，也许是因为他还能记起这位政治家是一位风度翩翩的二战英雄和国会议员。尽管如此，在亨利的思维中几乎留不下任何全新的知识，手术刀的触碰终止了他记忆的发展，只为他留下建成一半的知识大厦。亨利还记得手术前发生的一些琐碎事件，但那些令人震惊或不一致的事件，例如最喜欢的叔叔的去世、手术前与一位令人生畏的外科医生握手等都被遗忘了。

通过将生活连接、锚定和编织到我们不断变化的思维宫殿中，我们化知识为己有，但这并不是理解的模式化构建工作中发生的全部事情。记忆融入思维的同时也会开启一个非凡的进程，而这次是由皮质主导的：大脑会随着时间的推移寻找新的、隐藏的意义。仔细想想，没有两起事件是完全相同的。在你每天的散步中，一只狂吠的狗可能会在某个早晨打破宁静，阳光的角度会随着季节的轮转而改变，一次期待已久的约会可能会改变你的心情。然而，除了这些不同之处，还存在一些共同之处，比如熟悉的路线、深得人心的仪式感，它们确实是从突触激活模式的重叠中出现的。

这是记忆演化的胜利，也是巴特利特所说的持久记忆的"秘密品质"：抽象能力，一种在"休耕期"蓬勃发展的能力。记忆不仅会在我们休息或睡觉时被增强和解析，还会被压缩和打磨，这个过程暴露了隐藏的规则，即讲述型推理，以及隐藏在特殊性之下的普遍性。

在一项具有里程碑意义的研究中，人们被要求找出模式对[1]的排序规律。通过反复试错，他们对这个游戏隐含的等级结构有了一个粗略的认识。模式 A 可能好于模式 B 但不如模式 D。在延迟 12 个小时（一晚的睡眠或一天的等待）后，他们接受了测试。在此期间，他们是否睡过觉对于他们推断较近关系（例如模式 B 是否好于模式 D）的能力影响不大。然而，在测试较远关系（例如模式 B 是否好于模式 E）时，睡过觉的人平均得分比没睡觉的人高出近 25%。在另一项独立研究中，学习在一个虚拟城镇中穿行后休息 10 分钟的人比那些在学习任务后又去玩简单视频游戏的人对虚拟城镇的完整布局有更好的感觉。

---

[1] "模式对"在心理学和行为学中可以理解为一组具有特定结构或关系的刺激模式，通常用于研究人类或动物如何识别、比较和记忆信息。——编者注

解决一系列数学问题的隐藏规则，虚构语言的秘密语法，对新地点的深入理解，我们常常从"无所为"中走出来，以更深入的方式迎接挑战。在睡眠各个阶段都会出现的梦在这种转变中发挥着特殊的作用。这些梦境，尤其是在高度活跃的快速眼动状态下产生的更加生动和奇异的梦境，正是睡眠中的大脑在探索知识中遥远的、意想不到的联系的时刻。斯蒂克戈尔德和睡眠研究员安东尼奥·扎德拉在《我们为什么会做梦》一书中写道，梦是一种基于睡眠的记忆处理形式，它使我们能够"理解可能性"。记忆就是一种构建行为，而学习则需要我们进行抽象，随着时间的推移，知识会变得更加持久、灵活以及不完美。

　　这就是为什么拥有完整的记忆与记忆极其匮乏一样悲惨。虽然记忆力高超，伟大的记忆大师却常常难以厘清生活的要点。电影《雨人》的主人公原型金·皮克被称为"记忆领域的珠穆朗玛峰"，但他发现抽象概念基本上难以理解。绰号"S"的所罗门·舍列舍夫斯基，时隔16年仍能完美回忆起单词列表，但却搞不太懂一本小说在说什么。"思考就是忘记差异，然后概括、抽象。"豪尔赫·路易斯·博尔赫斯在《博闻强记的富内斯》(*Funes the Memorious*)中写道。在这篇小说里，他讲述了一个拥有完美记忆力的人。"在富内斯熙熙攘攘的世界里，有的只是细节。"记忆不仅仅是数据存储，还是一个需要建立和磨炼理解力的进程——有时需要数年的时间。

　　1838年10月，伦敦。查尔斯·达尔文正在做梦。29岁的他

还在租房住，屋里堆满了他乘坐英国皇家海军"小猎犬"号军舰在 5 年环球航行期间收集的各类标本。作为随舰博物学家，他挖出了巨型食蚁兽和树懒的稀有化石，追踪了从佛得角到安第斯山巅的地球构造变化，发现了诸多未知物种（他痴迷于甲虫，认为越小越好）。1836 年，他回到英国，在科学界声名鹊起，同时也遭遇了令人痛苦的怀疑。也许是残酷而偶然的变化，而不是某个仁慈的像钟表一样平稳有规律的计划，创造了他身边这个复杂多变的世界。也许物种并不是神之手留下的固定印迹。

这种颠覆性想法的形成于他而言实在太违心了。达尔文在一个保守刻板的知识分子家庭长大，是一位恪守传统礼教的绅士科学家。他接受的教育本来是要毕生后以乡村牧师为业的，但他本人又成长于一个信仰与科学刚刚开始发生冲突的时代。（达尔文的儿子后来回忆道，当达尔文第一次遇到某个公开否认《圣经》中洪水故事的人时，他感到"有点震惊"。）然而，到 1838 年秋天，他开始意识到以更宽的时间尺度衡量，无神论也许是对的。这种观念上的变化令他有些迷茫，脑海中充斥着他感觉可能需要一生的时间来探索的各种问题，以及他怀疑这种观念将推翻他和大多数同时代人所相信的诸多想法。

回国后，他在一系列袖珍笔记本上写满了他称之为"精神骚乱"的笔记，内容包括哲学、自然、诗歌和他在动物园的观察记录（"猴子会哭吗？"），以及有关自然选择进化的思考。在这些有助于开创现代科学时代的书页上，达尔文写下了他关于物种变迁的第一批文字，以及他唯一有记录的梦（证明了他对生命各种形式的可突变性的好奇心）。"梦见有人给了我一本法语书。"他在 10 月 30 日记道，此时正是他推测自然选择是进化的主要机制的一个月后。在梦中,他读了一页,"每个字"的发音都"清清楚楚",然后猛然惊醒,意识到自己"读懂了每个单词,但忽略了……文本的一般意义"。他掌握了进化的大致基础,但他如何让这一切言之有理、站得住脚呢?

在这关键的转折年,达尔文私下进行研究,努力应对诱人的猜想和当时大多数学者无法完全面对的复杂证据。在那一刻,《圣经》中关于年轻地球的故事开始让位于一个古老星球的设想,而它的力量可以在漫长的时间尺度上塑造岛屿、山峰和大陆。正在出现的化石记录既显示出与远古生物的奇妙连续性,又指向了显著的断裂。一袋被达尔文错误地标记为不同物种的科隆群岛鸟类化石,事实证明它们同属雀类,只不过身体和喙因岛而异。几乎相同的栖息地仍然使它们发生了意想不到的变异,这是适应性留下的痕迹,是任何神的计划都不会承认的。达尔文后来写道:"我们看不到这些缓慢的变化,直到时间之手标出了漫长岁月的流逝。"

当时的一些科学家正在慢慢转向进化论。法国动物学家艾蒂安·若弗鲁瓦·圣伊莱尔推测环境变化可能会创造新的物种。达尔文后来引用了中国医药学家李时珍关于自然选择的著作。但开始拥抱年轻达尔文的英国科学界基本上对这类观点嗤之以鼻。沧海可以变桑田,动物可以变异甚至消失,但大多数人仍然相信,一个物种永远不可能转变为另一个物种;生命是一幅坚固、有序的图画,而不是一场不可预测的变化的戏剧。最全面地阐述进化论及其机制的大任就这样落在达尔文身上,他的结论将震惊世界。

人是猴子变的?达尔文不仅收集标本,还收集事实,越小越琐碎越好。种子能藏在鸭子沾着泥的蹼上吗?他开始进行实验。

半野猫有多温顺？他哄着一个朋友去观察。他的思维向无数方向延伸，将看似随机和琐碎的现象编织成一个曾经难以想象的概念：用他的话说就是，"积少成多"会产生"巨大的效果"。这位年轻的收藏家慢慢学着去探究、编纂、联系，以及最重要的一点，寻找不一致的地方，也由此逐渐成长为伟大的创建者。

"我的记忆是丰富的，但也是模糊的。"他在自传中写道。他无法记住诗歌有几行，也记不起日期超过了几天。死记硬背是他那个时代的教育支柱，但他对此毫无兴趣。相反，达尔文终其一生都在提出有关记忆的正确问题。他顽强地寻找意义之所在，坚持不懈地思考整体与局部的关系，并拒绝缩短记忆进化的过程。早年间，他训练自己"一定要马上"写下与他的结果相反的任何事实、观察或想法。"因为我根据经验发现，这样的想法比有利的想法更容易从记忆中溜掉。"这就是他所说的"黄金法则"。（他多次敦促同事们对相互矛盾的证据持同样的开放态度。）解决方案既隐藏在我们看不到的东西中，也隐藏在我们没有时间消化的东西中。达尔文深知这一点。

他本来计划在20年之后再将自己对真相的默默求索公之于众，现代历史学家将之称为"哈姆雷特式的努力"。最终，在得知一位不知名的年轻博物学家已经自主勾勒出这一理论的精髓后，他比计划提前一两年公开了自己的理论。达尔文有谨慎的一面，对其革命性思想的意义非常敏感。但历史学家约翰·范维尔认为，最重要的是，他下定决心要完成一项不朽的工作，即要让自己的推测令人信服。达尔文在给一位同事的信中写道："我相信，在我的内心深处存在着，而且我也能感觉得到，一种追求真理、知识或发现的本能。"他的作品本身就通过积少成多产生了巨大的效果，甚至营造了尺度最为宏大的悬念节奏。

一位传记作家写道，几十年来，进化论一直是达尔文工作的"最核心的秘密交会点"。然而，我们看得越仔细，就越能看到他在"耕作期"和"休耕期"之间轮转交替，不仅以天计，而且以年计。虽然他是一位能力出众的劳动者，但他不时发作的病痛常常意味着他一天只能承受几轮高强度的工作。[1] 在他的一生中，他曾经进行过从蚯蚓到进化论等多个科学课题的战略性研究，先是投入，然后又退出，直到几年乃至几十年后才结束对这些课题的研究。而且他不止一次地在接近自然选择的真相时搁置了在这方面的研究工作。一次又一次，他在涉足一组事实的调查过程中形成了对另一组事实的认知。达尔文把工作分散在漫长的时间框架里，这种"休耕期"的间次布局为他实现最伟大的知识飞跃奠定了基础。

到1838年，达尔文已经在进化论问题上进行了两年激烈的思想斗争，同时对自己的航行发现报告做了进一步补充。他建立了一套理论，并准备了一系列可能的证据，似乎与得出结论只有一步之遥了，然而他却将注意力转向了珊瑚礁、地震、他的"小猎犬"号笔记以及驯化繁殖，一转就是好几年。所有这些都将成为达尔文正在编织的挂毯中的线索，而人们对自然选择的直接攻击却停滞了。达尔文的传记作家珍妮特·布朗指出，人们需要"彻底消化"他的大量新思想。

1842年6月，也就是在第一次提出这个问题五年后、他的理论成形三年后、结束笔记一年后，达尔文坐下来，第一次倾力将

---

1 达尔文一生与病魔相伴，从猩红热、湿疹、周期性恶心呕吐到疲劳嗜睡、异常晕船、心悸、昏厥、运动不耐受等，不一而足。——译者注

自己的思想完整地描述出来。论证的顺序已经确立，反对的意见大体料定，论述模式也在凭记忆写下 35 页草稿的过程中确定下来。不过，《物种起源》还是要等到 1859 年才最终付印，其间经历了被搁置、然后扩充、再次搁置、再次修订的反复。达尔文在他生命即将走到尽头时写道："我推迟出版，颇有所得，一无所失。"这部著作已经成为最重要的科学里程碑之一，而造就它的正是达尔文向世界揭示的伟大力量。

在他的这本书中，你会看到一棵树，这是这本书中唯一的插图，也是对描述达尔文的愿景至关重要的一幅图。这棵树最初被画在他写下关于进化论的第一批探索性文字的笔记本上，粗壮的树干和繁茂的枝叶描绘了我们的共同祖先和不断发展的多样性。（"我想。"他在草图上方写道。）这是生命之树，一个古老的图式，但足以说明他所发现的一切：一个渐进的世界，有着常常难以察觉的变化、充满活力的连通性、不可避免的生死轮回、不断的奋斗，以及"耕作期"与"休耕期"的轮转交替。从本质上讲，它所畅想的不仅仅是世界的记忆，也是我们自身的记忆，更是在提醒我们，我们的思维也是这个故事的一部分，它诞生于大自然的改造之手。

达尔文愿意追求悬而未决带来的风险和奖励，正是基于他的这一早已被人遗忘的杰出本领，他才能够向我们讲述这个被称为"记忆"的生命现象的岁月变迁。为了解放思想，除了让身体安静下来，还有一种技巧可以让时间安静下来。我们绝不能只让记忆在一分钟、一晚或一年中赶上经验。达尔文在不同的工作方面周而复始地投入和暂停，预见了现代心理学持续时间最长的发现之一。当我们将学习的挑战分散在时间的长河里时，我们学会了让时间站在自己一边。记住不忘,这个词意味着建造记忆的宫殿,再让其中的宝藏重见天日。

———

你可以透过时间的碎片或缝隙看到延迟的力量,正是这股力量为记忆注入了新的生命。无论是蹒跚学步的幼儿、学生、健忘症患者还是果蝇,也无论是记忆无意义音节还是在外科手术的训练中,它的魔力都在发挥着作用。一个世纪以来的数百项研究证明,"间隔效应"是普遍存在的、灵活有弹性的,也是强大的:在不同回合的学习之间留出的几乎任何间隙,都有助于知识的成熟和长久保持。将一年级的诵读课分成每天三次、每次两分钟的小节,孩子们的发音技巧会得到显著提高。每周分两次练习一道数学难题的本科生,一个月后的考试分数是每周一次性练习相同数量题目的学生的两倍。当然,这里面也离不开知识的巩固。休息或睡眠本身可以说就是一种间隔的方式。而分布式学习不但使记忆力获得了显著的额外提升,而且为"休耕期"创造了一个矛盾的高潮。

肯特州立大学的学生曾参加了一系列实验,通过网上的快闪记忆卡片学习斯瓦希里语–英语单词对。实验中,他们会在学习时经历少许延迟。一部分人把这70对单词分成7个批次进行学习,因此"leaf"及其对应的"jani"这个单词对可能只需要一分钟就会再次遇见。其他人则一次学习35个单词对,因此任意一对单词被再次测试到需要经历大约6分钟的时间。时间上的差距似乎可以忽略不计,但在最终考试时,无论考试是在半小时还是一周后举行，两组的表现都截然不同。即便先知道了单词"cold"，短间隔组有时在考试中的表现就好像他们根本没有学过一样。与之形成鲜明对照的是，哪怕过了整整一周，长间隔组的成绩也比其他人平均高20%~30%。为什么？在一个单词再次出现时间隔时间的延长会促使学生平均多停顿一秒钟，并在脑海中搜寻开始模糊的答案。他们在探索记忆的过程中迈出的这惴惴不安的一两步，会进一步加强他们对知识的掌握。

当我们的设备能够轻松提供数百万兆字节的数据时，为什么还要努力回忆（甚至学习）一件事或一次活动呢？干净利落地抓取，然后轻松访问，百依百顺的信息正在成为理想的选择。然而，重要的意义建构不仅发生在我们编码和管理记忆的时候，还发生在科学家称之为"检索"的过程中，最有趣的是，发生在检索失败时。回忆不是简单的下载，就像学习不是死记硬背一样。在记住不忘这个过程中，思维会不断地与自身较劲，重建联想，回放并再次巩固经验。我们越是放手让自己迷失在记忆的走廊中，就越能获得更多的理解力。

在一次系列实验中，科学家使用我们很少相互关联的简单单词对（例如鲸和哺乳动物）对人们进行测试，并巧妙地为被试设置了一个注定失败的陷阱。一组人先要绞尽脑汁地思考单词对的另一半是什么，然后再给出答案，而另一组被试一上来就可以直接看到完整的单词对。事实证明，那些试图找出相关单词的人（虽然几乎总是徒劳无功）在重新记起这对单词方面的表现要比另一组人强40%。在徒劳的搜索中，他们没有找到确切的答案，但他们完成了对其知识相关分支领域（大型、聪明的动物？）的探索。他们重振了记忆架构的各个角落，强化了背景、概念和未来重访记忆的新途径。在我们奋力重走逐渐模糊的记忆小路的过程中，我们所做的不仅仅是让过往经历的点点滴滴重新复活。正如科学家常说的，遗忘是学习的朋友。

记忆的失败通常并不是认知能力下降。相反，记忆科学家越来越相信，它们可能是被打断的胜利甚至是尚未成熟的凯旋。忘记事件的细节可以为看到不同经历的重要相似之处铺平道路。浮现在意识中的不准确的一段记忆实际上可能是对要点的一次收集。例如，我反复思考巴特利特将记忆称为"搜索"，而不是追寻意义的"努力"，后来我才意识到这是我对他的理论精髓的一次抽象概括。科学家还不能完全破译睡眠和休息的记忆作用，但不断被揭开的个中奥秘凸显出愿意与思维的连通性以及时有迂回的洞察之路合作的重要性。

在有关间隔效应一个世纪的研究之旅即将结束时，我偶然发现了一项规模很小但十分著名的实验，它出现在外科医生、科学家卡萝尔-安妮·莫尔顿 2005 年的硕士论文中。莫尔顿是外科教育领域进行分布式学习研究的首批学者之一，她和她的团队对 38 名外科学生进行了血管修复术的基础技能培训。一半的学生每周上一次课，分 4 周学习这项技术，而其他学生则只学习一天。两组的总课时相同。课程首先对人造组织进行练习，其次是对火鸡腿进行练习，所有住院医师都要学习精心计划手术流程，熟练使用器械，同时要注意避免对脆弱的身体造成意外伤害。一个月后，在人造组织上进行测试时，分布式学习小组轻松超越了另一组学生。然而，莫尔顿并没有就此结束实验。

接下来，她向年轻的医生们提出了更加严苛的挑战：在麻醉大鼠还在跳动的主动脉上修复撕裂伤口。同样，以外科手术能力的所有衡量标准判断，采用分布式方法完成学习的医生表现普遍优于其他人，包括"胜任力"，即他们对人类同胞下手动刀的准备程度。（一日学习组中有3个人将动脉撕裂至无法修复。）而就在这个地方，我隐约看到了一丝"休耕期"所激发的富有成效的不安感。

我对多伦多的访问过去很久以后，一天晚上，我打电话给莫尔顿，当时她正开车回家。我提请她注意研究中不太容易发现的一项指标——外科医生的效率，可以通过他们的手上动作反映出来。一日学习组的学生流畅性稳步提高，学习过程中不必要的手势也更少。但在分布式学习组中，每周回到教室都会让他们的动作略有增多，然后他们又恢复过来，全面超越同侪。"你绝对能看出这一点，"莫尔顿一边说，一边把车停在路边和我通话，"你肯定可以看到这种行为模式，你绝对可以看到一场挣扎。"

这又是"休耕期"的"花招"：一段看似让我们倒退最终却推动我们前进的时间间隙。"我坚信这一点。"她告诉我。在她的职业生涯中，她一直努力说服她的同事、学生以及她自己要时不时放慢脚步，不仅要在行动中思考，还要不积极思考。她告诉我，当我们把决定、研究和想法留出来慢慢斟酌时，"这种思考并不是来自更努力地思考，而是来自让我们的思绪被过滤"，然后再次面对它们。

我们欢迎记忆的进化吗？人们很自然地可以通过将待办事项列表、一周的日程安排或其他细节转移到纸张和设备上，或者通过求助于外部信息源来增强我们的知识库，借此解放自己的思想。然而，面对将知识化为己用的"炼金术"，彻底回避是要付出高昂代价的。

研究表明，平板电脑或智能手机等电子设备普及以后，人们明显不太愿意尝试自己吸收新信息了。我们似乎认为，信息就在那里，随时都可以从数字空间中提取，再提取。在线搜索的行为激活的恰恰是与定位信息相关的大脑网络，而不是那些涉及探索我们长期记忆的大脑网络。不仅如此，研究人员本杰明·斯托姆写道，在高科技时代，我们不仅会花更少的时间来增加我们的记忆存储，而且"使用互联网可能会干扰诸如遗忘、误记和重新巩固等自适应形式的负责机制，从而破坏记忆的自然功能"。新信息可能会成为与我们所知脱节的一种浮动数据点。持续使用设备会侵蚀休息和睡眠时间，进一步扰乱记忆处理。一项针对2300名6~18岁中国青少年的研究表明，智能手机使用越多，睡眠质量和记忆力越差。生活围着各类科技产品转的学生比那些较少使用电子设备的学生更容易忘记把东西放在哪里、说过什么或计划做什么。

通过引入"休耕期"，我们可以将新鲜的体验转化为一座由充满活力的细节、永恒的抽象和新的启示构成的动态建筑。然后，通过努力回忆，我们可以加强对我们不断增长的智慧储备的联系、建模和归谬。我们可以看清知识的本来面目，它是有生命的。一个仲夏的早晨，我发现了一份意想不到的指南，指导我们完成这一重要任务：在美国作家丽贝卡·索尔尼特所说的"不确定性的广阔空间"中释放我们的记忆思维。

克里斯·古斯廷向一件巨大陶器的外壁伸出双手，这件作品他已经创作了一年，但还没有完成。他把工作室安在了马萨诸塞

州的一座旧谷仓中,而我和他就站在这个工作室一个尘土飞扬的角落里探讨创意的演变过程。突然,他陷入了沉默,被自己关于这件尚未完工的作品的新想法所震撼。古斯廷是他那个时代最重要的陶艺家之一,他一生都在发掘转移记忆的深藏潜力。

我第一次见到古斯廷是在他最新作品的开展仪式上。展出的作品高大、庄严,均为手工精心打造。它们表面上釉,蓝棕白绿各色相间,堪称完美的陶艺作品,散发出强烈的临场感(陶艺家称之为"呼吸")。在那天晚上以及随后的谈话中,他谈到自己这种艺术形式需要"休耕期",也谈到他在后退、放弃控制甚至遗忘中找到了终极奖励。古斯廷说:"正是不知造就了作品的优秀。"他的作品收藏于维多利亚与艾伯特博物馆、洛杉矶艺术博物馆、大都会艺术博物馆和其他多个大型展馆。"正是因为不知道未来会发生什么……才会彻底释放你自己的理解力,引领你去你从未想过自己可以到达的地方,甚至是从未想象过的地方。"

所有陶艺都是一场等待的游戏。一旦定型,一件作品就必须干燥至"皮革般坚硬"的强度,然后才能进行第一次素烧,之后上釉,在窑中进行最后的烧制,可能需要整整一周的时间才能冷却。"黏土的演变……不能强迫,"传奇陶艺家丹尼尔·罗兹在其经典著作《陶器形制》(*Pottery Form*)中写道,"每次'休耕期'都是一种煎熬。"这一点在手工制作中表现得尤为明显,每加一次泥料都必须完全干燥,这样作品才能承受得住下一次加料的重量。罗兹指出,在所有工艺中最能直接体现这一点的莫过于在转轮上拉坯。此类工作巧妙利用重力,通常快速、随性,并且是一气呵成的。相比之下,用长长的泥条亲手制作一件陶器是一个渐进的、时断时续的过程。手工制作有点像在野外筑巢,"迫使陶工放慢节奏，更亲密地感受手中的泥料，也许还要有一点梦想"。这一进程"激发出来的作品是动人的，特征是有机的，感觉是可塑的，有一种嬗变而非定型的味道"。

这是古斯廷选择的毕生事业。18 岁时，他接手了家族在洛杉矶的一间陶瓷工厂，然后开始自己打拼，起初生产出来的盘子和壶连白送都没人要。直到他放慢制作节奏后，他的名气才开始逐渐大了起来。从早期被某位评论家称为"粗鲁"的球状、扭曲状的茶壶，到表面覆满几何形状、肌肉感十足的容器，再到优雅的曲线形茶壶，有些作品高达几英尺，而我就在他的工作室里看着它们一点一点渐次成型。这样的器皿他一年最多能完成 12 个。

他的艺术是永无休止地离开和回归的循环。2023 年夏天，他在举办展览时摔断了髋骨，之后所有作品的创作间隔时间都被进一步拉长了。自 5 月以来，他只接触过一次面前的陶器，而通过这次创作，他也在试图创造出一种全新的悬臂形式。一年前，对这个新"云系列"的两次初步尝试都失败了。"很少人有足够的耐心……去实现手工泥条盘筑所蕴含的自由。"罗兹写道。

我看着古斯廷沿着陶器的毛边上缘放了短短一条湿泥料。这是一个胸肌发达的男人，有着一头不羁的红金色头发和一双冰蓝色的眼睛，外表酷似一个冲浪者，内心却燃烧着近乎偏执的艺术家的激情。他将新鲜的泥料揉捏填塞到容器壁上，用熟练的手势把数千个泥块融合为一件新的东西。他会定时拿起一种名为"刮刀"的小型扁平金属工具，沿着罐体上下刮擦，就像给马的侧腹部刷毛一样。他的动作韵律感十足，殊不知他毕生浸淫于此。陶器平滑如镜，背后则是他多年的苦功。他的内心深处，正在努力重新理解这件已被搁置数月的作品。他所知道的东西已经发生了彻底的蜕变，而他正在让自己与这蜕变和解。

"当在创作一件作品时，你会有一种现实感，但当你离开时，它就会消失在记忆中。"古斯廷曾经告诉我，"当你回来的时候，……就像你第一次看到它一样。就像'我知道你，但我不认识你'。"我再次向他请教这种转移的感受，他抬起头来。"回来就像重新认识某人，就像努力回忆起之前的对话，"他说，"你们曾经亲密地互动，然后你离开了，所以你必须重新找到进入的方式……重要的是这关乎我现在在哪儿，而不是3个月前我在哪儿。"

留意不断变化的世界。仔细看，再仔细看：陶器已经干燥，也已经发生了变化；主动脉被撕裂了，正在流血；迷宫正在把你引向歧途。但我们周围的证据同样在演化，甚至演化得更多的，是我们所掌握的知识。这既是"休耕期"的希望所在，也是"休耕期"提出的挑战，这项工作是一把"双刃剑"，古斯廷既要忍受它，又要虔诚地追求它：让我们的思维安静地消化和解析经验，然后努力去追赶我们已经转移的知识，虽然途中免不了磕磕绊绊。

古斯廷的家离他的工作室不远，从家中俯瞰下去，是一条蜿蜒的河，下游几英里就是大海。我们在他的工作室和家里多次长谈，每次都要聊好几个小时。有一次，他说："退后一步，听任事情去发展，听任事情去发生，让自然的因果决定一切，这其实很难。这不是一件容易的事……能够在反应之间留出空间。只有尽量不过度控制，才能退一步海阔天空。"但是，安静、期待然后和解的反复循环让他的作品变得生动起来。"我需要那种感觉，"他说，"你不断从一个充满新鲜感和可能性的地方接近它，那是一个不知之地……那里面有风险。那就是优势。"

记忆不是一个快速、简单的保存和检索冻结的过去的过程，而是我们的一部分，是相互联系、千锤百炼、持续演化的，我们必须不断努力更新对它的认识。通过搁置和回收知识，我们确认我们愿意被生活改变并适应记忆的演化。古斯廷再次陷入沉默，他抓起一把手术刀一样的小刀，将它抵在陶器的颈部。他停下来一个小时重新审视作品，又花了半个小时切除一小长条泥料，就这样，他将数周的努力一刀了断，把切下来的陶泥随手扔到一边。

　　"好，这样更有意思，"他轻轻地拍打着陶器自言自语道，然后对我说，"这是我的工作方式之一：它是拼搭起来的，这样永远有改变的可能性。不管我早前是怎么看待这件作品的，我都不会被它束缚。"整个上午，他毁掉的与建造的一样多。作品"完全因你的演变而演变"。

　　我们是否敢于探索记忆的小路，在知识中寻求真理，但同时将记忆中的绊脚石视为伪装的胜利？我们是否愿意时不时地放弃一些过去的事情来获得新的观点？我们可以做一点梦吗？罗兹写道，失败只不过是"小径上的寻寻觅觅"。凯蒂的午夜沉思、巴特利特不断发展的故事、达尔文慢工出细活的天分、古斯廷与他搁置工作的和解，所有这些都应该提醒我们，当我们不把记忆演化的混乱工作当一回事时，我们会错过什么。对于过往，我们有何期待？

第四章

思维漫步

> 必须虚心承认，发明绝非凭空产生，而是源自混乱。
> ——玛丽·雪莱——

5月的那个早晨，研究生凝视着培养皿，看到了他一直希望看到的东西：死亡之手。一小撮黏糊糊的世界上最具耐药性的细菌在几个小时内就被消灭了。日益强大的微生物正在制造一场危机，有可能将医学拖入一处割伤甚至一个水泡都很容易致命的新的黑暗时代。而在繁忙的波士顿大学实验室里，他为打赢这场战争带来了一种潜在的新武器。通过具有独创性的低技术解决方案，他击退了最难以捉摸的一种细菌亚群——持留菌。

大多数耐药菌通过突变、交换基因或绑定在一起的方式来挫败抗生素的攻击，就像科幻小说中的怪物一样，被旨在杀死它们的毒素所强化。但也有一部分细菌只是伏下身子，进入半休眠状态，然后一次又一次地重新唤醒自己并感染有机体。所有类型的细菌都会出现持留菌，而这类细菌被认为会引发从重症肺炎到葡萄球菌感染再到结核病的一系列慢性疾病和复发性感染。似乎没有药物可以动摇它们的保护性休眠状态，也没有任何治疗方法能给它们造成麻烦，直到凯尔·阿利森和他的导师吉姆·柯林斯想到将一类被忽视的抗生素与一种糖配对，以特洛伊木马的方式引诱细菌吸收药物来根除它们。

阿利森花了两年的时间来解决这个问题，然后用几个月的时间在混有大肠杆菌（一种肠道细菌）的试管溶剂中对治疗方法进行微调。现在，面对一处天然细菌栖息地，即被称为"生物膜"的菌落（生物膜会以钢铁般的强度黏附在伤口、骨头或导管等表面，导致伤口不愈合、反复感染等问题），这个发现大获成功。与其说实验初步证明了疗法有效，不如说其为现实世界的应用提供了坚实可靠的证据。在对发现成果进行评估后，阿利森欣喜之余亦感如释重负。

一周后，他与柯林斯坐在一起，阐释这项令人震惊的明确发现在科学上的稀缺价值。"这太棒了，"生物医学工程师、该领域最具创新精神的科学家之一吉姆·柯林斯说道，"这是一个令人震惊的结果。"他们在柯林斯摆满书的办公室里开会，我是旁听者。年长的科学家仰坐在椅子上，聚精会神地听阿利森讲述他如何加班加点把生物膜实验反复做了三次。一家著名期刊的编辑正在关注这项发现的进展情况。阿利森充满信心。"所以我可以收集这方面的数据了，"阿利森说道，25岁的他身材瘦长，面色憔悴，神情严肃，"还需要几天时间才能完成所有工作。"然而柯林斯没有回应。他仿佛置身于远方，目光注视着遥远的地平线。

柯林斯雄心勃勃，不断激励手下这批年轻科学家尝试看似不可能的壮举。在他的督促下,他最富创造力的门生之一阿利森着手解决持留菌的不可侵入性问题。(研究两周后,学生报告说"做不到"。柯林斯说:"这听起来像是个大项目,继续好好干。")现在,柯林斯,这位拿过麦克阿瑟天才奖和罗德奖学金的学者,再次敦促阿利森把眼光放得更远一些。为什么只拿普通的大肠杆菌做实验?为什么不尝试在强毒性的葡萄球菌生物膜中重新验证一下数据?是不是可以尝试治愈受感染的小鼠,这是进入人体试验前的最后一道难关?当你可以飞跃一大步的时候,为什么要满足于向前走一小步呢?他转向自己的学生:"你敢不敢再试一试?"

柯林斯是生命的建筑师,也是"假设"的大师。他是最早一批开始逆向工程,将活体细胞的复杂组成部分重新连接,让其按照我们的命令行事的人之一,而正是这项工作激发了合成生物学领域的研究。2000年,他发明了这一领域的基础工具——一种基因切换开关,可将基因回路转变为可编程的信息存储。这项发明在业内引起轰动,更由此涌现出一系列惊人的发现。他设计了配备生物传感器的强效益生菌,改进了基因回路,可以在细菌引起霍乱等传染病之前感知并消灭细菌。他还发明了用于检测埃博拉病毒和其他感染的低成本诊断测试纸,这一发明再次成为媒体报道的热点。年复一年,他屡屡推翻关于抗生素成功或失败的主流科学观点。2020年,他利用机器学习领导发现了30年来第一种新型抗生素化合物,这种药物能够杀死超过35种强力细菌。

作为美国国家工程院、美国国家科学院、美国国家医学院以及美国艺术与科学院的当选院士,柯林斯精力充沛、步履轻快,走起路来总好像脚下踩着弹簧一样。他长着一张娃娃脸,身材瘦削，大学时一英里跑创造过 4 分 17 秒的好成绩。柯林斯每天都在忙碌中度过，通过高度集中的"一分钟会议"来管理他庞大的实验室。他语速极快，所以讲话的时候吞音省词已成家常便饭。他非常务实，是一切高效事物的狂热爱好者。然而，在办公室里、在飞机上、在长途散步时，以及晚上回到家后，他的思绪会一次又一次地深深陷入极度游离的状态，坚定地任由自己变得（按照当下的标准来看）效率低下。他是白日梦的无悔信徒。

在我首次拜访他的实验室几个月前，柯林斯发起了周五早晨的无科技活动，激励团队里的 30 多名科学家深入阅读，实时互动，以及最重要的——做白日梦。他希望能说服他的数学家、生物学家、物理学家和工程师暂时脱离电子设备几个小时，也许他们的思想就能翱翔天外。这不仅仅是一项日常任务，更是他改变组织文化的一次尝试。不过，他的做法从一开始就不乏反对者，人们对白日梦的提法窃笑不已，阿利森最直言不讳地表达了整个集体的怀疑。"吉姆是真正了解研究的运作过程的，"凯尔告诉我，"所以我想，他为什么突然希望人们不积极主动了呢？"

长期以来，白日梦一直是教师们的烦恼之源，他们认为这是一项无聊闲散的运动，诱人却又备受鄙视，似乎只是孩子们的把戏，说破天也不过是一种无用的愚蠢行为。虽然我们在清醒状态下确实会有很大一部分时间都沉浸在这样或那样的遐想中，但这个课题在很大程度上为主流心理学所忽视，而且一直忽视到了 21 世纪。可曾记得那些夏日的慵懒时光，我们躺在草地上，任凭身下的小草扎得人痒痒的，看浮云飘过，随思绪游荡。现在真有了这类走神儿的机会，我们中的许多人又都感到内疚了。我们是否担心自己会像伊卡洛斯[1]一样,扇着白日梦的翅膀飞得太高?

那个春光明媚的周五早晨,通报好消息的会面很快就结束了。年轻的科学家收拾好自己的论文,匆匆回去工作。柯林斯开始翻阅他的电子邮件,而我的思绪渐渐飘远。为什么要花时间沉迷于那些八字还没一撇的模糊想法呢?就像"休耕期"一样,遐想使我们远离说干就干和迅速判断,而进入明显的静止和看似低效的状态。我们经常贬低甚至害怕的不确定性领域能否弥补它所带来的一切呢?

说真的,当做白日梦时,我们就与外界失联了。思维的漫步背后是一个令人不安的本源——探索自己的内心,我们在清醒时与世界保持的调和关系就会开始崩塌。

以阅读为例,阅读是引发遐想的常见诱因,也为科学家研究逃避心理(他们称之为"感知脱钩")提供了一个诱人的机会。在人们发现自己的大脑开始走神儿之前的两分钟里,他们开始更快地眨眼,瞳孔放大,阅读速度减慢。等到他们被自己的心事占据,与处理视觉输入(如页面上的文字)有关的那一部分大脑会安静下来,同时与内在沉思有关的区域开始占据优势。到了这个时候,随着对外部世界的忽视度越来越高,做白日梦的阅读者失去了流畅性和灵活性,进而失去了对微妙之处的感知力和理解力。

---

[1] 伊卡洛斯(Icarus)是希腊神话中代达罗斯的儿子,在与代达罗斯使用蜡和羽毛造的翅膀逃离克里特岛时,他因飞得太高,导致翅膀熔化,最后坠入爱琴海身亡。——译者注

在一项系列实验中，人们被安置在一把舒适的椅子上，并被要求找出在屏幕上出现的几十个简短、平庸的故事里一闪而过的一系列错误。与此同时，科学家追踪他们眼睛的运动，以此判断他们是否走神儿。在几个小时的时间里，参与者在发现低级的词汇错误（比如一个虚构的单词）方面几乎没有遇到任何麻烦。然而，他们忽略了自相矛盾的句子和其他语义错误，而这些错误是理解故事整体含义的关键。在另一项研究中，在阅读《福尔摩斯探案集》中的《红发会》时，那些走神儿的人，哪怕只走神儿一次，错过反派身份关键线索的可能性也会是细心读者的两倍。

在阅读时，我们的眼睛通常会停留在不太常见的单词上，例如 armadillo（犰狳），常见单词则一扫而过，例如定冠词 the。这种"频率效应"对于理解文本的含义至关重要。然而，当走神儿时，我们会跳过重要的单词，并且无法在短语和句子的末尾放慢速度来整合我们刚刚读到的内容。我们失去了森林，然后失去了风景的全貌。最后，我们重新回过神儿来，感到震惊，举止失措，意识到我们错过了故事的重点、老板的问题或前方交通的变化。根据对美国警方报告的一项分析，估计 60% 的致命车祸都是分心造成的。中国和法国的研究也表明，走神儿与事故风险之间存在类似的联系。

不专注于任务，这是做白日梦的人的第一个罪过，也是导致人们几个世纪以来对走神儿一直感到不爽的心理根源。"她看起来像是在思考一些超越……她处境的事情，"夏洛特·勃朗特笔下坚毅好斗的女主人公简·爱观察一位不断沉思的同学，"我听说过白日梦——她现在是在做白日梦吗？她的眼睛盯着地板，但我敢肯定她并没有看见它。"

"白日梦"这个词出现于 17 世纪，但直到维多利亚时代才成为一个常用词。尽管如此，做白日梦的人总给别人一种失魂落魄的感觉，一种逃避现实的样子，因此与大机器时代对效率不断提高的期望格格不入。特别是，遐想被贬低为一种无聊的消遣，尤其是被那些富裕到可以脱离工作的人用来排遣时光。在 1851 年伦敦水晶宫万国工业博览会的中心舞台上，就曾摆放过一件名为《做白日梦的人》的展品，在一把用混凝纸浆制作的蓬松柔软的扶手椅上，雕刻着代表"展翅翱翔的思想"的人物形象与象征着安宁和慰藉的花朵。而弗洛伦斯·南丁格尔也曾在 1860 年抱怨说，女性"总是在梦想，却从未实现"，就在那一年，她刚刚创建了第一所专业护理学校。

不专注于任务且脱离现实的遐想很快就被认为是一条通往心理失衡的路。与弗洛伊德合作共事的约瑟夫·布洛伊尔将对白日梦的热爱与他著名的接受精神分析疗法患者安娜·欧的歇斯底里症联系起来。布洛伊尔写道，她称之为"私人剧院"的习惯性遐想"可能对她疾病的走向产生了决定性的影响"。弗洛伊德将遐想视为一种压抑的游戏，脱离现实，在成年后是"幼稚和不正当的"。弗洛伊德明确表示，思维的游荡不应该引起我们的兴趣，除非是为文学小说提供创作素材。1908 年，他在自己为数不多的提及这个话题的一篇文章中写道，"我们反感它们，最好的态度也就是漠然以对"。

到 1917 年，有关遐想的问题被用来筛查美国陆军新兵是否存在精神不稳定的问题。"你是否存在严重的走神儿问题，以至于忘记了自己在做什么？"在首次性格测试中，应征士兵会被问到这样的问题。"你的脑海中是否不断出现某种令你感到困扰的无用的想法？"在当时，过度的幻想或思维反刍固然会引人关切，而遐想更会上升到令人警惕的高度，无论其程度深浅，都会被视为对生活乃至对严肃的思维研究的干扰。早期心理学家认为，我们如何完成一项任务才是最重要的。白日梦是一种精神泡沫，但有一个"理性但讨人喜欢的人"不这么认为，他站在行为主义的最高峰上发现遐想值得研究，甚至值得庆祝。

1965年，杰尔姆·辛格将42名不知情的本科生带入他位于纽约城市学院的实验室，准备"诱捕"他们的白日梦。这位年轻的心理学教授对走神儿的研究堪称特立独行，而且已经进行了十多年。在二战期间，辛格从事过一段时间的反间谍工作，此后他便开始追寻自己所选择领域的禁果：解析思维内部的奥秘。辛格指出，乔伊斯、伍尔芙、莎士比亚、福克纳的文学作品以及现代电影都描绘了我们漂移的意识流，为什么他的同事们反而忽视了这条我们这个时代的思想脉络？

辛格的探索几乎完全是孤军奋战，他开始做一些别人想都不敢想的事情，比如就一些想法直接发问，而这些想法在当时的人看来过于隐私，以至心理学家认为人们不会愿意承认有过这类念头。他还制作了第一份关于平常白日梦的心理问卷，用甜言蜜语哄着家人和朋友接受调查。他率先开始询问人们在执行任务时在想什么，以了解他们当时是否漫不经心。辛格渴望研究白日梦者的世界，因为他自己就是其中一员。他爽快地承认自己沉迷于童年期的橄榄球幻想，而且有关自己工作的白日梦也令他不能自拔、烦躁不已。

1965年年中，迷你裙和喇叭裤开始流行。塞尔玛游行[1]血腥结

---

[1] 指第一次塞尔玛游行。1965年3月7日，大约600人从塞尔玛出发，沿80号公路向蒙哥马利进军，以纪念前不久在一次活动中被警察打死的黑人。途中，这批抗议者被警察拦截，60多人被殴打成重伤。这一天也以"血色星期天"的名字被载入史册。塞尔玛游行是美国民权运动的关键事件。——译者注

束,第一批美国作战部队踏足战火纷飞的越南。在辛格的实验室里,42名学生被布置了两项简单的任务:如果听出两种音调中较低的那个,他们就要按下电报键;如果发现自己在做白日梦,他们就要拨动开关。经过几次练习后,他们回到等候室。突然,作为背景音播放的收音机广播传来一条新闻快报,一名播音员称:"今天早些时候突然遭受大规模空中和地面攻击……所有现役军事单位均处于紧急戒备状态……各地征兵委员会须尽快召集所有18岁以上失业青年和所有符合条件的大学生进行体检。""被试纷纷打电话给他们的朋友,拦都拦不住。"一位助手后来回忆道。

关于越南的广播是假的,但其影响是显著的。当学生们被带回隔音室开始真正的实验时,他们的思绪开始游离天外。相比对"新闻"一无所知的对照组,那些听到广播的人更有可能陷入白日梦并错过对靶音的识别。他们后来报告说想象了很多场景,比如沉船和行军的士兵、在战场上被俘,或逃到加拿大躲避征兵。他们脱离了手头的任务去展望未来。辛格写道,他们正在应对生活中"那些未完成的重大任务"。

最近的研究表明,人们在醒着的时候平均有近一半的时间在走神儿。不专注于任务的那段时间真的像我们想象的那样一无所获吗?走神儿的第一个现代科学捍卫者也承认,白日梦无法激发神经脉冲,而且出现的时间也很不合适,这些固有问题本来就会使情绪变得非常紧张。不过他也捕捉到饱受诟病的遐想还有创造性的一面,看到一些做白日梦的人愿意接受自己的胡思乱想。据说是辛格将对走神儿的研究带出了黑暗时代。一位哲学家写道,他的坦率和敏锐帮助我们消除了疑虑。但直到主流科学在脱离任务的虚无时刻中偶然发现了一些重要现象,白日梦才终于开始被揭秘。正如辛格所怀疑的，我们经常鄙视的精神离题源自最高层次的人类认知。

彼时的神经科学是一个艺术性不亚于科学性的领域，然而就在它即将迎来令人兴奋的黎明之际，神经科学的一些先驱者却感到一丝困惑。成像技术可以揭示大脑的基本模式，使科学家得以首次开始破译思考的生理基础。只需要比较人的大脑在休息时和执行任务时的扫描结果，科学家就可以找出工作状态下思维留下的蛛丝马迹。然而，执行任务中的大脑图像常常微弱得令人沮丧，而当被试被告知什么也不用做时，图像却出乎意料地充满活力。早期的神经科学认为，某种被认为只是静态或随机噪声的思维状态在一定程度上导致了这种最富戏剧性的影响。大多数科学家争论如何让它消失，但少数人进行了更加深入的研究。

整个 20 世纪 90 年代，神经科学的先驱马库斯·赖希勒一直在他的办公桌上放着一个标有"MMPA"的文件夹。MMPA 的意思是"内侧神秘顶叶区"，是新发现的大脑活动的核心区域之一。赖希勒和他的同事都属于最早一批针对休息时的思维进行分析的研究人员，他们发现大脑 80% 的能量都被内部事件消耗了，只有不到 10% 的视觉神经元突触专门用于接收传入的视线。此外，在休息时活跃起来，然后在人们执行任务时变得安静的区域网络足足占据了大脑的 1/5。为什么我们的大部分精神能量花在琢磨心事上了？一项长期被忽视的、由神经科学家南希·安德烈亚森于 1995 年进行的研究为进一步解开这个谜题提供了些许启发。

南希注意到，休息时激活的区域与人们回忆往事和计划未来时使用的区域密切同步。此外，某些区域涉及抽象思维和连贯的自我意识的形成。"当大脑/思维以自由和不受阻碍的方式思考时，它会使用自己最人性化和最复杂的部分。"她在一篇具有里程碑意义的论文中大胆断言。

这些零散的研究发现是关键的线索还是海市蜃楼般的幻想？争论变得如此激烈，以至那些主张对无所事事的大脑仍然保持活跃状态这一有趣现象做进一步研究的人在心理学会议上遭遇了巨大的反对声浪。"没有任务？这不科学，"一些反对者坚持认为，"这完全走到了心理学实验的反面。"其他科学家对这些发现也予以了驳斥，认为这只是内部大脑活动的一种持续的低水平杂音反射，而这些内部大脑活动使有机体做好了感知和运动的准备。不过，仍有少数好奇的人继续前进，将这些碎片拼凑在一起，完成了一次堪比找到新大陆的发现。他们揭示了默认模式网络，这是一个强大的大脑区域集群，是我们内心生活和遐想能力的核心。

彻底放飞的思绪会去向何方？多年来，看似无所作为的污点掩盖了默认模式网络的真正面目。但随着时间的推移，这个广泛分布的网络及其主要枢纽的神秘面纱逐渐被揭开。在该网络中，一组被称为"内侧颞叶子系统"的区域促进了自传式记忆和对我们未来的预测。包括部分前额叶皮质的背内侧子系统则使我们能够想象与自己相关的场景，还可以推测他人的思维状态。默认模式网络的核心枢纽，包括中线顶叶和额叶区域，据推测可以整合来自整个大脑的信息，以构建意义和自我理解。

在默认模式网络下，大脑很大程度上会远离此时此地（哪怕只是暂时的），去想象未来和过去的景象，消化理解我们在白天接收的铺天盖地的信息洪流。重要的是，默认模式网络区域远离大脑的感觉运动区域，这种构造有助于将思维从外部世界的需求中解放出来。默认模式网络还位于许多认知信息处理流程的末端，成为一种孕育抽象、广泛思维的结构配置。在这一认知基础上，思维可以追忆往昔时光，编织详细的未来憧憬，生动地想象某个场景，或者体会朋友的感受。默认模式网络是我们能够做白日梦的思想源泉。

"你刚才在想什么？"在南加州大学一间简陋的测试室里，一位神经科学家正在询问一个害羞的 17 岁黑发少女，她刚刚接受了白日梦状态下的脑部扫描。"你刚才是否有过真正怔神儿的时候？"玛丽·海伦·伊莫尔迪诺-扬问道，同时探寻着女孩内心游荡的痕迹。"你会浑然不觉自己身在何处吗？"少女移开视线，身体一动不动，伊莫尔迪诺-扬满怀期待地停了下来。

伊莫尔迪诺-扬和她的团队正在进行一项纵向研究[1]，旨在了解丰富的内心生活如何发挥核心作用，为那些家境普通、资源贫乏的年轻人创造有意义的未来。现在距离上次实验已经过去两年，几十个孩子（主要是亚裔和拉丁裔）又回到她的洛杉矶实验室。孩子们大多长高了一些，也更泰然自若。这些青少年就读于市内多所学校，所在社区的犯罪和帮派冲突较为猖獗。许多孩子的父母都是门卫、园丁、清洁工和餐馆服务员，每个青少年家庭中至少有一名看护人是移民。这些年轻人希望一年或十年后成为怎样的人？科学家对这个问题的探索已经持续多年。他们在学校或家

---

1 纵向研究是一种相关性研究，在很长一段时间内（通常是几十年）重复观察同一组变量的发展变化。在心理学研究中它用于观察整个生命周期的发展趋势，而在社会学中则用于研究一代或几代人的生活事件。——译者注

里付出了哪些努力来实现他们的梦想？他们的白日梦会把他们带向何方？

"我要准备SAT（美国高中毕业生学术能力水平考试），"女孩最后害羞地回答，"所以我刚才在想，我该怎么把这件事分配好呢？"她透露自己有点担心，但同时也受到了鼓舞。科学家笑了。伊莫尔迪诺-扬曾是一名教师，现在已是荣誉等身的科学家。她迷人而活泼，充满少女气息。她擅长开展跨学科工作，解决雄心勃勃的研究问题。作为智能理论研究员霍华德·加德纳和神经科学家安东尼奥·达马西奥的得意门生，伊莫尔迪诺-扬因剖析复杂社会情感（例如"钦佩"）的脑皮质基础而闻名。现在，她继续辛格的未竟事业，领导团队发起新的冲击，致力于解读超越现实、思考假设性问题的重要性。她正在梳理美好白日梦的形成过程。就在这时，我来到了她的实验室，期望对遐想的救赎有更为深入的了解。

当开始漫无边际地胡思乱想时，我们通常会被吸引到一个意想不到的舒缓空间：我们的未来。拿我自己来说吧，在拜访伊莫尔迪诺-扬实验室的前一天晚上，我倚坐在海边购物广场的水泥墙边，等待与她共进晚餐。我看着三个男孩在喷泉周围玩滑板，几个加州人映着暮色慢跑而过，旁若无人地享受着运动的快乐。一位公交车司机对我微笑，但我几乎没注意到他，因为我开始琢磨起自己的心事。我刚刚得知，我的拜访选择了一个很糟糕的时候：关键的拨款截止日期迫在眉睫，令伊莫尔迪诺-扬颇有压力。我开始想象匆忙仓促的谈话、仿佛单相思一样得不到回应的问题，以及令人沮丧的逗留。但回想起她的热情，其他场景又开始像诱人的电影片段一样渐次浮现在我眼前：收获满满的采访、我的困惑被解答，以及愉快地回家。当她出现的时候，我的心情平静了好多。这就是科学家所说的面向未来的遐想所产生的"姑息效应"。

近一半的走神儿都会把我们带进未知的明天。我们的思绪大约每 15 分钟就会转向一次未来。然而，矛盾的是，闯进未知世界似乎反而增强了我们的力量。与杰尔姆·辛格没有亲戚关系的德国神经科学家塔妮娅·辛格正在着手探索精神的时间旅行带来的安慰作用。她安排年轻人接受特里尔测试，要求人们在严厉的考官面前进行 5 分钟的求职演讲。塔妮娅·辛格的研究给被试一天的重重挑战增加了一个温和的尾声——以简单的认知测试诱导被试走神儿。相对于那些沉湎于往事的白日梦者而言，在测试期间倾向于让自己的思绪逐渐向未来漂移的人在特里尔测试前后的压力激素皮质醇水平都要更低一些。

但有关未来的遐想是否只是玫瑰色的盲目乐观，或者是一种逃避现实的愿望的满足？我那天晚上的遐想和塔妮娅·辛格的进一步科学研究给出了恰恰相反的暗示。即使是消极的面向未来的白日梦，无论是面试出错还是被老板批评，都会提振我们的情绪，而对过去的遐想，哪怕是积极的，也往往会让我们感到悲伤。回顾过去，我们看到的是已经发生的和已经过去的事情；展望未来，我们开始思考未来，不仅是天马行空地随意畅想未来，还是深谋远虑我们自己的未来。

当在白日梦中畅想未来时，我们常常会粗线条地勾勒我们的人生。许多这样的遐想都是视觉性的，好像是在看电影。但更常见的是，我们只是通过白日梦与自己对话，寻求"内心独白"的帮助，而内心独白是人进行计划的标志。我们将在鸡尾酒会上如何展现自我，或者如何把控即将举行的演示报告？大多数聚焦未来的白日梦不会让我们的想象超过当天晚些时候或第二天。在这类遐想中，思想是松散的，然而也是细粒度的，有着与我们平时生活更为接近的质感。遥想未来世界则更为罕见且困难，因为遥远的世界会由于想象力的限制而变得模糊。将我们的思绪投射到未来一年或十年，我们会梦想更大的目标：健康、新的爱情、晋升。我们舍去细节，只取要点，放弃生动的具体性，追求对大局感的把握。

这种在精微细节（树木）和粗略轮廓（森林）之间的权衡是抽象思维的核心维度。每当我们离开当下去回忆、共情或沉思时，我们往往会通过或近或远的强大心理"镜头"来诠释我们的想法。例如，如果你想象自己正在一个遥远的城市远程上班，你可能会更清楚地捕捉到当前项目的要点，因为你的眼界开阔了，滤掉了杂乱的细节。遐想就好像我们在一块画布上作画，而这块画布恰如其分地反映了我们看待外部景观视角的演变过程。

与此同时，精神的时间旅行可以将我们从单一的视角或视野中解放出来。当我们在餐厅露台上一边吹着小凉风一边品尝土耳其餐前菜时，伊莫尔迪诺-扬告诉我："你正游走出入于这些层层交叠的分析、彼此嵌套的世界中。"在她自己的遐想里，她可能会思考用不同的方式来向她的母亲透露一条新闻或向其他人解释她的数据。她问自己，未来几年她想成为什么样的人，更想成为一名科学家还是一名教育家，然后让自己扮演不同的角色。"我会尝试用各种方式来表达自己的想法。"她说。好的遐想需要在精神上从一种前景转移到另一种前景，想象未来固有的潜力。思维敏捷、头脑灵活的梦想家既有行动力又有控制力。

2009年，通过更仔细地观察静息态的思维，科学家惊讶地发现，默认模式网络有时会与执行大脑（包括前额叶皮质的部分区域）产生共同激活现象。为什么被认为工作时完全拧着来的两个领域（一个是随心所欲的畅想，另一个是极致完美的受控推理）会紧密联结？科学家最初认为，执行大脑在努力把思维拽回来重新关注外部世界。但随着时间的推移，他们意识到，当转向内在时，我们往往并没有完全摆脱任务的束缚，相反，我们的目标是完成必要的内在工作。

当我们转向感应外部世界时，一批与感知系统高度相连的特定执行区域就会变得活跃起来。正如杰奎琳·戈特利布关于专注觉醒的研究所表明的那样，当我们开车、走路或主持会议时，部分额顶控制网络就会同与外部注意力挂钩的区域协调，这样我们就可以关注周围的世界。当我们放慢节奏开始揣测和沉思时，这个面向外部的系统会安静下来，但思维几乎不会休眠。此时，第二个与默认模式网络紧密绑定的额顶子系统，以及其他执行区域，就会保持思维向内，维持对主题的松散思考和连贯一致的状态。执行活动的程度可能差异很大，从思维对自由随想的浅尝辄止到进行创造性思想实验所需的高度控制。但大多数时候，白日梦并不像曾经想象的那样任人予取予求。当你沿着一条思想轨迹前进，或者为当天没有完成的工作推演可能的结局时，你就是在引导自己处于游离态的思维开展工作。伊莫尔迪诺-扬说："你必须记住的是，你做白日梦的能力取决于你的技能、知识和学科思维能力。"

一个熟练的时间旅行者应有的形象是，他不会被动地屈服于精神绑架，而是策略性地从现时撤退，探索更美好的未来。2013年，塔妮娅·辛格和她的同事测试了成年人延迟满足的意愿以及他们的白日梦能力。在许多实验中，被试首先必须选择是立即拿到 10 欧元还是等待一天甚至半年以获得最高 5 倍的现金。（实际上，所有被试都会得到随机选择的一份奖励的 1/5。）接下来，他们必须确定清单上的数字是奇数还是偶数，有时还必须回忆前一个数字的属性。在整个过程中，他们都会被随机问到是否在走神儿。

　　事实证明，那些在简单的数字识别工作中会做较多白日梦，而在艰难的记忆任务中做白日梦较少的人，更愿意为了更大的奖励而花时间等待。科学家写道，他们可以策略性地"放手当下"。是现在还是以后？是树木还是森林？是游戏计划还是人生目标？善于做白日梦的人会根据自己的目标来控制思维漫游的时空轨迹。在沃尔特·米舍尔的棉花糖实验中，有些 4~5 岁的孩子分散自己注意力的方法是努力专注于许诺奖励的食物的美味，这些孩子坚持了将近 6 分钟才放弃并吃下零食。而那些求诸内心并扩大思维视野的孩子（例如，将棉花糖想象成一朵云），为了获得许诺给他们的更大奖励，坚持了大约两倍的时间。

　　我的洛杉矶之行即将结束。我即将走街串巷去见那些参加过伊莫尔迪诺-扬实验室夏季科学项目的年轻白日梦者。她的庞大研究尚未完成，但她已经开始揭示她称之为"超然思维"这一基本认知领域的本质。每当说起一些最有趣的早期发现时，她就像打开了话匣子一样停不下来，眼睛都亮了。

　　在漫长的一天实验临近尾声之际，她开始测试青少年的克制力：他们是想马上拿到参加当天实验的现金报酬，还是想再等几天拿更多的钱？再等等吧，预计孩子们会这么回答。果真如此吗？遐想真能激励我们放弃当下，放弃唾手可得的奖励吗？在研究中表现得最有前途、积极性最强的青少年通常会选择更大、更晚的奖励，但也并非总是如此。例如，一位利用假期时间来到实验室的女孩经过再三斟酌，最终决定，如果能让她给妈妈买一份急需的公交卡作为礼物，奖励少一点她也可以接受。

伊莫尔迪诺-扬兴奋地告诉我，那些拥有最光明未来的孩子会"摆弄各种想法"。他们会反复思考，搞清楚什么情况下今天的需求可能比明天的需求更重要，什么情况下明天的比今天的更重要。在研究中，高水平的想象力与自我控制力正相关，这个关系从来不会颠倒。"做白日梦的时间是在想法、记忆和可能的假设未来之间建立联系，并将所有这些东西放在一起发挥作用的时间。"她说。"这实际上与心理灵活性有关。"她强调说。一个能够思考人生可能性的年轻人可能"将是在克服障碍上表现最成功的人"。这就是她的研究得出的结论。

作为纵向研究的一部分，伊莫尔迪诺-扬和她的团队首先向孩子们讲述了诺贝尔和平奖得主、活动家马拉拉·优素福扎伊等青年人奋发进取的真实故事；然后对他们进行采访，了解他们对于这些英雄人物和自己生活的想法；最后，对孩子们的大脑进行扫描。扫描的同时让孩子们依次做三件事：一是进一步思考这些故事，二是评估他们对榜样人物的情感投入，三是静静地让他们走神儿。

在采访中表现出对于某个故事更强的抽象思考能力的青少年，随后在沉思同一个故事时，扫描仪显示他们会产生更多的默认模式网络活动，其默认-执行连接模式也更为协调。他们还有更复杂的白日梦。随着时间的推移，那些在默认模式网络和内向执行区域表现出更为强劲的成长性和连通性的青少年往往在学业上更加成功，处事更加灵活，对自己的社会关系满意度更高，并且更愿意反思他们的身份。

伊莫尔迪诺-扬对这些新的发现感到兴奋异常，但在这个内心生活深陷围城的时代，遐想的命运同样令她深为惕惧。2012年，伊莫尔迪诺-扬发表了一篇题为《休息不是无所事事》（Rest Is Not Idleness）的学术论文，首次阐述了自己的担忧。这篇论文迅速成为广为热议的焦点。她认为，当代生活的特点是无休无止的做事、打断和信息片段，这种环境会迫使默认模式网络的工作及其与执行大脑的基本连接逐渐被边缘化。伊莫尔迪诺-扬等人的研究表明，年轻人对高科技的使用似乎已经与超然思维的减弱有关。"我担心我们可能正在培养的一代孩子，从神经学角度来说，不具备做白日梦的能力。"她在接受一家电台采访时说，"我们真正需要的不是那些整天都在做白日梦、盯着窗外看的孩子，而是那些能够（在她所说的向外看和向内看的状态之间）谨慎地、深思熟虑地来回转换的孩子。总要有努力专注于外的时候，也总要有放下一切来建构意义的时候，让你的思维在你生活中发生的所有事情上自由驰骋。"

她实际想说的是，遐想是我们不能舍弃的"儿戏"。那些意识到其中潜力的人可以带领我们在一个迫切需要创造性思维的时代前进。告别伊莫尔迪诺-扬后，我转向一位年轻的时间旅行者，她的遐想是一种救赎。我从一个17岁的孩子那里了解到，梦想和计划都是信仰的飞跃。

———

"窗帘是白色的，冰箱是奶油色的，而且是二手的，因为我买不起更贵的了。"阿莉西娅·伯比奇正在讲述她生动的白日梦：有了自己的公寓和更美好的明天。很快,她将成为家里第一个上大学的人,计划学习神经科学。2022 年夏天,她参加了伊莫尔迪诺-扬为城市青少年举办的脑科学夏令营。经历了痛苦的过去之后,她的未来正在变得一片光明。

阿莉西娅与父母已经没有任何联系了。她是由外祖父母养大的,他们都是越南移民。外祖父去世后,阿莉西娅跟着外祖母在洛杉矶郊外长大,那里有古老的橄榄林和逐渐褪色的美国梦。我们约在某处商业街的一家面馆见面,这里离她位于迪士尼乐园北部的高中不远。我迟到了,发现她远远地躲在餐厅的角落里做作业,背对着吵闹的电视。她是一个讲话很有分寸但很善于表达的女孩子,她的脸上挂着温暖而谨慎的微笑,她对走神儿的力量怀有深深的敬意。

"我的白日梦可能主要是关于未来的。"在我们一边啜着茶,一边吃着热河粉时,她告诉我。

"做白日梦给你带来什么感觉?"我问。

"它让我感到兴奋,对未来感到兴奋。"她说。

在过去的一年半里,阿莉西娅一直在她家对面的麦当劳打工,而她 76 岁的外祖母已在这家店工作了 20 年。阿莉西娅每周最多工作 25 个小时,负责接受得来速订单。她很嫌弃这份工作,但毕竟做起来很轻松,所以在工作中,她经常让自己的思绪飘向未来的校园生活。那边离这里只有 7 美元的公交车程,然而却是另外一个世界。其他时候,在她所谓的"白日噩梦"中,她想象着在放学回家的路上用嘘声回敬那些嘲笑她的人。即使在那时,她的思绪也会将她带到一个更好的地方,而这就是阿莉西娅在完成家庭作业之后或上完课之后会留出时间进行遐想的原因所在。白日梦帮助她驱散了外祖父去世后笼罩在她身上的悲伤和恐惧的迷雾。"死亡一直在我的脑海里。"她噙着眼泪说。现在，每当麻烦迫近，她都会策略性地用内省来应对。

当我第一次打电话约阿莉西娅会面时，我问她是否经常做白日梦。"是的。"她咯咯地笑着说道，"当做白日梦时，我会有种不一样的感觉。它会让我感觉很满足。"后来我问她这是什么意思。"白日梦有点像某种安慰，"她告诉我，"它让你及时从你的生活中或某个紧要关头退后一步，……你会看到你现在生活中正在发生的事情，你会看到你自己的全貌，你想要什么，你梦想什么，在那一刻，你可以说，'这就是我，我活着，这就是我正在做的事情，这就是我想要的'。你会有一种完整感，因为白日梦虽然会分散你的注意力，但也会让你的意识更加敏锐。"阿莉西娅从遐想中找到了面对未知的立足点。"这让未来看起来更容易实现。白日梦也有它坚实可靠的一面。"

———

白日梦和未来在召唤。转向内心，我们勾勒出人生的明天，测试出我们想要成为怎样的人。然而，在有序与无序之间这一充满可能性的领域，还孕育着更大的希望，不仅包括自我塑造的潜力，还不乏培养创造力本身所需的各种素质。作为曾经的思想反叛者和虔诚的白日梦想家，爱因斯坦指出："想象力比知识更重要，因为知识是有限的，而想象力可以囊括整个世界。"那么，就请想象一下如何通过遐想改变世界。现在，让我们回到一位内心生活的守护者身边，他就像伊莫尔迪诺-扬一样，立志要用白日梦做出一番事业。

不专注于任务且脱离现实的吉姆·柯林斯深知遐想的罪恶。每次逃离这个世界，愧疚感都伴随着他。"这是一种奇怪的情况，"他告诉我，"你整天忙忙碌碌，急着把事儿做完，然后你说，'我打算什么都不做，看看会发生什么'。"他通常每天花一个小时或更长时间做白日梦（包括走神儿和更有针对性的遐想），但每次这样做之前，他都会问自己："我是不是应该做点别的？"一次又一次，他迫使忙碌人生驻足等待。

那一年的柯林斯还只是一名准备探索内心世界的初级教授。他刚开完一个会，正准备坐飞机回家。一路上，他尽量让自己不去想他的文件、数据和最后期限。当飞机从蒙特利尔起飞时，柯林斯凝视着窗外，就像他小时候在长途旅程中经常做的那样。如今，他的思维真的浮上云端、追逐未来了。看清楚了，就是这个大脑放空的做梦人，即将实现他的第一个世界级发现。

当时，柯林斯正在研究人体生物力学，具体来说就是研究人类跳跃、行走、跑步或简单移动所蕴含的复杂因素。我们通过神经元和肌肉的放电来感知和调整四肢，而这种放电本身会产生一种随机波动，就像无线电广播里的静电杂音一样。这种噪声长期以来被视为对身体实际工作的干扰，也是我们无法完全静止不动的原因。然而，柯林斯却从这一现象中发现了一种以前从未深究过的信息渠道。他意识到，噪声可以向我们传递信息。通过跟踪身体的"摇摆模式"，他可以测量一个人跌倒的风险，而跌倒是65岁以上人群受伤的主要原因。我们能否让噪声也为我们服务？他开始问自己。他第一次萌生了做白日梦的冲动。

在那个会议上，一位物理学家将柯林斯拉到一边，鼓励他从最近的发现出发,研究在电子电路、激光器等复杂系统中添加"静电噪声"如何起到改善作用。额外的噪声本质上会将微弱的输入数据微移过一个重要的临界点,这种现象被称为"随机(模式不固定)共振"。在回家的航班上,柯林斯开始展开遐想,试图寻找一种利用自然随机性的方法。柯林斯成长于太空时代早期的鼎盛岁月,他的父亲是一名从事制导导弹系统研究的工程师,在自家地下室搞了一个电子实验室,并经常在那里一待就是几个小时。不过柯林斯小的时候更喜欢漫无目的地胡思乱想。"我更像是一个做白日梦的人。"他说。

他喜欢讲述自己在小学时复制太阳的故事。那天全班分成若干小组,用灯和球来研究太阳对地球的影响。然而,柯林斯忘记给他的小组带手电筒了。老师很生气,他的同学也很烦,9岁的柯林斯灵光一闪,抓起一个玻璃罐,用它把真正的阳光引到地球仪上。"那天下课时,老师说,'这很有独创性'。"柯林斯回忆道,"我以某种方式找到了建立这种联系的内在资源。"

你会考虑把砖敲打敲打来砌养鱼池还是用一块砖来做枕头?你会想到把鞋子变成信封吗?如果你真这么想过,那你可能就是一个具有独创性的思想家,拥有创造性解决问题的巨大潜力。"替代用途测试"是最著名的创造力衡量标准之一,它用一个看似无害的问题(你能用一块砖头、一条轮胎或一只鞋子做什么?)来揭示发散性思维或非常规思维在实验室和生活中的能力。我们熟练地、创造性地解决问题的潜力,孩子们未来在艺术和科学方面的成功,甚至爵士乐表演的质量,这些都与这个简单的衡量标准相关。虽然这项测试长期以来很受欢迎,但没有人知道有发散型思维的人是如何从糟粕中提炼出黄金的。他们是过目不忘还是自由联想，抑或是做了一点梦？

心理学家肯尼思·吉尔胡利的一系列具有里程碑意义的调查揭示了点子创客的内心世界。当被要求对砖块等普通物体进行创造性思考时，大多数人一开始往往会联想到建墙等熟悉的用途。这正是传统思想者陷入困境的地方，他们会产生大量的想法，但总体上没有多少独创性。只有那些在苦思新点子的过程中寻找新的心理视角的人，才有可能想出不寻常的用途。更仔细地观察一个物体，啊，它是枕头形状的；再换一个更抽象的视角，它是防火的，所以可以用作一块迷你比萨石[1]……由此开始激发出各种才华横溢的点子。但最有潜力的策略是在不同心智类别之间来回漫游，从要点到细节，从整体到部分，从抽象到具体，然后再反过来。1950 年发明这项测试的创造力研究人员 J. P. 吉尔福德问道："被试是倾向于墨守成规，还是很容易跳出去，进入新的思想途径？"切换是一个人的智力有流动性和创造性的标志，这样的人也能很好地管理自己的思维。

有趣的是，有创造力的人的知识网络也不一样。研究表明，有发散型思维的人的图式更加扁平化和网络化，也更加灵活。当被要求对"椅子"之类的词展开自由联想时，创造力不是很强的思想者会刻板地围绕着"桌子"转，而有创造力思维的人则会跳跃到更遥远的联想上，比如拥有至高权力的"王座"。在这一创造力的炼金术中，我们可以看到遐想之手在发挥作用。在首次对发散型思维进行神经成像研究时，科学家就发现思维更具创造力的人的执行大脑区域和默认模式网络之间有更强的相互作用。他们

1　比萨石是一种用于烘烤比萨的石板，可以使比萨底部更加酥脆。——译者注

窥见了正在做白日梦的思维。

在飞机上，柯林斯问自己：我能用随机共振的"砖头"为人类做什么？我如何才能有效地增加人体的噪声，又应该使用哪一类噪声？电子的？机械的？肌肉的？他搞清楚了噪声的特点，但增加噪声这条看似有希望的道路很快就变得迂回曲折了。"很多很多时候，你就像电影中的那个人，在树林里兜了好多圈子，结果又回到原来的地方。"他谈到遐想时说。"几秒钟后才意识到，'我刚才就在这儿'"，又回到熟悉的场景中。

但柯林斯对于通过做白日梦解决问题信心十足，并且有一股子不眠不休的劲头，不管遭遇多大挫折也要举目向前，寻找新的可能性。"我不会放弃，"他说，嗓门也大了起来，"这包括做白日梦。"当陷入困境时，他会尝试放下不可行或显而易见的对策，然后把视角再拉回来，回到问题的要点，再次释放思维的力量，自由地对问题的各个部分和整体进行反复探索。他仍然掌控着一切，不过是在一种恍惚出神的状态中，他不断变换着自己的视角，寻找一种联系、一段记忆和一个创意的种子。

"阈值"，飞机快要抵达波士顿时，柯林斯突然想到了这个词。如果增加的噪声将微弱的刺激增强至超过一个重要的临界点，也许随机静电噪声就可以调整我们人类感知的阈值。每次我们的脚落地时，足底和脚踝的神经细胞都会与本体感受器的神经元协同工作，使我们保持稳定。但人上了年纪或者患病（比如糖尿病）后，这些反馈回路就会变得迟钝，这实际上是提高了感知的门槛，削弱了平衡能力。"阈值"，柯林斯沉思着，抓住了一个并不十分有把握的思路：一种振动鞋垫，可以让老人和患者甚至攀岩者和建筑工人走起路来更稳。在追逐看似不可能的目标的过程中，他用自己的发现抢在了未来的前面。这项发现不仅启发他制造出一种新的医疗设备,还为柯林斯这位数十项专利的发明人赢得了他人生中的第一项专利。

然而,柯林斯在与我交谈的几个小时中一直坚称,他的故事还没有到吹响凯旋号角的时候。他煞费苦心地强调,创造性的遐想是难以驾驭的。每次沉浸在这个空间时,他不仅必须放下赶紧去工作的压力,还必须放下对快速、明确结果的期望。他会坐立不安,甚至变得百无聊赖,但过了那个阶段之后他会坐更长的时间。他可能会连续数月走进死胡同或选错路,但他会在白日梦中不断重新审视问题。创造的步伐是缓慢的,但这是为了有机会迈向更美好明天而必须支付的入场费。

"我可能会一次又一次地失败,但如果能在一年里找到一个真正的好主意,我就会产生巨大的影响,"他身体前倾,对这个话题越聊越起劲儿,他的波士顿口音也越来越重,"如果我能有40~50年的职业生涯,那就会有好多好点子。最后,你的职业生涯可能就取决于几处微小的顿悟,所以你无论如何都会愿意投入这几个月的时间,万一真想出一个轰动一时的点子呢。"

这就是他对于白日梦的野心:他不断投入这种松散的有关无序的训练,以期收获非凡的成果。当我向他提起听到一个忙碌的本科生抱怨自己没有时间思考时,柯林斯打断了我。"我认为人们有时间思考,"他争辩道,"但绝大多数人选择不去思考……你必须在自己的头脑中舒适地享受时光,但这与我们的文化背道而驰。"他以长远的眼光看待白日梦及其在社会中的地位。他不惮于质疑我们的各种假设,比如遐想就是不想,好的思考绝非冥思苦想,以及忙碌本身就是目的。他对遐想问心无愧,虽然这类行为因我们的集体蔑视而为社会所不容。这就是他要在实验室里规定周五早晨不使用任何技术设备的原因,不过当这个做法失败时,他也并没有感到惊讶。

"没成功!"柯林斯说,"现在就是周五早晨,你去转着看看,大家都在用电脑呢。"几次独处和集体头脑风暴的尝试很快就退化为缺席和闲聊八卦。有些人愿意,但不确定如何度过这些时间。"这事儿震动挺大。"博士后艾哈迈德·"莫"·哈利勒告诉我。"我们不太确定如何从中获益。"凯尔·阿利森说,他周五到岗的时间开始越来越晚。两个月后,越来越觉得不靠谱的实验室成员说服柯林斯停止这项努力。"他们对此感到不舒服,他们没明白其中的要义,他们要求我停止,"柯林斯说,"这违背了他们习惯的文化和他们所秉持的规范。"由于看不到白日梦的优点,年轻的科学家不愿意在自己的生活中给遐想留出一点位置。"无所事事是被人看不起的,"哈利勒不安地说,"坐下来歇歇你都可能会被妖魔化。"

无论思想的时间旅行发生在我们自己还是别人身上,它所产生的那种与现实的疏离感,恰恰是我们经常嗤之以鼻的地方。我们对那些花点时间冥想未来的人缺乏耐心。在一系列基于绩效评估和视频的研究中,如果MBA(工商管理硕士)学生、首席执行官和政治家停下来思考他们以前没有遇到过的新的复杂问题,例如一次会计丑闻,人们往往会认为他们无能。同样,讲话不流利,比如中间停顿,也会与软弱无力和犹豫不决画等号,尽管这往往标志着承上启下的过渡时刻,说明人们即将开始或结束复杂的思维规划。甚至当我们陷入沉思时,目光的漂移也被认为是思维活动的标志。杰尔姆·辛格等人的研究表明,当人们被问到一个复杂的问题时,凝视远方的次数越多,他们提供的答案往往就会越详细、越富有想象力。

我们要怎样才能开始相信内心生活的益处呢？我们能否学会将遐想作为一项具有个人私密性的发现规律去追求、探索呢？我们可以从默想白日梦是思维的速写本开始。

―――――

一书架连着一书架以普通牛皮纸为封皮的速写本就立在那里，让你不由得驻足观望一番。速写本项目位于纽约时尚街区的一间斯巴达风格的画廊中，这里号称是全世界最大的速写本收藏地，存档数量达数万件。一个冬日，我去那里朝圣，希望学习如何将遐想的空间视为创造性思维的画布。

两名来自亚特兰大的艺术生于 2006 年发起了这个创投项目，设想制作一件人人皆可参与的众包艺术品。短短几年内，世界各地每年都有成千上万的人报名领取一本 32 页的空白笔记本，按照自己的喜好写满它，然后再将其交还给项目组。我在壁挂式平板电脑上申请了一本速写本（规则是一次只能申请一本），然后坐在一张红木长桌旁等待，听着背景音乐里渐渐响起一首悲伤的保罗·西蒙的歌曲，看着游客们来来往往、进进出出。旁边，两个扎着马尾辫、穿着派克大衣的年轻女孩并排坐着，各自捧着一本书默默品读。一刻钟的光景，她们就那样一页页地翻看着，似乎陷入了沉思。或许她们也在希望刺探思维漂移的奥秘。

想想看，一本速写本，总是揣在怀里，大小也很趁手，而且创作者在其一生中很少与他人分享。就像白日梦一样，速写本是最私密的创造性思维的专用宝库，因此它可能是我们距离见证天才的不羁根源最近的地方。"这就像站在艺术家的肩膀上看一样,"哈佛大学艺术博物馆的策展人米里亚姆·斯图尔特告诉我,"速写本有某种'幕后人物'的味道。"

在速写本的页面上,洗衣单、票根、笔记、助记符和阅读清单经常与不起眼的 primi pensieri(第一反应闪现的灵感速记)杂乱地挤在一起,而这些随手写下的内容孕育而生的创造性努力,未来将会在各种载体上留下浓重的一笔。看似随意的涂鸦草草散落在本子的中缝空白处,或者歪歪斜斜地记在页面的边缘和角落上,这说明这些想法本身也是含混模糊的,而且很多想法都是彼此对立、互不相容的。

在这里,我们再次看到创造力的灵魂小心翼翼地引导人的思维从一个点子移到另一个点子上,激励它放弃熟悉和显而易见的想法。在一系列研究中,人们被展示了4张简单、抽象的草图,这些草图隐约地暗示了风景或简单的机器。那些专注于图画各个部分或将其重新组合的人产生了近两倍的新的解读,同时还避免了新点子的生成速度随着时间的推移而放缓这个令创造者备受困扰的典型问题。就像思维机敏的白日梦者一样,速写本的主人也会摆弄各种点子,为多绕路和走错路留出足够的回旋余地。

"混乱的事物唤起人们对新发明的兴趣。"列奥纳多·达·芬奇写道,他是西方最早在混乱的不确定性中看到创造性发现之路的人之一。达·芬奇的笔记内容零散、支离破碎,几个世纪以来一直鲜为人知,直到现代才被公认为天才之作。在这些笔记中,他对于飞行器、未来城市、绘画和戏剧场面,以及有关水、身体和光的科学都提出了自己的想法,而且这些想法还会不断演化发展。一位传记作者写道,这些手稿清晰而精确,但"它们处于未完成状态。他所写的一切都是临时性的"。达·芬奇对自己的笔记评价是："思想在一瞬间从东跳到西……所以，读者，如果我们现在从一个主题跳到另一个主题，请您不必感到惊讶，也不必嘲笑我。"我们又该如何看待这本我们的遐想之书呢？

那天在布鲁克林，我没能找到白日梦。这些速写本都不厚，但充满了希望。我一本一本地看过去，偶尔翻开的只是一些涂鸦，但更多的时候看到的是回忆录、童话故事、漫画小说以及专门为向外人展示而精心准备的拼贴画。从这些内容里面窥见不到思维那天马行空而富有创造力的一面。就连工作人员也在一遍又一遍地涂抹着自己的本子，不交出一份完美的作品坚决不肯放手。我在画廊里找到的，恰恰是思维速记的反面。

虽然我们试图将那一缕奇思妙想捧在手心里，生怕它一不小心就会飘走，但遐想其实为我们提供了失败、跌倒和再次尝试的自由。白日梦的低效率提醒我们要认识到新生创造力的脆弱性、思想的无常性，以及在通往灵光一闪的途中我们必须割舍和无法得到的一切。在遐想中，如果愿意轻柔徐缓地引导思维的随想，我们就能获得发明的原始素材。

我们应该如何接纳白日梦？放下当下和熟悉的事物，在各种不同的新视角之间自由遨游，并给予其他人这样做的自由。陶醉于思维进行大幅跳跃的能力。归根结底，好的遐想是对我们的某种救赎，是日复一日提供给我们的重新开始的机会。在布鲁克林，我没能抓住遐想，但后来，我得知了一个饶有趣味的后续：很多速写本都没有被交回。

速写本项目的创始人史蒂文·彼得曼告诉我，有些人就是没有完成它们，还有一些人承认他们舍不得把本子交回来。也许保留速写本的做法会激发他们去寻找白日梦的慰藉，毕竟白日梦具有理顺线索、解决问题的潜力，而且可以一直陪伴在人们身边。我的脑海里浮现出一位思想者，坦然在内心深处深藏着一本思维的速写本，这是一个充满人生坎坷、生活掠影和灵感速记的专属灵境。她正在翻看自身遐想的丰富记录，为绕路腾出空间。慵懒一刻。抽离一步。探索发现，时犹未晚。

———

"最优秀的人会领会个中深意并坚持下去。"吉姆·柯林斯在无技术实验失败后预测道。他对失败一次后再次尝试的机会始终保有坚定的信念，而且一直坚持不懈地努力教导学生练习做白日梦。几年后，我又联系了白日梦的怀疑论者凯尔·阿利森，此时他已经是自己所在领域一颗冉冉升起的新星。少年成名为阿利森带来了诸多赞誉，使他成为媒体追捧的热点人物，更获得了100多万美元的资助用于开设自己的实验室，以进一步研究神秘的持留菌。他将抗生素与糖配对的创新为许多新的进展奠定了基础，包括增强氨基糖苷类抗生素等现有强效抗生素的药效，同时降低其对患者的毒性。他的事业已步入快车道，同时也开始感受到白日梦诱人的潜力。阿利森正在学习减轻生产力对他创造力灵魂的束缚。

我在哥伦比亚大学一间空荡荡的新办公室里找到了阿利森，他正在酝酿着一个新的研究思路。为了寻找更多线索来研究狡猾的持留菌，他一直在流式细胞仪中对带有荧光标记的大肠杆菌菌株进行分类。这种设备需要近乎不间断的监测以确保数据的纯度。

通常情况下，他一直在尝试利用获取读数之间的 10 秒钟间隔时间工作，比如瞥一眼电子邮件，起草一份参考资料。

但在那一周短暂的空闲时间里，他让自己的思维漫游，推出了一项可能具有突破性的新技术：对染料进行双重叠加，可以揭示持留菌的基因表达与其致死率之间的关系。这项策略虽然最终没有起作用，但它带来一种具有独创性的新方法，可以将持留菌与其他细菌分离以供进一步研究。"这么长时间你一直很高产，你在一个山谷里，不停地挖掘和探索。"阿利森说，"白日梦可以让你跳出那个地方，进入一个不同的空间，有片刻时间你可以占据那个区域并思考它，而不是被困在你所在的山谷里。它让我站在了一个与我以前到过的完全不同的山顶上。"

对于遐想，我们在害怕什么呢？是害怕我们可能会迷失在思考的迷宫中，还是害怕在一个截然不同的全新视角中遇到陌生人？在走神儿的未知领域，终归会有另一个开始、另一个探索的领域。我离开时，阿利森正注视着另一个景象：以新的视角看待白日梦在他生活中的地位。我的眼前浮现出一位思想者，正在打开他遐想的速写本，准备在自己的思维中实现一次信仰的飞跃。

第三部分

站在『我们』的立场上思考

第五章
视角的围城
宽容如何让我们解脱

> 生活在安全的世界里是危险的。
> ——泰茹·科尔——

当史蒂夫·德利内偶遇阿米拉时,她正脚踩人字拖,身着粉色运动裤,手戴乳胶手套,头捂一顶放下护耳的猎人帽,清理着她位于南洛杉矶的袖珍小院。这是 5 月初一个周六的中午,碧空如洗。史蒂夫工作的组织堪称美国最具创新性的反性少数群体歧视的团体之一。作为现场组织者,他正带领 30 多名活动人士,手拿带纸夹的写字板,在社区里四处走动,为争取跨性别者的权利游说拉票。那天主攻的居民区是一个以中产阶层为主的黑人聚居区,这里的房屋外墙都刷着一层灰泥砂浆涂料,人行道迤逦蜿蜒,颇有一点西班牙风情。我们敲第一户的门,无人应答。到了阿米拉的邻居那里,直接被回绝。我们可以闻到炸鱼的味道,一个男人大声喊道:"我忙着呢!"嗓门盖过了已经吵得闹心的电视声。

所以，当热切的高个子史蒂夫瞅见阿米拉正在把垃圾倒进一个巨大的垃圾桶时，他赶紧迈开大步追过去，人还没到跟前他就开始说话了。

"如果你投票的话，"他问道，"你是赞成还是反对将同性恋者和跨性别者纳入我们的反歧视法呢？"

"哦，我会赞成的。"阿米拉说，回答之快让史蒂夫觉得她是在敷衍自己。领导力实验室（以下简称"实验室"）的老手们都知道不能轻信这种脱口而出的"反歧视宣言"，毕竟没有人愿意承认自己有偏见。"更具体地说，按照从 0 到 10 的等级，10 表示赞成，"他追问，"您觉得可能是几？"在她身后，我能听到一只愤怒的狗正在后院栅栏的另一边闹腾，把栅栏撞得哐哐直响。"大概是 7 吧。"阿米拉报了个数。史蒂夫眼看着她往后退去。"我很想真正了解一下。"他说。他又做了一次努力，试图让对方放下戒心。

性少数群体的权利在加州是受法律保护的，但那天游说者们明显感受到了倒退的威胁，他们中有些是同性恋者，有些是性别不明者或变性者，还有一些是支持者。数十项对性少数群体怀有敌意的州法律正在等待被批准。近四成美国人不赞成同性婚姻，与认为移民正在损害这个国家的进步的人数比例大体相当。种族关系曾短暂地迎来曙光，但如今已经破灭，大多数人将其归咎于个人偏见，而不是系统性偏见。正如美国著名非裔作家理查德·赖特在小说《黑男孩》(*Black Boy*)中所写，这个国家"喜欢简单地把那些它无法理解的人统统一棒子打死"。在休斯敦，一场宣传活动加剧了人们对恋童癖的恐惧心理，进而成功说服选民否决了一项禁止种族、民族和性取向等歧视的城市法令。事实证明，黑人选民是否决这项法律的关键力量。在这次游说拉票之前，实验室工作人员告诉志愿者："现在差不多到了关键时刻。"

然而，当阿米拉开始摇摆不定时，史蒂夫并没有见好就收，也没有乘胜追击说服对方，或者像他上级所说的那样，用一个统计数据"狠狠扇她一巴掌"：你知道吗，2/3 的变性者遭受过严重歧视。实验室花了 7 年才走到今天，他不会贸然行事的。他要实现比仅仅一次投票更伟大、更富传奇色彩的目标：减少偏见，甚至让偏见永远消失。

不久前，一项具有里程碑意义的研究在众多研究中拔得头筹，也标志着领导力实验室的工作不仅有效，而且成为能够持续减少偏见的最有力的已知方法之一。普林斯顿大学的一位偏见问题专家写道，这一发现"卓尔不群"。领导这项研究的年轻科学家对我说："这项研究令我震惊。"虽然只有 1/10 的反对者改变立场，转而支持跨性别反歧视法，但一般来说，与 1998—2012 年美国人对同性恋者的容忍度相比，这些接触使人们对跨性别者的平均容忍度有了很大的提高。10 年转变之功，成于短短 10 分钟。通过 13000 次对话、数英里的步行和数百个深夜视频评论，领导力实验室正在逐渐开辟出一条消除偏见和两极分化的新路。他们瞬间成为媒体争相报道的焦点。科学家和活动人士纷纷前来声援。

站在阿米拉家的草坪上，我目睹了一些平淡无奇却又极其罕见的东西，一些对民主的生存至关重要的东西。虽然日复一日地彼此擦肩而过，但对那些我们看不顺眼、视为异类的人，我们仍然抱有简单而恶毒的成见。宽容的秘密可能就藏在我们最不想去了解的地方，而且只有在那些我们避之唯恐不及的人的帮助下我们才能找到它。在这里，我们可以看到不确定性在社交方面发挥的作用，看到相互"不知"如何以非凡的行动让我们在一个仇恨日益增长的时代走到一起。

随着聊天逐渐远离两个人的政治立场，并越来越接近各自的家长里短，史蒂夫写字板上的谈话提纲慢慢派不上用场了。阿米拉告诉他，自己是在一个多元社区长大的。"我只是认为人们应该以这样或那样的方式受到公平对待。"她的两个十几岁的儿子正在热火朝天地折腾一辆旧车，刚才还在做午饭的邻居溜达出家门，隔着树篱听我们谈话。"那你认识变性人吗？"史蒂夫大胆发问。

"哦，当然，我有很多朋友是，对，绝对是。"阿米拉说，并补充说他们让她对这个问题更加敏感。

"有没有你特别熟悉的人？"史蒂夫继续问道，"如果是这样，他们更喜欢用什么人称代词？"

"有，有个女性是跨性别者，"阿米拉回答道，"我认为她仍在经历这个过程……我们只是以为她是个假小子。对我们来说，一切都没有真正改变。"

史蒂夫漫不经心地询问了那个朋友的名字，并请求允许称这个人为"他"。"所以载现在作为一个男孩生活，以前则是作为一个女孩长大的，我明白了，"史蒂夫说，"你知道他是什么时候公开承认自己是跨性别者的吗？"

"我认为她没有出柜，"阿米拉说，"我们只是知道一点儿，而且正好碰上这档子事。但是没有，一切都没有真正改变。"

"你怎么看这个事儿，这种正在发生但没有人谈论的变化？"

"这是她的生活，"阿米拉说，"我和大多数人不同。这影响不到我什么，什么也影响不到。"

史蒂夫暗示的意思其实是，对阿米拉来说没有任何改变，但载的一切都变了。他提到一位前老板在出柜成为跨性别者后，职业生涯被边缘化，阿米拉则开始敞开心扉，谈论她在工作中面临的歧视。两个人聊了远不止半个小时，但谁都没有要结束的意思。超过70%的选民完成了实验室的对话，而且大多数时候是他们不想停下来。你如何与那些你强烈反对的人达成谅解？史蒂夫和他的同事们在接触和沟通的过程中大胆触及我们这个时代一碰就炸的敏感话题，从中寻找线索，并开始找到自己的方法。他们正在努力学习如何慢慢劝说人们放下自己的成见，这是一项令人痛苦的工作，而他们必须自己先做到这一点。

———

偏见是从哪里开始的？只需瞅一眼就够了。当把目光投向某人时，我们几乎立即将他判断为"像我们这样的人"或"不像我们这样的人"。从这个认知的岔路口开始，其他的一切就都顺理成章了。

我们看到一张脸，就会马上激活大脑的"梭状回面孔区"，这是一组左右对应的区域，每个半球都有一个，它对于我们在社交生活中面部识别和分类至关重要。如果将其归为自己这个群体中的一员，大脑就会立即开始进行丰富、详细的观察，并进行积极、持久的处理，特别是在负责将个体划分为某一类别的右脑梭状回区域。不过，如果这个人不被视为我们这个群体中的一员，梭状回面孔区就会重归安静。

当遇到认为与我们相似的人时，我们也会全面感受他们的面部特征，这是探索对方个性的另一个强大跳板。（只要略施小计，比如将面孔倒置，就可以破坏这种"整体加工"，就会让人们认为这个人缺乏思想、没有同理心、不体贴和缺少人情味。）相比之下，对于来自外群体的面孔，我们的感受不仅很肤浅，而且是零碎的。我们较少关注眼睛，更多关注鼻子或嘴巴等特征，也许是因为这些可以作为种族或群体归属的线索。

通过这些方式，一部分人的面孔会被审视、认可和记住——或者相反。在一项开创性的成像研究中，白人记自己所属种族的面孔比记黑人的要好近10倍。黑人也一样，做得最好的是回忆自己种族中的其他人，尽管也许是由于少数族裔需要时刻保持警惕，他们记白人面孔的能力几乎可以与记他们自己面孔的能力相当。

这就是"内群体偏见"，一个世纪以来心理学界一直认为这是思维狭隘化的表现，但直到最近才发现这是偏见的源头。我们迅速表现出全面的"认知漠视"，不仅是对其他种族，而且是对几乎所有类型的异己群体，从经济阶层、性取向（如果已知）、政治色彩到整个体育场的球迷。一组神经科学家在研究总结中惊叹道，那些与我们分属不同类别的面孔，尤其是那些已经被污名化的面孔，"可能并不具备同等强度的'面孔'属性"。但通过我们自己的努力，它们开始看起来都很相似了，神经科学家罗伯托·卡尔达拉戏剧性地证明了这一点。

研究人员让欧洲白人和新移民到欧洲的亚洲人连续观察几对面孔，同时通过脑电图对他们的大脑进行监测。他们有时会两次看到同一个白人或亚洲人，有时会看到两个不同但同一种族的人。通常，当我们的大脑两次看到同一事物时，无论是什么事物，我们的神经元在第二次看到时都会放松一点。这种"重复抑制效应"可以帮助我们有效地区分熟悉的事物和新事物。因此,正如预期的那样,如果两张面孔同属一个群体,那么在看到第二张面孔时就会发生这种效应。但令科学家惊讶的是,在看到两个不同的其他种族的人时,观察者的大脑也会表现出相同的抑制效应。一个独特的人类个体,仅仅因为与观察者相貌不一样,不经意间就变成了观察者眼中"只是他们中的另一个人",根本不值得区分,而这一切都发生在短短 170 毫秒内。

正如科学家所说,只需简短一瞥,我们就可以将我们对其他人的理解停留在"类别层面",这一过程也会发生在网络世界中。有很多社交线索是可以触发心理分类的。分类的同时,一个人就顺理成章地成为贴标签(那些人……)、赋予刻板印象(懒惰……)和遭受歧视(所以不配得到这份工作)的对象。理查德·尼克松在忆及 20 世纪 30 年代在杜克大学法学院求学经历时说:"我唯一一次真正见到黑人是我们偶然在某日天色将晚时去达勒姆市中心。数千名黑人就像高炉中冒出的黑烟一样从他们干活的工厂里涌了出来……似乎没有人真正将他们视为独立的个体。"如果我们不再关注他人的独特性,我们就离非人化这扇通向冷酷暴力的大门仅有一步之遥了。

为了生存,人类必须不断地对世界进行分类,划出个三六九等来,但当我们将这种能力施加在彼此身上时,所引发的社会动荡恐怕也是空前的。一道无形的分界线就此划下,界线那端的人就变成了影子般的存在,虽然都被视作同类,但是被我们冷酷地远远推开,因为衡量这一切的价值标准就是我们自己。

英国一项著名的偏见研究显示,将任何一组相关的物体从中间分开，我们就会开始假设两"边"之间存在明显的差距。亨利·泰菲尔在 1963 年的一系列实验中，向大学生反复展示 8 条长 6~9 英寸[1] 的简单线段，然后要求学生们估计每根线段的长度。对一部分人来说，线段是按随机顺序向他们展示的，而对另一部分人来说，展示给他们的线段则按从短到长的顺序排列，且平均分为两组，分别标记为 A 和 B。总体而言，人们猜测的准确度通常能达到每条线段误差不超过 0.2 英寸。然而那些看到两组分开线段的人，猜测两组分界线位置的线段平均误差却高达 1 英寸。仅仅一个简单的分组就破坏了他们对段条连续性的把握，导致他们眼中看到的两组之间的差异比实际情况大得多。在二战期间饱受流离之苦的泰菲尔写道，这是一次"建立刻板印象的简化版练习"。

他的发现有助于解释为什么大多数美国人认为多元化对国家有利，但总体只有 1/4 的成年人希望自己的社区在种族上更加混杂，也有助于解释为什么阿米拉不能放弃她对朋友的过时理解，认为对方只是一个假小子，一个跟她自己差不多的人，而不是一个变性人。一旦将与我们不同的人置于另一边，我们就会害怕并回避跨越表面差异的巨大鸿沟。尼克松写道："他们只是一群与我们其他人完全不同的种族，过着与我们其他人不同的生活。"而在担任总统时，他对民权运动的支持往好里说也是不太情愿的。我们如何跨越我们自己造成的鸿沟？"其他人"是很少有人想问的问题。2008 年，领导力实验室的未来负责人认为自己找到了答案，并且感觉自己"真的很聪明"。

---

[1] 1 英寸 = 2.54 厘米。——编者注

那年，加州选民以压倒性多数支持美国首位非洲裔总统，也以压倒性多数在同一天禁止了同性婚姻。8 号提案[1]在联邦最自由的一个州出人意料地以微弱优势获得通过，令支持者大为震惊，也使活动人士溃不成军。一直在俄亥俄州为奥巴马动员助选的资深游说人戴夫·弗莱舍从那边飞过来，随即加入了非营利性组织"洛杉矶性少数群体中心"的外展和研究部门领导力实验室。戴夫身材魁梧，肌肉发达，剃着光头。他拥有哈佛大学法学院学位，很爱笑，散发出一种似乎无法阻挡的感染力。他在俄亥俄州的一个保守的共和党小镇长大，是一个未出柜的同性恋犹太人。与不同意他观点的人交谈早已融入他的血脉基因。

在洛杉矶降落后，他突然有了一个剑走偏锋的想法，这个点子如此不同寻常，以至后来他一直懊恼于自己以前怎么没有想到过。他提议与反对派交谈。这是现在越来越少人用的一步奇招，即与实际上跟他们不是一拨人的群众进行交流，与反对他们的选民进行互动。长期以来，相比媒体宣传活动，挨家挨户的政治游说一直是不太招人待见的土办法，但也被认为是一种动员己方资源或"直入虎穴，荡平敌巢"的大杀器（真豁出去用的话）。但戴夫表示，如果能够摸清对方的底细，他们就可以完善所需传递的信息，迅速且日渐精准地表达诉求，从而争取人们改变立场。只

---

[1] 8 号提案是美国加州于 2008 年 11 月通过的一项州宪法修正投票提案。该提案致力于将加州内婚姻关系的定义仅限定于异性之间，从而否定同性婚姻。2008 年 11 月 4 日，8 号提案以 52% 的投票支持率获得通过，并于次日正式生效。加州政府将不再向同性伴侣签发结婚证，此后历经数年的法律诉讼，最终美国最高法院终审支持废止 8 号提案，加州恢复同性婚姻登记。——译者注

第五章　视角的围城

要敲敲门,只要按照脚本来,他们就可以把"其他人"变成像他们一样的人。

起初一切似乎都充满希望。在反对派的社区,敞开大门进行交谈的选民数量惊人。每天上午的接触交流令原本持怀疑态度的志愿者重新焕发了活力。在第一年里就有 19 个版本的对话脚本,这些脚本充满了巧妙的反驳和量身定制的谈话要点。"我们要跟着脚本走。"实验室的一位老员工回忆说。无论症结所在是宗教信仰、婚姻还是孩子易受影响,实验室都有一个准备好的答案。只要瞥一眼车道上某辆皮卡车或房子前门上的反对派贴纸,他们就心知肚明该怎么做。例如,当遇到质疑时,他们会回应说:"同性恋夫妇尊重婚姻制度……这有什么问题吗?""你希望同性恋人士不那么引人注目吗?"仅在紧要关头才使用开放式问题,一份早期的脚本这样建议。

然而,实验室工作人员与选民的交谈基本上未能使后者减少偏见。游说者们专注于自己的使命、自己的要求和自己的正确性,起初并没有看到在他们的视野之外还有一个"其他人"正等待被倾听。跨越鸿沟后,他们闭上了眼睛,捂上了耳朵。(苏格拉底说:"如果智慧是一种可以从盈实者流向亏空者的东西,那该多好。")让别人敞开心扉,首先要游说者自己敞开心扉,要让他们自己接受以前拒绝接受的一个想法:允许不属于他们这一派的人也拥有自己的希望、梦想和个性。2009 年秋,戴夫遇到了鳏夫欧内斯特,当时欧内斯特站在自家的车道上,身边是他精心为妻子修复的 1966 年产野马轿车。下面这段对话录像来自实验室的第一批视频,也成为选民们吐露心声的见证。

在视频刚开始的几分钟里,戴夫一直在倾听。"我对男同性恋者和女同性恋者的权利没有意见。"欧内斯特坚称。不过，他对8号提案投了弃权票，并希望所有关于平权的争论都能平息。"坦率地说，我们对生活会真正感到满意吗？"欧内斯特问道，同时点上了一支烟，"多满意才是个头儿？"听到这儿，戴夫放弃了他准备好的说辞，表达了某种肯定。"听起来婚姻对你来说非常重要。"他表示。这句话触动了欧内斯特，让他想起了结婚47年的妻子，在他看来，妻子令人心碎的去世不是10年前的事，而是几天前的事。这位后来被实验室称为"野马侠"的男子终于转过身来面对戴夫，哪怕这个举动小到几乎可以忽略。在那一刻，他不再仅仅是选民名册上的一个名字、一种政治观点、一个类别。

随着对话的深入，随着选民走出阴影面对游说者，你可以看到这个真正的转折点反复出现在其他谈话中。两个人的身体只不过靠近了一步，彼时的眼界就从前廊或车道延伸到远方的大千世界。戴夫没有让标签束缚住自己，他看到的不是一成不变的偏见，而是可能性。正因为存在可能性，"野马侠"最终迈出了一大步。"我希望同性恋者也能幸福。"欧内斯特说。他提到了他的邻居，一对长期的女同性恋伴侣。"她们很棒。"他说，下次他会投票支持平权。然后他把手放在车上寻找合适的措辞："我希望她们能找到我在生活中曾经拥有过的幸福。""这是一个美好的愿望。"戴夫说。

接下来应该是多年的小修小补和实验，但实验室发现了偏见围城中的一个关键漏洞。要先将对方视为一个具有独立人格的个体，这样才会认识到对方是一个值得交往和琢磨的人，进而为对方做同样的事情铺平了道路。我们对外群体的冷漠可以通过这种简单的认知微调来刺破。

回想一下我们对外群体有多漠不经心，我们经常毫不在乎地把目光从他们身上移开。然而，当一系列实验的白人被试被劝告注意黑人面孔的独特之处时，他们的知觉偏差就消失了。他们的目光寻找着对方的目光，尽管没有人明确建议他们这样做。对白人被试来说，这些黑人面孔变得更加令人难忘，甚至比白人的面孔更令人难忘。这场对偏见的微小胜利改变了人们，哪怕改变的幅度如此之微小。当后来被要求从一系列照片中选择团队合作伙伴进行新实验时，那些曾经努力区分对方的被试从两个组别中选择的人数几乎相等。他们愿意在近距离观察的基础上再进一步，与一个他们现在视为具备完美人性的人建立关系。

为了跨越我们自己造成的鸿沟，我们要透过标签把人看透：穿着连帽衫的少女，掩饰着自己的脆弱；行尸走肉般露宿街头的男人，也有着不一样的过往人生；虽然身为女子，但猛然醒悟，直面自己男性化的真我。这只是一个开始，是对抗偏见这一艰巨工作的第一步。当我抵达洛杉矶时，在戴夫对这项任务具有史诗般重大意义的坚定信念鼓舞下，实验室已经开始解锁封闭的思维。他们逐门逐户打开其他人的隐秘世界，为任何脚本都编不出来的改变创造空间。

拉票前几个小时，我与38名实验室工作人员和志愿者陆续来到位于当天目标区域附近的借来的办公室，喝咖啡、吃百吉饼，并接受拉票前的培训。我们中有新人，也有老手，有变性儿童的母亲，也有多种性取向的人，还有来自华盛顿特区和华盛顿州的活动人士。许多志愿者都有点紧张，有些人甚至很害怕。

实验室的工作正在引起越来越多的关注，曾经回避他们合作邀请的活动人士现在急切地想向他们学习取经。不过他们的努力既远远谈不上是政治竞选的常态操作,也与日常生活本身的行为规范相去甚远。只要能搭上话,聊起来,选民往往被证明是渴望建立联系的,虽然有些人只是谩骂。后来,我看到史蒂夫走出去见一位站在纱门后面的穿着睡衣的老人。"这不会让我恨你,"那位老人说,"但我为上帝创造了你而感到羞耻。"

很快,游说者就会走上街头,寻找机会进行一次艰巨的交流,而且既不能拿敷衍作答当挡箭牌,也不能用两分钟"敲门率"作为逃避困难的借口。"野马侠"之后,实验室淘汰了 75% 的工作内容,也不再强调讨论要点。他们的谈话在很大程度上脱离了脚本。那天,在每一个门口,游说者寻求的不仅是倾听和投票,还有与陌生人携手合作,对彼此的世界进行了解。

"所以我们今天要去南洛杉矶,这是一个以非裔美国人为主的老社区。"长期志愿者南希·威廉姆斯宣布。她是一个变性人,当过老师,声音洪亮。屋子里的谈话声渐渐小了,她先是热情地欢迎大家,然后温和地提醒大家避免重犯实验室过去的错误。"我们要请求选民不对人们妄加判断,"威廉姆斯说,"我们需要的是以身作则。"志愿者们被告知,不要以为思维会随着种族、年龄、性别甚至"门上的十字架"而变化。"这是一种思维转变。"实验室长期工作人员劳拉·加德纳强调说,在戴夫不在期间,她与史蒂夫一起领导游说工作。"你可能会有点紧张,所以你得克制住紧张带来的不安情绪。"她摘下墨镜,从写字板上抬起头,笑着说道。

他们告诫说,当两个相互对立的人第一次相遇时,即便是在最危险的时刻也要维持不设防的心态。离开分类思维的舒适庇护所,才能开始真正的互动工作:共同品味生活的酸甜苦辣,从阿米拉的朋友载的转变到欧内斯特痛失所爱的悲伤。经过这 7 年的磨砺,实验室认识到,消除偏见不仅需要在对方身上看到一个独特、复杂的人,还需要接近他们,探究他们的视角,并尝试从他们的视角看问题。正是通过这种方式,阿米拉在史蒂夫·德利内的陪伴下慢慢改变了自己的立场,接受了真相。

愤怒的狗安静下来。篱笆对面的邻居聚精会神地听着。阿米拉继续说道,现在继续称她已是男性的朋友为"她"更容易,因为她没有出柜。史蒂夫轻轻给她送上一块垫脚石,他说:"可能现在工作中人们都称载为'他'。"那么载的另一面是什么?史蒂夫问。

"我不认为她会在意哪一种称呼,"阿米拉坚称,"这更多的是对我们的尊重,让我们不会感到不适。"她几乎是不由自主地开始了解载的立场,并注意到朋友的体贴。史蒂夫不落痕迹地切换到他前老板的故事,这位老板因变性而受到家人的疏远和工作中的歧视,这时阿米拉不再摆出一副什么都知道的样子,变得好奇起来。她问道:"在你的社区里,哪件事更重要,是人们怎么看你,还是你怎么想?"也就是说,更重要的是被他人接受还是自己接受自己。"两者都重要。"史蒂夫回应道。他谈到出柜的困难。"这事儿很可怕,"他说,"有一件事要告诉你生活中的每个人,而这件事将以不可预测的方式改变所有关系。"

他们聊得更起劲了,然后他问:"你有没有因为自己是什么人而受到区别对待?""我是黑人,所以有啊。"阿米拉说。"当然有啊,"那个邻居,一个年长的黑人男子咆哮道,"我们不是一直被区别对待嘛!"作为一个企业难民[1],阿米拉说,她因为坚持真

---

[1] 企业难民指因各种原因离开公司的人,这些原因包括但不限于遭遇职场天花板而主动离职创业、企业经营不景气被裁员、与公司文化有冲突或言行失格而主动或被动离职等。——译者注

正的多元化而吃了不少苦头，特别是因为她把头发梳成玉米辫的事儿。这种特立独行加上别的一些不太合群的事，最后让她丢了工作。她说："我不是要拿自己与男同性恋者和女同性恋者群体进行比较，但我猜我确实有可能为了别人不觉得别扭，而不公开自己的性取向。"在那一刻，我想到了载（是不是她也想到了载？），也许载就是害怕把出柜的事告诉朋友们，虽然朋友们很关心，但他们的语言仍然将他人置于阴影中，使与众不同的人怀疑自己。

到了这个时候，戴夫的肯定、史蒂夫的绅士风度以及最重要的，实验室对于无脚本交流越来越重视开始发挥作用。（戴夫后来告诉我："愿意参与一场我们也不确定会在哪里结束的对话，这是深入游说的重要组成部分。"）一开始，实验室的领导者并不知道需要耗费多少耐心，遭遇多少跨踬和尴尬，当然这些都是我们在如今的交流中需要努力消除的。他们告诉志愿者，不要急于完成对话。一个人的思想不能被迫改变，更不能急于改变。如果要改变，那也是我们要做出改变，如果我们幸运，还能得到对方的帮助。史蒂夫通过呈现另一种视角，让阿米拉看到了行为和信念之间的落差，以及漠视如何与明确拒绝一样有害。"这更多的是出于对我们舒适度的尊重。"好了，该说的都说到了，然后他后退一步，让她做最后一项关键的工作（实验室称之为"提炼纯金"），即用另一个人的视角来代替她的视角，就像戴夫和"野马侠"所做的那样。

"你知道，你不应该伪装或隐藏你的真我，这就是这一类法律存在的原因。"史蒂夫说。"确实如此。"阿米拉说。她已经转向史蒂夫的立场了。他们正在共同努力消除分歧，哪怕只是一点点。他们互相教导对方，一直保持着动态的相互探索。最后，她在实验室的支持量表上写下了完全赞成的"10"。最终，他们都实现了以一种全新的视角看待对方。

————

当采取另一个人的视角向外看时，我们不仅可以看到一个人的独特性，还可以体会到更完整的人生。我们把标签上缺失的信息一一补全，注意到他们和我们一样，远不能用分类这种毫无新意的做法一概论之。我们开始看到那些被忽视的细节和背景，而这些细节和背景可能会打破我们的成见。

想象"罗伯特"的浮生一日，他是一个年轻的黑人，在地铁上给一个有需要的陌生人让座，咒骂售货员，午餐吃三明治。在这段时间里，他的行为基本可以分成三部分：行善、对抗和例行公事。在一项研究中，研究人员向白人和亚裔美国人被试展示了他的照片，并讲述了他的故事。那些被要求客观看待他的行为的人，后来回想起罗伯特的攻击性行为几乎是实际次数的两倍，体现了一种长期以来与黑人挂钩的刻板印象。而那些被要求想象通过罗伯特的眼睛看世界的被试，后来回想起罗伯特的愉快时刻和愤怒时刻一样多。正如阿米拉用新的视角看待她的朋友戴一样，他们认识到罗伯特是充满人性矛盾的人，有着善良的灵魂，但也许每天都会遭遇各种各样的轻视和冒犯。

设身处地为他人着想是一种民间智慧，而越来越多的科学研究也揭示出它在对抗偏见方面有着巨大的潜力。学会换位思考，是一个孩子长大成人的里程碑，也是建立社交纽带的一条通途。当我们换位思考，积极思考他人的经历时，漠视的暗黑王国会产生翻天覆地的变化。这是同理心在寻求认知,是一个复杂的获得过程,不仅是为了获得片刻的感受,还是为了获得更全面的理解。它仅仅是一种猜测,一种在黑暗中的思维跳跃,我们之间的距离越远或偏见越深,就越难取得效果。但如果我们本着包容的精神练习这种认知技能,从对方的角度看问题,就可以极大地开阔我们的思维。

数十年的研究表明,只要花几分钟想象一下外群体成员或被排斥者的生活,人们就会变得更愿意与那个人和类似的人坐得更近,一起工作,甚至帮助他们。一项涉及 5000 个美国人的现实世界实验显示,那些短暂想象过逃离饱受战争蹂躏国家的难民会是什么样子的人更有可能写信给政府,支持为叙利亚难民提供庇护。1/5 的换位思考者写了信,比那些只是回答了有关他们对难民持何种态度的问题的人多了约 10%。其他研究表明,换位思考可以减少偏见,可以帮助人们认识到,别人与他们没有什么不一样,甚至更相似了。例如,通过对老人的视角展开想象,年轻人可以意识到他们也知道健忘是什么滋味。人性是相通的,也是他们的立足点所在。

两天后的早晨,我在实验室狭小的办公室里见到了刚从伦敦回来的戴夫。他是第一个到的,为工作人员准备了满满一大碗樱桃,然后坐在会议桌前梳理游说结果:787 扇门被敲响,新增了 130 个支持者。实验室的成功率达到甚至可能超过了政治学家戴维·布鲁克曼和乔舒亚·卡拉在对实验室策略的首批研究中得出的成功率,即被说服的选民对变性人的接受度平均上升了 10%,并且可以保持至少三四个月。稍后的研究将表明,深入的拉票对话不仅会促使偏见持续减少,还会为针对移民和其他外群体的包容性政策带来更多支持。实验室的工作不仅仅是政治说服的壮举，还为换位思考的巨大潜力提供了鲜活的证据，而且成为几十年来减少偏见努力中的一次罕见突破。戴夫身后的墙上挂着一张海报，上面写着：歧视确实存在。歧视是合法的。我们可以阻止它。

尽管如此，戴夫和他的团队认为他们的工作还远未完成。他们知道这样的交流接触有多么不确定，也知道他们必须走多远。"我们刚刚开始了解这一点。"戴夫告诉我。每一次新的拉票活动都要做精心剖析，细致地咨询志愿者的意见，不放弃一丝希望，但也不轻信他人妄下结论。没有任何公式可以套用。（我私下给戴夫起了一个"假设侠"的外号。）未来几年，策略的制定者将会继续打磨他们的即兴创作，将他们的心血用于解决从选民投票到警务改革等方面的一系列问题。推动他们的是我们这个时代的核心问题：我们如何才能使敞开心扉成为一项日常操作，一种随时随地发生的交流？

戴夫说，他与反对派交谈，然后找到了一种方法，将人性注入最不可预测的时刻。扔掉标签，揭开那些被我们忽视的人的神秘面纱。把对方视为值得研究的对象，并以对所有观点保持开放的态度开始交流接触。因为归根结底，换位思考是一种责任，是一套惊人的刹车装置，如果可以选择，我们能够通过换位思考为彼此提供最有力的帮助。当有人分享他们的观点时，我们是否有责任从他们的角度看世界？当我们拓展自己的视野时，我们是否为他人提供同样的视野拓展空间？偏见本质上是一种简单化、一种退缩，我们不可能离得远远的来治愈它。我们至少先要愿意正眼看看对方（在一个相互尊重的时刻），才谈得上宽容。

这就是为什么实验室的先驱们被他们自己的实践深刻地改

变了。他们告诉我，通过工作，他们懂得了不要否定朋友的观点，也不要对某个观点草率下结论，因为也许是他们听错了。随着时间的推移，他们能够拒绝退缩的诱惑，不再对门口出现的某个充满敌意的老人做出简单的假设。在他们开启反对派的心灵之窗时，他们的思想也越来越开放。现场实验显示，除了提高选民的容忍度，实验室的开创性做法还降低了活动人士本身对反对派的敌意，其幅度相当于党派敌意的 10 年全国增加值。在我们自己的生活中，我们会回应不同观点的敲门声吗？这关系到的不仅仅是一场家门口的谈话，也不仅仅是刚刚有所起色，还难经风雨的开放思维。

―――――――

偏见肇始于一瞥，盛行于我们为了彼此无言和相互疏远而建造的高墙之内。虽然美国变得更加多元化，但绝大多数大城市和越来越多的郊区正在被日益隔离为单一族裔占多数的社区。与此同时，近 1/3 的美国学生就读的学校中，75% 或更多的学生是少数族裔，而 25 年前这一比例为 18%。在纽约这个大熔炉中，一个拉丁裔学生可以一直上到高中毕业都不会遇到一个白人同学。美国是一个"走向两个社会……相互隔离且不平等"的国家，1967 年著名的克纳报告就种族紧张局势发出了这一振聋发聩的警告。几十年后，面对在种族、阶级、宗教信仰和政治等方面仍未消弭的深刻分歧，我们如何看待其他人的生活？我们从他们的观点中听到了什么？

2014 年夏，警察在密苏里州弗格森杀害了手无寸铁的黑人少年迈克尔·布朗，引发了人们的不满情绪。就在那一周，对美国司法公正抱有信心的非白人成年人的比例直接腰斩，只剩下16%，而坚信美国司法公正无私的白人数量小幅攀升，接近人口的一半。不过是又一场葬礼，不过是又一个男孩。将近10年之后，而且在经历了一场社会革命之后，大多数黑人、亚裔美国人和西班牙裔成年人仍然认为还需要做更多的工作来实现种族平等，而持同样观点的美国白人只有40%。"对我来说，一切都没有真正改变。"

差异很容易引起反对和偏执。随着政治以政党身份而非意识形态作为排斥异己、纯洁队伍的标准，从新西兰到印度，民主国家的两极分化已经加剧，而最令人眼花缭乱的就是美国。在过去的半个世纪里，美国人将来自反对党的人描述为"自私"的倾向增加了一倍多。4/5的共和党人和大体同等比例的民主党人都表示对方几乎或根本没有善言良策。实验表明，只要有机会，两党成员都同样愿意歧视对方。当被要求挑选大学奖学金的获得者时，人们很少选择政治立场与自己对立的申请人，哪怕这个申请人本来最有资格获得奖学金。"黑人、同性恋者、令人讨厌的人照亮了边界，照亮了我们假装不存在的东西，"塔那西斯·科茨写道，"我们给那些令人讨厌的陌生人贴标签，并在部落中得到肯定。"我们居住在不同的世界里，我们结交的圈子、寻求的意见正在变得与我们自己惊人地相似。

我们正在对着镜子说话。根据一项针对16个国家的研究，美国人的一些核心社交圈内人们政治观点的相似性往往是全世界最高的，这种同质性加剧了党派团体的对外敌意。只有25%的美国人会与来自不同种族、民族或政党的人讨论重要事务。我们的核心网络不仅同质化，而且还在收缩。正如一组科学家指出的那样，它们正在"围死"自己。现在，愿意与自己的父母、配偶或孩子之外的任何人讨论重要事务的美国人已不到一半，而 30 多年前这一比例为 2/3。

我们更广泛但也更松散的关系网——隔着篱笆聊天的老街坊，还有我们在网上认识的朋友或关注的人——也不再像上一代人那样发挥渠道作用，提供丰富的信息和资源，让我们与具有挑战性的观点建立"桥梁纽带"。在一场被戏称为"大排序"的地理洗牌之后，美国的城镇不仅因种族更因政治而日益分裂。本来就全美而言是一场势均力敌的总统大选，到了有些县，总统候选人却能以压倒性的优势取得胜利。到 2020 年，近 60% 的选民居住在这样的县里，而 1976 年只有 1/4。在网上，许多人都会不经意地、短暂地接触到不同的观点，但极少数极端分子发出的噪声产生了不成比例的巨大影响，最终抑制了更深层次的"交叉"讨论，而在网络平台上定期进行此类对话的社交媒体用户已不到 1/5。据估计，4/5 的脸书好友在政治上志趣相投；在相互转发的群体中，持相同观点的人也占相似的比例。

在群体内，我们也不总是意见一致。不过，我们可以缩回到相互肯定的小圈子里，费尽心思地巩固我们在群体中的地位，进而缩小与和我们类似的人之间的表面差异，哪怕实际上我们拉开了与他们的距离。这就是群体极化法则，是渴望归属感的消极阴暗面，亨利·泰菲尔用简单线段进行的实验就揭示了这一点。就整个社会而言，抱团和从众往往会加强观点的同质性，而疏远和漠视会加深偏见。就像一对磁铁一样，内群体和外群体会相互排斥，各自滑向极端。在泰菲尔的经典研究中，人们会感觉两组线段之间的区别远大于应有的程度，而组内的区别则小得多。这就是为什么对党派内人士的积极情绪会与对党派外人士的敌意上升得一样快，以及为什么部落分歧如果任由其恶化可能需要几代人的时间才能弥合。

不仅如此，随着分裂的不断加深，人们也越来越不愿意与另一方建立联系，越来越不愿意让自己完全呈现在其他人面前。最早有关初次会面是网聊和面对面的比较研究中，有一项研究是科学家将 70 对陌生人聚集在一起，进行为时 20 分钟的会面。其中一半时间是网聊，另一半时间是面对面交流，根据会面顺序对结果进行对照。每对聊天人都被告知要了解对方。没有什么禁忌话题。被试最终报告称，在面对面聊天中找话说以及让聊天不冷场更困难，而且这种不自在的感觉躲是躲不掉的，虽然研究表明，面对面交流中预期的尴尬程度通常不会像人们害怕的那么严重。尽管如此，在面对面交流的过程中，陌生人在会面结束后还是感觉彼此更亲近了。他们能更准确地把握彼此的性格特点。他们更喜欢这样的会面。

无论是在网上发帖还是网聊，人们通常都会表现出一种有预谋的、经过编辑的、带有宣传效果的自我。因此，他们的关注点往往更集中在自己身上，高估自身贡献的明确性和频率。我们是自己的虚拟英雄，别人则被巧妙地降级了。而在第一印象实验中，身处同一个房间里的双方表现都不会那么做作，并认为他们的聊天对象不那么以自我为中心。[1]

无论要达到怎样的目的，都要先从建立联系开始。如果不去直面陌生人或被排斥者，并包容他们的观点，我们就无法在一个分裂的世界中培养互信互谅的氛围。不打破偏见带来的虚假希望

1　这项研究不包括屏幕上的实时交流，但有证据表明，这种会面虽然提供了一种面对面的共处感，但相互之间的联系较为薄弱。

（我们根本不需要改变），我们就无法与那些与自己不同的人建立持久的联系。

与反对派交谈，了解他们的视角，我们就会愿意一睹他人的观点，也愿意承认他们有权利与我们不同。当政治学家黛安娜·穆茨要求人们尽可能多地列出争议（例如平权行动）双方的合理论据时，大多数人平均可以就自己支持的一方给出三倍的论据。然而，那些社交圈最多元的人提出的反方立场的理由几乎与己方立场的一样多。他们可以在对手身上看到一个理性的人采取的合理的反对立场。他们能够包容潜在的共性和不和谐的可能性。当被问及对他们最不喜欢的群体（同性恋者、白人至上主义者）的看法时，经常进行交叉谈话的人表现得更愿意支持遭受谩骂的群体拥有去学校教书、在没有政府监管的情况下做事以及抗议的权利。

即使是不同立场的对话（无论是面对面的还是在线的），也能增强人们对另一方的好感，同时增加他们进一步接触的兴趣，尽管他们可能会感到不舒服。在一项研究中，意见相左的两个人简短地讨论了他们不喜欢对方政党的哪些地方，结果谈话的时间拉得更长了，达成的共识也更多了，并认为跨党派对话比让那些人轮流上台单纯猛夸己方政策更重要。其他研究表明，那些经常在自己的社交圈中进行辩论的人更有可能看到外群体成员的优点和缺点。他们会变得更不愿意用某种标准评判事物，更加矛盾纠结和不确定，也因此可以接受别人对他们所珍视的事物进行批评。

那么谁属于这些有胆量、有意愿的少数派？他们这类人有时并不掩饰自己的犹豫不决，因此被斥为骑墙派。想想那些坚定支持并致力于某项我们有理由表达崇敬之意的事业的人吧。在社会变革过程中，他们以其大胆而尖锐的风格发挥着可以载入史册的鼓动激励作用。"如果他们看得更多，他们可能就不会如此敏锐了。"哲学家约翰·穆勒在谈到那些被他称为"一只眼睛的……系统性的半吊子思想者"的人时写道。黛安娜·穆茨指出，党派之争往往是一种正义的力量，但也可能陷入"开放思想和宽容的对立面"。它可能成为"一种偏见"。任何政治派别最忠诚的信徒往往都会对另一方表现出更多的敌意，平时也不太可能与反对派交谈。在极端情况下，他们的思想是僵化和冲动的。相比之下，中间路线的一个标志是愿意与另一方充分接触，而不仅仅是发生冲突。

然而，是否要以削弱我们的信念作为多元化互动的代价？敞开心扉的阴暗面会不会是哈姆雷特式的不思进取、无所作为？新的研究显示，与长期以来的假设相反，经常与反对派互动的人参加抗议、投票或以其他方式参与政治的可能性并不低。穆茨等人认为，社会多元化主要导致那些避免面对面冲突的人政治冷漠。政治参与度较低的中间派可能会与反对派交谈，但他们不会努力解决彼此之间的分歧。他们把自己边缘化了。

留意那些坚定不移推动变革的党派信徒。但在一个充满恶意漠视的时代，不要低估那些在表达自己的观点和立场的同时没有放弃我们分歧中固有的希望的人。用穆勒的话说，他们是"全面的思考者"，是极少数敢于直面所有我们越来越想回避的因素的人，比如意见不合、不可预测、焦虑不安等。他们是克制的承载者，驱动他们的不是专一的信念，也不是出于敌意（敌意现在比对政党的热爱更能激发政治参与）。他们摒弃了冷漠和盲目激进的自满，欢迎未知的挑战以加深他们的理解。

我们需要我们中间存在这样的声音，但最重要的是这样的声音要从我们自己的内心发出，提醒我们摒弃狭隘的信念，这种信念如果不加以控制，就会陷入偏见和两极分化；启发我们思考一个人不为人知的一面；鼓励我们坚持我们认为正确的事情，同时尊重对手这样做的权利。在我们轻松达成共识和彼此冷漠无视之间，是有一个中间地带的。因为我们只有冒险进行我们最害怕和想回避的接触交流，才能开始辨别我们何时犯了错误，并扩大认知视野。只有像质疑他人一样质疑自己，我们才能超越肤浅的成见，并达到新的理解高度。这是苏格拉底在民主制度刚刚萌生，其脆弱性与现在不相上下的时候竭力试图让大家明白的教训。他知道，宽容是我们保护彼此免受自身阴暗面侵害的唯一方法。

———

遥想当年黄金时代的雅典，苏格拉底赤脚漫步在市中心的集市。商人、妇女、旅行者和公民领袖涌入市场，香料、演讲、鱼和羊毛，一切尽可买卖交易。贸易的喧嚣、演说家的呼喊和军队行军的脚步声回荡在附近法庭和议事厅的大厅里。无论来自何方，亦无论是贵族还是鞋匠，人人都来建言献策，经营管理着他们的城邦。一位来自雅典的宿敌波斯的贵族以钦佩的笔触写道，在民主制度下，"一切皆有可能"。西方的第一次多数统治实验令人兴奋，但也很脆弱。全民投票无法保护雅典免于日益加剧的分歧，这些分歧就像城墙上无声的裂缝一样，将"demos-kratia"[1]（民主）

---

1 英语的"democracy"（民主）一词是由古希腊语的"demokratia"一词演变而来的。该词由"demos"和"kratia"两部分构成，"demos"的意思是人民、地区，"kratia"的意思是统治、管理。——译者注

第五章　视角的围城

变成一个充满仇恨的封闭思维的王国。

苏格拉底预见到了这一切,也想尽力避免这一切。"就是这个原因将我定罪,大多数人的……偏见,"这位哲学家在受审时断言,他被指控否认众神的力量,并以其特立独行的思想腐蚀这座城市的年轻人,"这就是许多其他好人被定罪的原因,我认为,未来也会如此。"在苏格拉底于公元前 399 年被判处死刑后不久,懊悔不已的雅典人为这位殉道的哲学家树立了一座青铜雕像。巧合的是,它为陶工区增光不少。陶工区是城外一处刚刚发展起来的临河地带,就在这里,就在希腊奇迹开始十几年后,这个石匠的儿子率先开始追求他的独特手艺:敞开心扉。

"错误难道不是……由于这种无知造成的吗,即一个人认为自己知道,而实际上并不知道?"苏格拉底曾经询问一位未来的军事指挥官。"什么是德?"他向一位年轻贵族问道。苏格拉底漫步于街道、澡堂、作坊和社会精英圈子,妓女、工匠、寡头和流浪者都是他辩论的对象。他提出尖锐的问题,借此树立了一种新的英雄主义形象,孕育它的不是发达的肌肉,而是睿智的头脑,其愿景是每个人都对自己生命的价值和社会的命运负责。他称自己的一生都在"进行着我的赫拉克勒斯式的冒险"。

苏格拉底是一位全面的思考者,他愿意不断检验自己的信念,同时有意识地刺激雅典人民做同样的事情。"他们直白地告诉我,你……让别人陷入困惑。"贵族美诺曾经向苏格拉底抱怨道。这位哲学家回答道:"事实是,我自己的困惑感染了他们。"他遇到了阻力,甚至是暴力,并引起了强烈的不安,但他无所畏惧,继续在不留情面的严肃讨论中寻找经过千锤百炼的最佳答案。他教导说,摒弃不宽容的漠视,我们不仅有机会成人之美,而且有机会修己之德。

终其一生，苏格拉底始终卓然自立，不为政治利益和财富乃至物质享受折腰。他未曾创立任何政党或哲学流派，也没有开门纳徒。他拒绝躲在简单的假设或盲目的效忠后面，但我们不能说他对政事漠不关心。每天，他都以自己的方式为城邦的利益而努力，并在最重要的时候表明立场，支持他认为正确的事情。在他的晚年，希腊奇迹开始动摇，希腊人民陷入纷争，公民投票排斥异己，越来越严酷的镇压导致一度充满活力的思想交流陷入僵局。就在这样一个紧张的时刻，苏格拉底站了出来，直面公众的怒火。

那是公元前406年夏末，6名雅典将军刚从与斯巴达的海战中归来，虽然凯旋但备受谴责，因为他们为了逃离风暴而将死伤者弃之不顾。对于这一悖理逆天之举，将军们将在6000名渴望迅速对他们进行惩戒的公民面前接受一次聆讯。苏格拉底首次竞选公职，通过抽签被选中主持当天的议程。只有他一个人拒绝让步，坚持捍卫这几个人接受公平的单独审判的权利，而群众则大声要求将这位年老的哲学家和将军们一并按叛国罪论处。"互相交谈，互相教导。"苏格拉底试图告诉雅典人。彼此倾听，让对方把想说的话说完。在最有争议的时期，为不知、为问责、为转变思想的可能性留出一席之地。紧张的一天结束之际，雅典人站在了正义一边，但这一承诺在日出时就被打破了，这也预示着不久之后苏格拉底将成为这座城市的弃儿。

宽容的恩赐是什么？它远远不止是一种生活方式，一种顺其自然的态度。在最危险的时刻，我们有可能看到一个值得交往的人，一个有着完全不同于我们自己的观点的人。然后，如果我们愿意，我们可以丢掉漠视带来的释然感，在那些我们曾经回避的

第五章 视角的围城

人的帮助下继续前进。文明对话、市政厅，这些降低两极分化的新举措往往试图压制分歧，正如政治学家戴维·布鲁克曼告诉我的那样，这种做法"错过了民主政治应有的实质内容。我们实行民主的全部原因就是存在分歧"。当充分与对方接触时，我们可以实现双重责任：一边坚持正确的事情，一边调整我们对何为"正确"的看法。宽容为我们提供了与他人建立一种不断发展变化的相互理解的关系的机会。它是一种不断学习的相互承诺。

不久前，22名自由派人士和同等数量的保守派人士来到布朗大学神经科学实验室观看短视频，视频中包括一段人畜无害的自然风光和一段2016年美国副总统选举辩论的激烈场面。通过脑部扫描仪观察，持相同政治观点的人在观看辩论时会做出类似的反应，也许对迈克·彭斯感到愤怒，也许对蒂姆·凯恩更加关注，正如他们的脑部扫描显示的那样。一个人的党派倾向越强，他与持相同政治观点的其他人表现出的"神经同步性"就越高。这个实验不仅仅是对泰菲尔经典研究成果的证实，在对扫描结果进行研究后，科学家还发现，双方党派倾向最强的人都有一个超越政治的信念：不能容忍不确定性。那些不太愿意给自己的生活带来困惑的人，更倾向于与己方的步调更加一致，并与对手的关系更加疏远。他们还远没有准备好跨越分歧的鸿沟。

在我们周围，大门纷纷关闭，围城的高墙越筑越高。我们中有谁敢于完成宽容所激发的旅程？谁又愿意在相互的不确定性中采取行动，并可能被改变？每个时代都有属于它的无名英雄。每个英雄都在某种程度上重复着我们的错误。那么，请见证一下，当我们在最意想不到的地方看到可能性时，我们都能做什么。那可能是在我们回应陌生人的敲门声或倾听对方的声音时，也可能是我们受到他人阴暗面的致命考验时。如果我们支持我们讨厌的人并采取改变一切的立场，会发生什么？如果我们中党派倾向最强的人能做到这一点，那么或许我们也能做到。

安·阿特沃特是一个佃农的女儿，十年级辍学，在 20 世纪五六十年代的达勒姆代表着一股大胆而顽强的力量。她 14 岁就出嫁了，她的丈夫后来抛弃了她，让她成为一个单亲母亲。在这座城市，她的大多数邻居都住在摇摇欲坠的房子里，去世的时候平均只有 40 岁。阿特沃特要为那些只能租房住的人争取权利。她说，她"发自内心"地要与不公做斗争，但也承认激励自己的还有仇恨。

C. P. 埃利斯是一个勉强度日的加油站老板，也是当地三 K 党首领，而达勒姆所在的北卡罗来纳州，据报道是这个白人至上主义集团最活跃的州。埃利斯是一个恶毒的偏执狂，也是种族隔离的代言人，他试图让三 K 党那些见不得人的勾当公开化、合法化。阿特沃特能感觉到他是一个危险人物，而他也知道那个女人做事很有办法，总能达到预期目的。他们在街头或在激烈的市议会会议上针锋相对，他公然带枪，而她也曾对他拔刀相向。"我们一起被困在这张网里。"她后来说。在美国这片土地上，建立在种族隔离制度之上的种族和谐的谎言正在崩溃，抵制、静坐和游行已经开始。在达勒姆，阿特沃特和埃利斯成为一场突如其来的暴风雨中的避雷针。

几十年后，我在阿特沃特居住的"疗养院"见到了她。此时，埃利斯早已去世很久，阿特沃特也将在几周后撒手人寰。在春天的一次周末长谈中，她带我回到了那个如火如荼的年代，当时两个对立的人开始互相理解，正如埃利斯后来所说的，"整个世界都在开放"。有一天，我坐在她的床边，我们一起吃着炸鲇鱼午餐。另一个早晨，我们一边聊天，一边听着福音教堂的礼拜音乐在大厅里飘荡。阿特沃特身材高大魁梧，即使人到垂暮，也依然显得坚强有力。

"你如何帮助人们看到对方也有自己的观点？"我问。

"你反正也丢不掉那种观点，"她慢吞吞地拖着卡罗来纳口音，坚定地说，"用一点我的观点，再用一点你的观点，慢慢就达到我们想要达到的目标了。"

1971年，面对似乎无法克服的分歧，以及日益加深的仇恨，政府计划密集召开一系列被称为"专家研讨会"的社区会议来缓解学校废除种族隔离问题带来的紧张局势。这是尼克松执政的第三个年头。一些人认为，在学校的融合斗争不断深化之际，与对方对话是避免暴力的唯一途径。另一些人则认为这个办法是自欺欺人，有的人干脆直接阻挠对话。原本计划在一所以黑人为主的小学举行为期10天的会议，但前期筹备会议就几乎以破裂收场。然后，在形势陷入一片混乱的时候，这座城市转向了他们——一个一心维护分裂的白人男子和一个既没有钱也没有什么特殊关系的黑人女子，请他们来领导专家研讨会。起初，双方谁都不愿意搭理对方，因为他们很久以前就已不再与对方以礼相待。但事实上，他们正在彼此接近。

会议开始前不久，埃利斯所珍视的"大分裂"已经结束。他清晰的归属界限因阶级的幽灵而变得模糊不清。走在市中心，他遇到了一位一直与他暗中谋划的市议员。他们的目光相遇,埃利斯伸出手,但议员转过身去,保持着距离和漠视。"被评判的感觉如何?"史蒂夫问阿米拉。"当一个人以为自己知道而实际上并不知道时,难道这不是一种无知吗?"苏格拉底质疑。埃利斯曾经待在自己的视角高墙内自鸣得意,现在却感到了一丝困惑,但他并没有就此转身离开。"从那时起我开始进行一些真正严肃的思考,"他后来说,"我会观察走在街上的黑人,他可能穿的鞋子很破烂,或者衣服很旧。这开始在我内心产生了一些影响。"

当三年前马丁·路德·金遇刺身亡时,埃利斯和他的三K党同伙聚到加油站,一直欢庆到深夜。但到了专家研讨会开始的时候,他已经开始将对方视为一个值得交往的人、一个有观点的人。会议的第一个晚上,虽然开始收到死亡威胁,他还是给阿特沃特打了电话,要求她与自己一起放下仇恨。第二天晚上,他们聊了一会儿,一起为孩子们的未来流泪。偏见减少了,再接触一两次,也许这个事情就可以结束了。但随后他开始退回到仇恨之中,就在那时,令所有人惊讶的是,阿特沃特站出来保护了他。

也许是10年前马丁·路德·金在达勒姆的布道坛上振聋发聩的话语鼓舞了她。1960年,在怀特罗克浸信会教堂,这位民权领袖发表了著名的演说,对非暴力抗议和采取行动表达了他的祝福。然后,他提出了一个隐藏在所有对立的接触背后的问题:我们想从对方那里得到什么?他问。一定要不择手段地追求对反对派的胜利吗?金竭力主张寻求和解。"当我们抗议时,"他说,"我们的最终目标不是击败或羞辱白人,而是赢得他们的友谊和理解。"阿特沃特当时正在做女佣,她赶到教堂时正好看到金离开。但多年后,面对回到旧有方式的埃利斯,她在最后一轮专家研讨会上践行了金的主张。

在她邀请福音合唱团表演后,埃利斯安排了一次报复性的三K党随身物品展示:臂章、仇恨文学和燃烧十字架的照片。很快,一群黑人青少年朝他走来,意图毁掉他的展览,甚至还要打他。阿特沃特上前挡在了门口。"你们在做什么?离开那里!别碰那个!"她喊道。"你们需要阅读这份材料,而不是撕掉它!如果你们想知道一个人为什么会成为这个样子,你就得看看是什么让他这么想的!"

那天晚上,她让所有人懂得了宽容的承诺、不断学习的相互需要以及克制的荣耀。她还做了更多的事情。在那一瞬间,她将埃利斯从永远的错误中解放出来,而这个错误本可以成就她的胜利。同时,她也把自己从对立的立场上、从以他为敌的桎梏中解放出来。当我们把彼此从假设的牢笼中解放出来时,当我们共同努力,从彼此身上看到的不再是冥顽不化的错误而是无限潜力和可能时,最终不也会发生同样的事吗?哲学家汉娜·阿伦特认为,人类的自由为重新来过提供了"纯粹的开启能力",并且是一种需要有他人陪伴的深刻的社会情境。通过保护埃利斯反对她的权利,阿特沃特排除万难,为他们俩提供了宝贵的第二次机会。"一切都没有改变。"他试图说。"但可以改变。"她回答道。

在庆祝专家研讨会结束的派对上,他们一起站起来为活动取得成功举杯。"有人说,因为参与,我在保守派社区中失去了影响力,"埃利斯告诉人们,"但我做了我认为正确的事。"他退出了三K党,并且因为自己与黑人的交流互动而成为所在社区许多人眼里的"贱民"。但这一次,他没有退缩。当时,埃利斯已是杜克大学的一名维修工,他发起运动,将系里大部分黑人员工组织起来成立工会，后来还帮助领导了工会分会的工作。阿特沃特因与埃利斯成为朋友而被一些人指责出卖了黑人事业，但她一生都在为受压迫者的权利而奋斗。那天晚上之后，阿特沃特和埃利斯成了亲密的朋友，并最终成为许多人心目中的英雄。

"人们需要付出很多努力才能跨越鸿沟。"我们第一次交谈时，我向阿特沃特感慨道。

"不，"她很快反驳道，"只需要一句'我愿意'，仅此而已。'我准备好了。我愿意。'这就是我们要说的。"

据我们所知，与他人交谈是消除偏见最有效的解药之一。不同种族的室友、分属历史上敌对宗教信仰的同学，以及与不同世代或不同信仰互动的人都会变得更加宽容。这种蜕变没有固定的公式，但共同努力或平等相待可以促进这一进程。修炼克制和不懈怠的艺术没有灵丹妙药。我们要走出舒适区，而如果不经历内心的斗争，我们可能永远也走不出去。但正如实验和以往的生活经验所表明的那样，教训显而易见：疏远会迅速而容易地滋生仇恨。将对方视作一个独特的人进行近距离观察，设想对方的视角，发现他的个性和你们之间的共性，并共同了解你们的局限性，这些都可以开放思维。"谢天谢地，我终于做到了，"埃利斯说，"我可以不看标签了。"

这种做法的威力是我们一开始所意识不到的。回想一下换位思考如何激励人们更靠近彼此、共同合作，不仅帮助某个个体，还能惠及其所在的外群体。而这还只是一个开始。数十项研究表明，如果接触和对话能够持续下去，并且能够克服踌躇、沉默和分歧的干扰实现蓬勃发展，那么行动本身创造的宽容还会以慷慨而持久的方式外溢，感染更多的人。接触可以减少对移民等某个外群体的偏见,也往往可以减少对同样受到非议的其他类型人群的偏见,例如那些无家可归的人。

更值得注意的是,宽容可以扩散到很多社区,即便是那些与外群体成员没有直接接触的人也能变得更加宽容。研究表明,只要有一个与政治反对派对话的朋友,就可能降低你对这个党派其他成员的敌意,提高你与他们拉近距离的意愿,就好像你本人与对方积极接触过一样。在一项研究中,不同种族的室友搭配不仅降低了室友之间的偏见,而且在之后几年还降低了整个校园的学生偏见。一旦被激发,宽容可以席卷一个社区、一座城市乃至一片地区,让人们的精神视野更开阔。当两个人都愿意改变时,世界就会真正开放。

阿特沃特和埃利斯在专家研讨会上的总结建议在很大程度上被忽视了。他们在社会边缘的日常工作大多也被遗忘了。在达勒姆及其他地区,在破败不堪的房子和冲突不断的学校中,歧视仍然投下一层厚重的阴影。然而,不久前,当我在这座城市四处旅行时,我还是能够不断从他们的英勇之举中瞥见一束不息的光。

告别阿特沃特,我在倾盆大雨中开车穿城而过,来到一片低矮砖墙围起的工业园区。在这里,这个城市黑人社区的顶梁柱隔着一张巨大的木桌子欢迎我的到来。1971年,年少轻狂的埃德·斯图尔特只参加过一个晚上的专家研讨会,但他仍然一次又一次地看到专家研讨会的成果在整个城市乃至他的生活中留下印记。斯图尔特告诉我:"阿特沃特的存在和她的宽容,他们对彼此的宽容,帮助这样一种思想走上前台,走向顶峰。他们开始(帮助人们)不以黑白论亲疏,一概待之以同胞。"

然后他讲述了一个关于克制和解放的故事。一天,斯图尔特开车去了一个贫穷的滨海区,这里属于克雷文县,这里的人对三K党忠心耿耿,而他的工作人员正在这儿举办职业培训班。有人曾经朝居住在这里出租屋的工人们(这些工人年轻、有理想,有黑人也有白人)开枪。斯图尔特把车开进城里,和一个穿着工装裤的白人男子对视了一下,后者正从自己那辆尘土飞扬的车里出来。"对我来说,就在那一刻,我知道那是我的敌人……就是他干的。我没有理由,也没有证据,但突然间他就变成了有罪的人。"斯图尔特开始养成每次去那个地方都带枪的习惯,直到有一天他意识到,他和被自己视为敌人的那个男人都被他们自己构筑的隔阂困住了。他不再携带武器了。"没有必要。"他告诉我。思想是不能强迫的,也不能急于求成。转变,以及它所带来的所有奇迹,需要我们自己去实现。斯图尔特的声音几乎变成了耳语,他高大的身体向前倾,他说:"安·阿特沃特所做的一切给了我们所有人力量。"

我们想从对方那里得到什么?其实也就是他们想从我们这里得到的:在被称为宽容的天堂保护下向未知跃进。

第六章

不求同而求异
不确定性与协作的新意义

> 无人尽得真理之全貌,然亦无人一无所得。
> 对于事物之本质,人人皆有言中之处。
> ——亚里士多德——

圣诞节刚过,紧张气氛就达到了顶点。这三名宇航员都是首次进入太空的新手,他们要在美国第一个空间站——天空实验室绕地球飞行近三个月,目前行程已经过半,他们即将打破人类在太空生活和工作的最长时间纪录。宇航员们每90分钟绕地球一圈,从地球上望去,我们只能在深夜里看到一道细小的光带划过天空,无声地提醒着人们知识探索已经进入一个新时代。

然而,他们的冒险之旅并不顺利。宇航员们只有竭尽全力才能完成日常维修、简报和实验的高强度工作,其间还要完成一些迄今为止最严苛的对地球和太阳的外太空观测任务。他们已经感到身体不适,但还是隐瞒了下来,并因此遭到批评,成为首批在太空执行任务期间受到公开训斥的宇航员。就连 NASA（美国国家航空航天局）的宇航员指挥官也不知道，第三批同时也是最后一批进驻天空实验室的这组队员能不能按照要求正常完成任务。

不过宇航员们自己不这么看，而且他们要做一件那时少有人敢做的事：质疑 NASA 的指令。队长杰里·卡尔通过无线电向地面报告，直言不讳地报告了他们的情况，然后直接结束了通话。业内人士说，随之而来的那场交锋成为航天计划的传奇。即使到了半个世纪以后，美国展现新一轮太空雄心——意将重返月球，登陆火星的时候，人们也仍在研究这段历史。因为从这个有争议的时刻开始，出现了一种更具反思性的探索宇宙的新方法，这种方法甚至影响到了我们所有人今天的工作方式。1973 年的这场太空"反抗"活动为我们提供了一个重要的窗口，让我们了解如何防止工作场所日益严重的回音室效应，以及如何培养不确定性，将我们的差异性转化为集体的智慧。

卡尔和他的队友几乎在火箭进入太空前就已经落后于计划了。那年早些时候，天空实验室的第一组宇航员将在轨的一个月时间几乎全用于抢修这座严重受损的新空间站，它主要由阿波罗时代的零件拼凑而成。他们最终拯救了天空实验室计划，并因此赢得了赞誉。第二组的三名队员仍由一名曾登上月球的宇航员指挥。为了弥补失去的时间，他们在 8 周内每天都以冲刺般的速度完成繁重而累人的科学工作，然后兴高采烈地要求分配更多任务。天空实验室飞行主任、后来担任航天飞机项目高管的尼尔·哈钦森回忆道，这些被称为"150% 的努力者"的宇航员充分践行了航天局的理念，将任务视为职业拳击赛。他在一次回顾 NASA 历史时说，那时候的行事准则是"干脆利落的'是，长官'、'不，长官'、打开、关闭，以及纪律严格的飞行操作心态"。不遵守这套行为规范是根本不可能的。

问题在于，卡尔、宇航员比尔·波格和科学家埃德·吉布森几乎没有时间适应太空，直接陷入一套在很多方面都更严苛的任务日程。研究人员急于利用好美国现计划内最后一次太空任务（谁也不知道下一次会是什么时候），在最后一刻给他们安排了几乎是其他宇航员组任务数量两倍的科学实验。"所有工作都被推到这最后一次任务上。"NASA首席历史学家布赖恩·奥多姆告诉我。

进一步拖慢进度的是，宇航员们进入的空间站（本质上是一个飘浮的实验室）一片狼藉。这里的2万件可移动设备，要么是被放错了地方，要么就干脆飘在空中。进入舱内后，他们有时只有10分钟的时间在30多米长的航天器内穿梭，以进行被仓促安排的实验，而且实验的操作不允许出现任何错误，好的科学研究所需的偶然性和深思熟虑更是无从谈起。"我不知道是什么导致了他们的缓慢，"NASA生命科学负责人告诉记者，"他们可能有一种被逼迫的感觉。"一天早上，宇航员们试图通过轮流监控来自地面持续不断的无线电通信来节约时间、保持精力，结果却错误地切断了联系，虽然只是一天中的一小段时间。更令他们沮丧的是，这后来被媒体指控为罢工。

但最让他们与地面团队不合的并不是漫长的工作时间。他们知道任务时间表需要调整，但他们也和其他人一样渴望完成这项工作。"我一直觉得，我们在太空里确实需要以最快的速度、最高效的方式工作。"卡尔后来告诉地面。奥多姆说，最终引发他们异议的原因是他们被当作提线木偶和"车轮上的齿轮"。在入轨后的第一个月里，宇航员们曾6次尝试提醒NASA注意他们与地面之间日益严重的脱节情况，但他们没有收到任何答复，直到卡尔通过无线电发出了情绪激动的 6 分钟音频请求，要求举行一次空对地会议。他和他的队友本质上是在为这项任务倾尽全力。"我们想参与讨论。"卡尔说。两天后，他们如愿以偿。

我们可能会认为，我们已经跟趾高气扬的老男孩俱乐部[1]说再见了，当年那个男人们衣冠楚楚，实则从思想到行动都是按一个模子被训练出来的时代也已成过去（虽然时间不长）。人们很容易相信，在一个日益多元化的世界里，我们已经战胜了对某个群体的无脑追捧和盲目效忠（虽然这在天空实验室时代似乎是一种常态）。我们可能以为，将分歧公开化，无论是在现实空间还是在虚拟网络，都将为在相互尊重的情况下共同前进奠定最重要的一块基石。然而，我们可能错了。在一个分歧严重、日益多元化的时代，为了在工作中和其他地方促进公平和相互理解，我们不能仅仅与那些我们厌恶的人建立沟通的桥梁，还必须对抗我们自己的封闭性。新的正确的协作理念是什么？首先要认识到我们的自满态度。

人们越来越多地与那些外表和想法都与他们相似的人来往，这不仅仅存在在邻里间、社交圈子里和学校中。工作场所，这个

---

[1] 所谓"老男孩俱乐部"最初是指欧美上流社会接受精英教育的子弟通过校友关系形成的一种非正式的人脉网络，由于这些精英学校只接受男生且学生很小就入学，因此学生们长大成人之后就被称作"老男孩"。在这个圈子里，具有相似社会背景或教育背景的富人在商务或个人事务上互相帮助。该词语现在也用于指将机会限制在群体内部的任何封闭的关系系统。——译者注

长久以来被视为最有希望将多视角融入日常生活的领域，现在却正在形成一座座孤岛。结果是，由于环境影响和个人选择，我们都在无意中排斥了异类。我们只与和自己相似的人在办公室聚会上交流、交换工作笔记以及谈论政治（我们还讨论的话）。

比较一下在公司董事会就职的人和在公司自助餐厅打工的人，或者比较一下在富裕郊区的麦当劳工作的人和在市中心贫困社区的麦当劳工作的人。虽然有色人种在许多曾经以白人为主的机构和行业中有所增加，但与二三十年前相比，各类组织的整体多元化水平其实急剧下降了。在美国高科技行业，仅有大约20%的高管是亚裔美国人；西班牙裔更少，只有5%；非裔美国人在高层职位中所占比例同样微乎其微。在许多领域，公司招人时都强调适配度，这是一种委婉的说法，真实意图是要招那些在种族、性别、教育程度或性格特征（比如外向）上具有相似性的人。根据一项针对西班牙和日本公司员工的研究，员工甚至会根据幸福感水平选择同伴。研究人员让员工佩戴有传感器的工作证两周，数据显示，那些与他们站得更近、交谈更多的同事，都是他们感觉与自己有着差不多的社交圈子、和自己一样对工作和生活比较满意的人。办公室里总有一群开开心心的人和一个活跃的小圈子，而且他们想保持这种状态。

在奥德修斯漫长的归乡之旅即将结束之际，他正走在通往自己宫殿的道路上，准备直面一直试图篡夺他王位的对手。这位骁勇善战的国王伪装成乞丐，陪伴在侧的是他的牧猪人，也是他儿时的朋友（但牧猪人没有认出奥德修斯）。荷马在《奥德赛》中描述道，他们偶遇奥德修斯的牧羊人首领，但对方是密谋篡位者的同谋。故事即将迎来高潮，双方的互动简短而意味深长。牧羊人同样没有发现奥德修斯的真实身份，出口辱骂这两个衣着褴褛的卑贱之人，认为他们是一丘之貉。"泥巴找泥巴，这是神的旨意，永不落空！"牧羊人咆哮着，然后匆匆赶往宫殿，迎接他的是即将到来的战斗和死亡。

我们对相似之人的偏爱满足了人类对归属感的基本需求。步调一致是我们的愿景，我们认为一个团队就应该是这个样子。如果没有同质性，我们可能会成为自己生活中永远的局外人。但是，不依不饶地追求一致，往往也会导致我们既看不到对方的本性，也看不到自己的不足之处。奥德修斯试图回归他熟悉的生活圈子，但在这样做之前，他也要摆脱简单的敌友之分，让自己从更加独立的角度出发，评估家乡的社会和政治现实。古典学者勒内·宁利斯特评论说，奥德修斯是"谨小慎微和怀疑一切的调查员的化身"。无论是统治国家、参加史诗般的战争，还是踏上回家的路，老谋深算的奥德修斯都是既能保持独立视角又善于融入的大师。与牧羊人的想法相反，奥德修斯很清楚，如果想过于急切地达成一致，我们就会被蒙蔽双眼，无论我们是在为一个古老的王国而战，还是想分得一块现代的金融蛋糕。

实验市场开始交易后不久，一些交易所就开始脱轨，而击垮它们的正是几个世纪以来让无数财富灰飞烟灭、令诸多政府陷入困境的定价泡沫。为何金融市场会饱受这种现象的困扰？这个问题长期以来一直是个谜，人们将其归咎于狂热、混乱或失误。但在2014年，一个由社会科学家组成的国际团队集结起来，验证了这种现象一个显而易见却总被人忽视的原因：人类对于不惜用任何借口不假思索地与他人保持一致的渴望。一位外部评论员指出，这项颇具影响力的研究揭示了我们这个时代盲目追求凝聚力的代价。

实验市场设置在得克萨斯州和新加坡两地，交易员都是财务高手，其中一些甚至是专业人士，而且大多数人都获得了经济学或金融学的高级学位。进入实验室后,他们接受了商业洞察力测试。这是为了"确保他们明白,要在市场上赚钱,你可能需要远离竞争对手,反其道而行之",首席研究员希恩·S. 莱文向我解释道。他也是一位战略管理和多样性领域的权威。然后,参与者被分成 6 人一组,并被给予真实的资金用于投资,以及他们所交易的每种金融资产的详细表现信息。莱文指出:"他们应该已经做了功课,对资产做了估值,也了解低价买入和高价卖出意味着什么。"虽然参与者拥有通向成功所需的几乎所有信息和工具,但其中一些小组步调一致地走上了一条非但没有盈利反而引发灾难的道路。

一半的市场被设置为单一种族,其成员清一色要么是西班牙裔,要么是华裔,这取决于每个地区占主导地位的族裔。另一半市场则被加入一名少数族裔,例如某个自认为是白人或印度人的人。所有玩家都在独立隔间的私密屏幕上进行交易,仅在实验开始前在等候室里互相见了一面,也就几分钟时间。然而,即便是这种被经过设计的短暂接触,无论是和与自己相似的人还是与自己不同的人,也足以极大地改变游戏的结局。

仅进行了 10 轮交易,单一种族的小组就很快忽视了资产的基本价值。从最终结果来看,他们的交易准确率平均比多元化小组低 60% 左右。单一种族市场成员在每种资产上花的钱都超过了其实际价值,他们欣然接受虚高的报价,匆忙复制彼此的错误,从而制造出泡沫。这些泡沫会猛然破裂,有时数百甚至数千美元的收益可能就此灰飞烟灭。"我们已经设置了让人们很难与他人保持一致的障碍。"莱文表示。他们将交易员分开,向他们提供数据,并强调竞争的重要性。"我们设计了一个注定会失败的研究。"

但是,仅仅一点点归属感就为参与者提供了一种小组层面的经验法则（一种强大的认知捷径），这让人们对同伴和自己的能力过于自信。其结果就是社会学家埃米尔·涂尔干所说的"机械团结"（建立在同质性基础上的团结）的阴暗面。相比之下，多元化市场的交易员可以更好地将价格校准为真实价值，这种行为促使交易不那么集中，使人们更深思熟虑。在多元化市场的交易所中，泡沫产生的频率较低，破裂得也更温和。莱文及其同事总结道，同质化"阻碍了人们对行为的仔细审查"。

心理学家称之为"同质性错觉"。在"人以群分"的过程中，人们往往会变得粗心，过度自信，与现实脱节。凝聚力让人感觉很爽，但很快就会变成集体鸦片。老派黑帮、自诩正义的左翼或右翼、核心圈子、足球妈妈[1]党或街头抗议的忠实拥趸，概莫能外，即使是仓促或短暂的共同身份或一时的意见一致也会滋生令人满足的封闭性。进化生物学家迈克尔·托马塞洛观察发现，一个群体是"以某种特定的逻辑运作"的。

一旦我们接受了某个统一观点，摆脱它就会变得越来越困难。因为正如相似性引导我们走向一致性，一致性也会加深我们对相似性的感知，而这种感知就像定价泡沫一样，可能根本就没有现实基础。我们聚集在一起，缩小自己的认知视野以匹配集体的认知，同时校准我们的忠诚度和我们的思维。这是人类归属感的古老故事中隐含的危险，其关键的神经机制才刚刚开始被了解。

不久前，社交互动的认知基础研究才刚刚起步。关于人们的

---

[1] 足球妈妈最初用来描述那些开车载孩子去踢足球并在一旁观看的妈妈，这个称呼也会用在妈妈们自发为孩子的足球队集资的组织名称中。后引申指家住郊区、已婚且家中有学龄儿童的中产阶层女性。足球妈妈给人的印象是把家庭的利益，尤其是孩子的利益看得比自己的利益更重要。——译者注

思维如何对彼此做出反应的研究，只能依赖从不同渠道获取的信息拼凑而成的简单印象，包括调查、访谈以及人们在独立扫描仪监测下玩游戏时大脑的神经影像。就连对话时的动态也是心理学家倾向于留给语言学家和社会学家的研究课题。

乔伊·赫希是一位同时在耶鲁大学三个系任教的神经科学家，她嗓音甜美，笑声颇具感染力。她花了数年时间寻找能在现场捕捉大脑社交活动状态的技术手段。作为神经影像学领域的先锋人物，赫希看到了功能性近红外光谱技术（fNIRS）蕴含的潜力，这是一种 20 世纪 90 年代初发现的大脑扫描技术，它利用光而不是标准扫描仪使用的磁力波来绘制表示大脑活动的血液流动图。赫希意识到，这种新颖的泳帽式扫描设备结合了心电图机的便携性和磁共振扫描仪的类似功能，是破解社交互动背后思维方式的完美工具。赫希在 2013 年向她的上级大胆承诺："我们将要开发一种新的双人神经学。" 7 年后，她成功了，在理解团结的机制方面取得了巨大进展。

"你可以看到额叶看起来像一条横跨头部的带状物。"赫希告诉我。一个下雪的冬日，她带我了解她的发现，这些成果全部源自一项针对实时、即兴的对话的神经影像学研究。在实验中，她要求佩戴功能性近红外光谱帽子的人两两一组坐在一起，讨论"是否应该废除死刑"之类的有分歧的话题。在某些问题上，参与者达成了一致，但在另一些问题上则完全没有。即兴互动被设置为类似于我们在公共汽车上与陌生人进行的偶然对话。我和赫希共同查看了某次对话的研究报告，其中有一页是一幅被切成两个半球的大脑图示。当人们意见不合时，被激活的部分，例如额叶，呈红色，而意见一致时大脑的活跃部分呈亮蓝色。我注意到，两组大脑网络几乎没有重叠。我们看到的是两种截然不同的神经机制，而它取决于人们是否意见一致。

"当观点冲突时，你可以看到大脑在制定应对策略的同时会试图理解对话的内容，"赫希解释道，"它正在以一种，这么说吧，充满活力的方式发送和接收信息。"此时，与决策、战略策划、认知处理、执行功能和沟通相关的认知网络开始上线。然后她引导我去看意见一致时的大脑，指出它使用的大脑区域较少。"它看起来温和多了，好像没有发生什么事一样。"她观察道。被激活的部分包括缘上回，一个与我们理解他人思想的能力相关的区域，还有与眼神交流或面部表情（例如微笑）相关的区域。事实证明，平和的社交几乎只涉及感官。一旦我们与某人达成共识，我们就完全不去费力思考了。

但最让赫希着迷的是意见一致时的大脑的同步程度之深。在争吵期间，你和朋友可能都在使用额叶，但额叶的神经元放电模式可能截然不同。形成鲜明对照的是，赫希的研究显示，当你们想到一块儿的时候，你们各自的一系列复杂的认知活动是相关的。在意见一致的状态下，你和朋友就好像正在一起喝咖啡一样，赫希说，会产生一种令人感到舒适的、发自内心的团聚感。"你们的波长相同……很舒服。"你们一起懒洋洋地躺在认知的"和谐双人小沙发"上。我凝视着意见一致时的大脑图像，熟悉的皮质褶皱上点缀着一些令人感到舒适的亮蓝色色块，我意识到我看着的正是感觉良好、志得意满的我们背后的那点小心思。"我就要和她一样的东西。"同步中的大脑说，几乎没有提出任何问题。

不仅如此，这种共识，也就是公司所推崇的"共享心智模型"，具有持久性。在达成一致后，人们就会以统一的方式看待世界，

第六章　不求同而求异

去应对一个又一个问题。如果你的交易伙伴正在买入，那么股价一而再再而三的不合理地上涨，看起来都没问题。对上级毕恭毕敬的心态似乎成了人人恪守的准则，哪怕这东西早已过时。在达特茅斯学院社会科学家亚当·克莱因鲍姆领导的一项研究中，被试按每组3~6人被分成多个小组，观看一系列模棱两可的电影片段，然后聚在一起就电影中发生的事情讨论并达成共识。随后，他们的大脑在观看不相关的新电影片段时表现出相同的独特对齐模式，例如，对追车场面表现出相同的关注倾向。就好像你和观影俱乐部的同好们先一起看了一部爱情片，然后在看下一部悬疑片的时候，不知不觉地认为电影全是关于爱情的；或者好像你的肿瘤治疗团队认为，你的治疗计划似乎也适合下一个病情不同的患者。

"达成共识的力量太强大了，而一旦你和某人达成了共识，它就会一直存留下去。"赫希说。从本质上讲，与一致性相关的大脑系统"远远压倒"了我们用来探索差异性的大脑系统。这种能力是一把"双刃剑"：达成一致既会带来回报，也有风险，人类不惜付出巨大代价也要得到一致性带来的安慰感。由于渴望一致性，人们极有可能忽略彼此之间的差异性，而这些差异性实际上真的可以使人们免于跌入陷阱。

在珠穆朗玛峰的山坡上，意见分歧似乎没有容身之所，由于冰冷彻骨的狂风、稀薄的空气和不断变化的地形，任何失误都可能是致命的。登上地球的最高点好像离不开团队的共性和优先考虑共同目标，简而言之，依赖被心理学家称为"集体主义"的群体意识。20世纪法国登山家莫里斯·埃尔佐格写道："没有一种感情能够与一个人对另一个人的完全信任相媲美。"

这种紧密的合作可以是一种文化、一家公司或一支团队的标志。从全球范围来看，危地马拉和印度尼西亚等国家在集体主义方面排名靠前，而在个人主义方面排名较靠后。在许多工作场所，群体导向被视为打造凝聚力的基础，而凝聚力被认为是提高工作效率的途径。我们是不是都参加？团结就是力量！然而，几十年来攀登"世界屋脊"的新经验表明，不同观点在许多紧要关头是多么容易被忽视，而这些紧要关头的结局，又恰恰取决于"一起想办法"，而不是"统一地想办法"。

1950—2013年，尝试登顶珠穆朗玛峰的登山者中有60%以前从未在喜马拉雅山脉进行过登山活动。另一个极端是，同期有14%的登山者曾在该地区进行过3次以上的攀登。根据群体动力学领域权威研究人员的一项研究，如此大的经验差距往往会导致登山队队员的登山知识差距极大。与此同时，根据对登山者的调查，有些专业能力差距较大的登山队更强调集体主义心态，这一点在一些国家和民族的登山队中表现得尤为突出。这种齐心协力的心态（可以称之为"超级团队精神"）不会损害反而可能有助于实现传统意义上的登山目标：派一人或多人登顶。毕竟，登山的最后阶段是一项团队协作型集体任务，类似于给朋友搬沙发或完成销售配额，完全依赖于让新手和老手都迈着整齐的步伐朝着同一个目标前进。

但在崇山峻岭之中，人们还要面临一个更加重要但少有人关注的挑战，那就是确保所有登山者都能安全上山并活着回来。这是一项复杂的工作，登山队必须密切监测天气、队员自身的健康状况以及设备状态，然后还要评估这些因素以及其他一些不确定变量，从而选择最安全的登山路线。由于现代人推崇快速、敏捷以及轻装备的阿尔卑斯式攀登风格，上述流程变得更加棘手。登山者的安全是一项分离型任务，涉及许多艰难的决策，类似于信息时代的职场精英天天都会遇到的挑战。在这类工作中，"过度合作"的态度往往不是优势，而是威胁。如果珠穆朗玛峰徒步登山团队知识多元但更强调群体优先的价值观，那么团队中的登山者反而会有更高的概率遭遇死亡的威胁。

为什么那些本应具备自保智慧的登山队反而有更高的概率丧生？这一发现基于统计分析，也正是这种方法向我们有力地揭示了生活里的更多真相。但为了进一步揭示为什么群体优先的心态往往会造成严重的"附带损害"，同一研究团队建立了自己的模拟探险队，这次是在月球表面。一本登山指南建议，在规划前进的道路时，"你要集思广益"。但在一个团队中，我们很难做到这一点。

你的太空舱在距离母船 200 英里的地方坠毁，你和两位宇航员同伴将如何返回？数百名成年人尝试了这项最初由一位在 NASA 工作的心理学家设计的练习。在一半的实验小组中，参与者扮演的宇航员都去过一次太空，其他小组则由两名新手和一名有经验者组成，只有有经验者知道在月球的山地中哪一条路线最安全。在讨论这个问题之前，三人小组被引导进入不同的思维模式：要么通过写下组团的好处来准备集体思考，要么通过写下坚持个人立场的优势来鼓励个人主义世界观。与珠穆朗玛峰的失败模式相呼应，具有集体立场的知识多元小组未能选择更长、更安全的返回路径，这一选择使他们的团队面临极大的风险。

最值得注意的是，这并不是因为这些团队考虑但拒绝了老宇航员的关键意见。令科学家震惊的是，多元但坚持集体主义的团队成员甚至没有意识到他们各自的专业能力范围，这是科学家通过要求参与者回忆他们团队的特征时发现这一点的。"他们甚至没有注意到专家就在那里,这对我来说既可怕又奇怪。"研究报告的共同作者林德雷德·格里尔告诉我。格里尔说:"当你专注于群体、喜欢群体、被群体吸引时,你就会变得盲目。"他后来的研究和其他人的研究表明,集体主义协作者甚至很难识别明显的差异。一旦保持一致,我们就不仅会拥有共同的世界观,而且会开始以同样的方式对待彼此。心理学先驱所罗门·阿希曾写道:"一旦一个人加入一个群体,他就不再对群体漠不关心。"

与他人建立联结是一个我们渴望讲给自己听的故事,是一个观察世界的视角,它提供了一种有用但往往并不全面的看待事物的方式。在培养共识的过程中,人们变得不太愿意互相挑战,也不太愿意深挖手头的证据。他们把世界和同伴看得比实际上更相似,并且倾向于期望与团队达成一致。而另一个极端也很危险,即人类倾向于将外群体统统归为一类,认为他们不值得浪费时间和精力去关注。意见一致同样也会导致疏忽,只不过这一次是因为我们对与自己类似的人的缺点和失败过于宽容。

人类不是生来就要孤军奋战的。归属感在马斯洛需求层次中处于较高的位置,对于生存的重要意义仅次于身体健康和安全感。但人类历史上那个即使与世隔绝也能让我们活得很好的简单时代早已离我们远去。在我们的差异性被看到、听到并得到研究之后,能否从随之而来的不确定性中发掘其中蕴含的启示意义就变得至关重要了。

────

从一开始,NASA 就以能将太空飞行规划精确到微秒为荣,包括宇航员的每一个动作，无论他们是"放下勺子、转身、上厕所，还是从一个点移动到另一个点"。飞行主任尼尔·哈钦森回忆道。"我们这样做是有目的的，因为（早期）飞行非常有限，时间非常短，要完成大量任务，压力很大。"这就是阿波罗模式，一种有时代特色的思维方式。当时的任务多由战斗机飞行员和工程师以军事行动般的精度执行，他们深刻地认识到，在宇宙中的每一步跋涉，都要面临巨大的风险、高昂的成本以及无休止的公众压力。

这种方法被应用到天空实验室时代的结果，就是工作人员每天都会收到长达 60~70 英尺的电传指令条，而且被要求必须一字不差地照办。例如，空间站安装了新的仪器，用于观测地球洋流、地质活动或污染水平，宇航员只需在规定的时间按下按钮即可获取数据。本人就是太阳物理学家的吉布森说："我们很难说服他们，如果我们看到天空的 3/4 被云层覆盖，也许我们就没必要接收数据了。但他们不想让我们有这样的判断。"哈钦森回忆道："最后到了我们完全可以控制宇航员的地步，就好像他们都是机器人一样。"当时，关于真正的机器人能否更可靠、更廉价地完成宇航员的工作，内部和公众都展开了激烈的辩论，而将太空中的人类视为机器人似乎成为双方心照不宣的妥协方案。

然而，天空实验室的"菜鸟"们渴望成为的不仅仅是医学小白鼠，也不想训练了很长时间就只是上天打打杂或者插个旗子，尽管这些早期任务也同样重要。正如卡尔后来回忆的那样，他的团队想要"发挥判断力和创造力"，而这才是未来耗时更长、复杂性更高的任务所需的技能，这些任务将侧重于研究而不仅仅满足于在外太空一掠而过。在天空实验室发射 8 年前，NASA 有点不情愿地开始适应这一新现实，允许科学家宇航员执行太空任务。

尽管如此，热衷于阿波罗模式的管理人员最终还是实现了对他们的微观管理。在飞行过程中举行的一次新闻发布会上，卡尔圆滑地表示："干我们这一行的人，工作的技术性很强，行动的时候往往会戴着'眼罩'前行。你会忘了看看你的周围。"他当时谈论的是从太空观察地球的新技术和新科学，但他想表达的意思其实远不止于此。他和他的团队劝告 NASA 要广开言路，因为有些意见可能是独一无二且具有挑战性的。第三批天空实验室宇航员团队与地面控制不同步是有充分理由的：他们是太空事业的未来。

这场被宇航员团队称为"降神会"的讨论从百慕大上空开始，断断续续进行了一个小时，其间分散在全球各地的多个地面通信基站接力承担了飞越上空的天空实验室与地面的通信联络任务。宇航员们聚集在舱室里，接着高级官员从地球打来的电话。任务控制中心的指令舱通信官（CapComm，机组联络员，通常由一名宇航员担任）以自责和一个惊喜开场。

迪克·特鲁利[1]承认，正如宇航员团队所怀疑的那样，最初给他们安排的计划强度已经超过了上一批宇航员的最后几天。（"我们当时确实没有想清楚。"哈钦森后来说。）但是在卡尔强烈建议之后，飞行计划人员悄悄减少了一些工作量，而宇航员团队完成的工作量已经与前几批超级团队一样多了。在卡尔动摇了他们的盲目自信之后，飞行控制人员发现，这次任务的进展已经超出了预期。（另一位任务指令舱通信官鲍勃·克里平回忆道："那才是

---

1 全名理查德·哈里森·特鲁利（Richard Harrison Truly，1937—），美国海军退役中将，曾任战斗机飞行员、工程师和宇航员，曾担任 1973 年全部三次载人天空实验室任务的指令舱通信官。后参与航天飞机项目，曾搭乘"哥伦比亚"号和"挑战者"号航天飞机两次进入太空。1989—1992 年担任 NASA 第八任局长，是第一位领导 NASA 的前宇航员。——译者注

对我们的当头一棒。"）卡尔松了口气，说："我现在明白为什么我们要跟消防员救火似的赶着做事了。"但双方都明白，讨论还没结束，对话才刚刚开始。

他们来来回回一直折腾，争吵、谈判、忏悔、同意，NASA时不时就要敦促他们干多点儿、干快点儿，而宇航员们则时而让步，时而坚持立场。特鲁利提醒说，地球观测任务将会加码，并补充说："为了在这个领域完成尽可能多的工作，很明显，我们唯一能推动的人就是你们。"卡尔回答说："我们从第一天起就准备好做这件事了。"他们争论着宇航员该在何时、以何种方式进行锻炼并开展科研，或者是否应该在睡觉前花一点时间反思和做计划，但很明显双方都能表达自己的立场。

"地面这边谁都不会反对给你们自由时间，好让你们来整理思绪，为这一天或者第二天做好准备，"特鲁利试探地说，"但如果有时我们可以插入一个特定的实验，例如在晚上8:30，并用别的时间补偿你……这么做是有科学收获的。"

"是的，我们也理解，迪克，"卡尔反驳道，"但我们开始抗议的原因是这样的事情太多了。"

"好吧，"特鲁利说，"我想重申一点……你觉得你们需要多少自由时间，这是你的事，由你来决定。"

后来还有一次，卡尔试探着提出了一个非阿波罗模式的建议：将非关键性的以及家务活性质的任务从主要日程中剔除，仿照"购物清单"，把它们列为待办事项，由机组人员决定何时去完成。NASA关于天空实验室的官方历史记录指出，在地面控制中心的帮助下，这次小小的变革极大地缓解了"他们已经过了6个星期的机器人似的生活"。这场对决最后以双赢而告终。"我们会尽力直接回答这些问题,如果你们还有其他任何问题,我们洗耳恭听。"特鲁利总结道。顺便说一句,他补充说,不要使用单向录音机,即"语音转储"功能来表达关切。他说:"我们认为通过空地实时双向无线电频道讨论问题要好很多。"这样当出现问题时,大家就可以"找到解决办法"。天空实验室的官方历史记录惊叹道:"这次讨论的重要意义在于它确实实现了。"

此后,NASA 不用再在记者询问宇航员们为什么会"昏昏欲睡"或"缺乏热情"时三心二意地给他们做辩护了。只多了一点点的自由,只多了一点点的发言权,宇航员们就在多项指标上超越了天空实验室首次任务的总体成就。"他们统计了一些数据,就每天的平均工作量而言,我们比第二批宇航员稍微领先一点。"吉布森笑着告诉我。哈钦森承认:"你知道,他们还真把事儿做成了。"三个人全凭过硬的素质完成了分配给他们的所有科学实验和观察任务,然后还设计了许多即兴的调查研究,例如研究空气在失重环境下的特性和水在零重力下形成完美球体的能力。吉布森回忆说,他对飞船上错综复杂的太阳望远镜阵列操作得越来越熟练,简直如臂使指,挥洒自如,就像"凭听觉弹钢琴"一样。而来自天空实验室项目的太阳观测数据也给太阳的剧烈活动和易变性提供了引人注目的新观点,并且至今仍被科学家使用。

有些教训被吸取了,也有一些被遗忘了。现在,宇航员在抵达国际空间站后会被给予一些适应的时间,但他们仍然对"机载短期计划查看器"这套软件分配的"细致入微"的计划安排公开表示不满,正如一位宇航员所感叹的那样,这套软件"主宰了我们的生活"。停下来进行反思虽然没有被鼓励,但实际上也不会像早期那会儿被明确禁止,当时宇航员在太空行走的过程中连停一下以便好好欣赏浩瀚的宇宙都不行，得到的回答往往是一句简单粗暴的"你去那儿不是干这个的"。近年来，面对重返月球计划和登陆火星任务，团队冲突和天空实验室的传奇故事已成为NASA的研究课题。太空历史学家埃米莉·卡尼说，最后一次天空实验室任务"确实为地面团队筹备航天项目提供了一些借鉴"。

1973年的太空反抗是否在某种程度上为人类日渐加深对宇宙动态性的认识奠定了基础？对这件微不足道但也在历史上留下一笔的小事来说，这样的评价恐怕过誉了。三位特立独行的宇航员很久以前为多样性观点进行的斗争，仍然像来自遥远星星的光一样，带着岁月的沉淀，最终照亮我们。他们让我们离认识到集体不确定性的奇迹又近了一步。

———

"迪凯特是一个非常好的小镇，"男子告诉其他陪审员，"但我看到的是一名白人法官、一名白人检察官，角落里挂着一面旗子，上面有……"

"别说了，"桌子对面的一个男人武断地说，"别提这件事了。"

从天空实验室回到几十年后的地球，我们正在偷听6名陪审员在密歇根州安娜堡法院审议一桩性侵害案件。不过我们要在那天的言论里寻找的是不同的裁决。差异性一旦被释放出来，会如何影响一个群体？当一致性被打破时会发生什么？当地人暂时放下陪审团的职责，参加一项著名的心理实验，该实验可以帮助揭开不求同而求异的真相。

现在已成为研究偏见和多样性的著名学者的塞缪尔·萨默斯，当时还只是密歇根大学的一名研究生。一年冬天，他开始每周去一趟当地法院，做一些有关陪审员选任制度的自主研究。两名法官很支持他的工作，在他们的帮助下，萨默斯从当地的候选陪审员库中抽取了一批人，组建了 29 个模拟陪审团，其中一半全部由白人陪审员组成，另一半陪审团每组包括两名黑人。模拟陪审团观看了一场真实审判的精彩片段，也领了正式的陪审团指令，开始讨论这起案件。其基本案情是一名黑人男子被控于某晚在佐治亚州强奸了两名白人妇女。法医证据有一定的指向性，但很难得出结论，而且两名受害者都无法明确辨识袭击者。尽管如此，在留给他们做出裁决的一个小时里，一半小组的表现远远超过了另一半。

萨默斯观察发现，几乎从一开始，单一种族小组就变成了"懒散缓慢的信息处理器"。他们平均花费 38 分钟进行讨论，比多元化小组的讨论时间少了 20%，并且对案件做出了更多不准确的陈述。现场充满了笑声和玩笑，这是心理学家所说的"关系焦点"的标志，表明他们在为建立联系而努力。"我认为你是卧底，你为研究团队工作。"一名中年男子嘲笑一名敦促他们谨慎行事、不要匆忙下结论的年轻女子。他们的意见仍然存在分歧，毕竟，陪审团的设立并不是为了消除多样性带来的差异。尽管如此，归属感带来的安慰还是为单一种族小组铺平了忽视模糊性和错误的道路，并让人类对和谐一致的渴望占了上风。

萨默斯指出，相比之下，混合种族小组"更全面，更忠实于案件事实"。这些小组不仅不准确的陈述更少，而且对于错误的纠正次数也更多。重要的是，他们更频繁地推测缺失的线索。"但我们在她的证词中从未看到她说'是的,这就是我看到的伤疤'。"混合种族小组中的一位49岁白人指出。他警告说:"陪审团在审议是否存在缺失信息或矛盾信息时务必小心。"

多样性是如何延缓集体判断的冲动,并激发人们对问题进行更加深入和广泛的研究的?难道那些将差异性带入团队、带入讨论的人,无论是陪审团中的拉丁裔男子,还是亚裔女性交易员,仅仅是匆匆忙忙地加入进来就算完事了?社会学家以往的习惯推测是,多样性通过增加一个新的视角补足了拼图中缺失的一块,进而提高了群体表现。在萨默斯的研究中,混合种族小组中的黑人参与者确实提供了新的信息,例如,他们比白人陪审员更频繁地提出与种族相关的话题。但故事并没有到此结束。平均而言,与单一种族小组的人相比,混合种族小组的白人总体上能够提出更多案件事实,并提到更多的缺失证据。差异性一旦被释放,就会改变整个团队的工作方式。

差异性的火花粉碎了人们对于"求同"的执着期望。突然之间,一个难题似乎不那么容易解决了。差异性将一个群体带到一个陌生的、不确定的新地方,促使其成员实际上要问这样一个问题:如果你不像我,你是谁?("那才是对我们的当头一棒。")人们的注意力从建立联结(这在刚开始的时候会分散团队解决问题的注意力)被转移到质疑、探究和评估形势与同伴上。在萨默斯看来,与这种转变可堪一比的情景是,你要参加一场员工大会,而且你知道要在大会上解决一个有争议的话题,你会有什么感觉?他告诉我:"你会把你的认知调到最佳状态。"

接下来会出现一种新的动态关系,但与阿希所说的过度一致性造成的"污染的社会进程"相反,差异性开始显现。有争议和冲突的意见可以浮出水面。在安娜堡的研究中，只有 1/3 的单一种族小组多少提到了种族偏见，但每次只要有人这样做，这个问题就不可能再继续被讨论下去。"这与案件有什么关系？"当一名陪审员重申被告是黑人时，同为陪审员的一名 21 岁的白人妇女厉声喝问道。一致性的裂痕被匆忙修补。此事休提。

形成鲜明对照的是，近 2/3 的混合种族小组提出了种族偏见的问题，但只有两次被打断。摆脱同质性和凝聚力的压力，承认差异性的群体变得更愿意探讨有争议的观点。他们的争论有时很激烈，但对话也更加开放。"多样性并不意味着和谐，"历史学家罗宾·凯利提醒我们，"而是意味着释放具有创造性的不和谐，意味着能够看到世界的所有复杂性。"它也意味着一起探索我们在盲目团结的背后发现的令人大开眼界的新领域。然而，我们很少认识到这种动力也能够筑就通往成功的道路。

想象一个场景，房间里充满了阵阵笑声和兴奋的窃窃私语。那是几年前，数十名姐妹会成员和兄弟会成员聚在一起扮演业余侦探。这次不需要任何外力的推动来激发凝聚力，但为确保万无一失，屋里还是高高地挂上了横幅，宣扬他们的团体忠诚度。这个场景当然远远不能和风险重重的金融市场或生死攸关的登山跋涉相提并论，但也不是大学里的搞怪活动。这是一项由科学家领导的具有里程碑意义的实验，他们开创性地质疑了一个普遍假设：我们之间的差异性应该迅速被消除，以达成令人欣慰的一致性。

学生们被分成 3 人一组，要求破解一个通常用来被高管练习如何解决问题的虚构谋杀案。是谁把小镇汽车经销商从屋后的露台上推下去摔死了？是心怀不满的勤杂工，还是赌博的园丁，抑或是狡诈的汽车配件经销商？经过 5 分钟的讨论后，每个小组加入了一名后来者，后来者与原小组成员要么同属一个社交俱乐部，要么分属不同的（相互之间可能还有竞争关系的）俱乐部。证明两名嫌疑人无罪并暗指第三个嫌疑人是凶手所需的所有线索都被巧妙地编织进了这个故事。在全部由自己人组成的小组里，得出正确答案的只占到一半，而在包含了外来人的小组里，正确解决问题的则占到了 3/4，即使后来者没有为讨论提供任何新信息。掺杂了外来人的小组利用了所有可用数据，到最后，一开始判断错误的人中，有 70% 转向正确答案。相比之下，同质小组中最多也只有 1/4 的人走到了这一步。"许多同质小组立即达成了一致。"论文的共同作者玛格丽特·尼尔告诉我，"'我们有了正确的答案。'好棒哦！他们很高兴、很自信，但他们错了。"

虽然表现亮眼，但异质小组往往认为自己的效率较低。这些小组中的许多人报告称，在实验结束时，他们感觉与自己的姐妹会和兄弟会的联系有所减弱。他们回忆说，与成员都来自同一俱乐部的小组相比，他们在"谁干的"这个问题上的初始分歧更大，尽管所有小组在开始时设置的意见冲突程度是相同的。换句话说，异质小组认识到他们之间存在摩擦，但很难将其视为一种有益的动态关系，而那些关系紧密的小组却忽视了他们之间的差异性，进而发展出毫无根据的狂妄自大。

如果小组"在讨论中没有感知、形成或表达太多分歧，他们就会……相信他们已经找到了正确的答案"，共同作者凯瑟琳·菲利普斯表示。9 岁时，她成为 20 世纪 90 年代中期芝加哥小学接纳的第一批黑人学生之一，受此激励，她选择了自己毕生追求的事业。在协作的战壕中，异质小组的胜利感要少得多，但实际上他们取得了双重胜利。他们进行有理、有利、有节的斗争，不仅是为了找到最好的解决方案，还是为了挑战我们有关群体行为的种种错误假设。

长期以来，多样性一直被表面上的摩擦所困扰。性别、角色、民族或种族混杂的工作团队报告称，团队的冲突程度更高，不满情绪也更严重。"他们不太喜欢这样，"一位社会学家指出，"他们在那里不太舒服。"这类群体的成员对于群体本身的认同感往往不是很强。几十年来，人们一直认为多样性的粗糙棱角可以通过强调共性或团队建设磨平，研究表明，这些努力可能有助于一个群体建立感情联系或营造良好氛围，但往往无法提高解决问题的能力。一家大型汽车制造商在其网站上吹嘘道："我们是一家人。"这种宣示固然是一种善意的表达，但实际上有证据表明，这么做往往会削弱有色人种的融入感。"我们希望确保每个人都感觉自己是内部人士。"一家大型软饮料制造商的多样性工作主席告诉记者。

但被掩盖或搁置的差异性又有什么用处呢？纽带的松动和分歧的凸显并不是差异性的可悲缺点，而是它的礼物。这是大实话，无论我们彼此之间的区别是自己亲眼所见还是道听途说都是这样。差异性导致的摩擦，不管如何显露出来，都会促使群体成员保留一项对于协作最重要但又最容易受到一致性威胁的能力，即独立思考的能力。

考虑一下当有人敢于站出来发表不同意见时会发生什么。事实证明，表达异议可以遏制群体讨论已知信息的强烈倾向，而这种倾向会使关注的焦点狭隘化，从而使独特信息的"隐藏特征"不能大白于天下。意见分歧则会激励协作者考虑共同观点之外的多个视角，然后迈出关键的一步，将不同视角联系起来。正如一个研究团队所形容的那样，意见分歧会令讨论"白热化"。对美国最高法院 40 年来案件的分析表明，当少数法官提出异议时，综合复杂性的程度是没有法官提出异议时的两倍。法院中的分歧会刺激撰写主要意见书的法官，并促使他们给予案件各方当事人应有的评价（无论这些法官秉持怎样的意识形态）。心理学家查兰·奈米斯已经花费数十年时间追踪异议的惊人影响，他断言，异议会激发"广泛、好奇、深刻、细致"的思考。

在奈米斯最著名的一项实验中，她将 36 名大学生带入她的实验室，参加一项据称是视觉感知力的测试。每个人会与另一名学生配对，但后者是奈米斯的秘密同盟者。然后，研究人员向各小组出示了 20 张描绘有蓝色阴影的图片，并要求他们说出颜色，同盟者会马上将其标记为绿色。研究人员会引导部分被试，试图让他们相信大多数人也认为这些样本是绿色的；其他被试则被告知这是一种非典型的反应。一些被试屈服了，也认为是绿色的，但大多数人坚持立场。然而，最让奈米斯着迷的是，仅仅接触异议就会对人们后来的创造力产生戏剧性的影响。

完成指认颜色任务几分钟后，被试被要求自由联想与这两种颜色相关的单词。正如我们所看到的，大多数人很难摆脱最初浮现在脑海中的那些老掉牙的想法——蓝色立刻让我们想起天空，青草与绿色密不可分。但奈米斯的其他研究以及其他人的研究表明，在经历了异议之后，人们变得更具冒险精神。7 轮测试中，从第二轮开始，奈米斯实验室的被试们就开始联想到爵士乐、牛仔裤和"绿票子"（美元纸币）。他们表现出的创造性是那些反对派在群体中占多数的人（这种情况通常会促成群体内的从众效应）的两倍。如果他们属于那些有外来人参与的团队，他们还会对坚持异议的伙伴表示钦佩，并自认为考虑问题更加周到。对严谨的心理学期刊来说,"鼓舞"和"解放"这两个词并不是能随便使用的,但该领域的许多人正是用这两个词来总结异议对"人的内心陪审团"的影响的。正如哲学家约翰·杜威所说,"冲突是反思和独创性的必要条件",即使这个不同意见是错误的。

就在我们无比熟悉的工作场所里,卡利·威廉斯·约斯特一次又一次地见证了这种转变。作为一名帮助企业采用弹性工作制的策略师,她经常不得不制止一些领导以效率为名试图压制持反对态度的人。约斯特告诉我,领导想说的是:"我们就要做成了,干吧!"她则温柔地建议他们:"不要压制持不同意见的人,因为正在发生的事情很重要。"而前不久在她最古板的一个客户公司里发生的事也确实证明了这一点。

"我仍然记得房间里每个人的脸。"约斯特回忆道。在一家大型公用事业公司法务部的20多名领导和团队代表参加的会议上,一位高级管理人员公开反对大老板各种弹性工作方案的计划。这位异议者(我们姑且叫他"吉姆")是这个部门公用事业欺诈调查团队的副手,这个由50人组成的团队很快将被允许每周在家工作两天。令所有人震惊并让大老板愤怒的是,吉姆宣布他不会那么做,主要是因为调查员们原来每天早上在前往现场之前都会在办公室交换一下信息,但这项关键的工作会因为新的变化而无法继续下去。

虽然一上来别人就告诉约斯特吉姆会造成麻烦,而且堵住他的嘴也不是什么难事儿,但约斯特反而让吉姆当场发表了自己的意见。在会议快要结束的时候,一名初级调查员出人意料地发言,建议开发一个虚拟的知识共享平台,允许员工在上面交换信息,以免在家上班导致交接脱节。异议者的强烈反对震动了整个团队，启发人们制订了一个更加大胆的工作计划，并且随着时间的推移，整个部门形成了一种新的风气——愿意制造摩擦，借此孕育创新。约斯特说："他认为信息需要共享的想法是对的，但认为没有其他办法是错误的。"在吉姆发脾气后，约斯特建议愤怒的部门主管对他宽容一些。"他并不是不支持。"约斯特强调道。虽然花了一些时间，但"现在说'我认为这不起作用'已成为组织中的一种常态，这样说已经不再是个问题了"。

　　差异性通常不会标榜自己手中拿着正确答案，也不会引领我们平稳顺畅、整齐划一地达成新的一致意见。差异性，无论是多元化、异质性还是秉持异议，都会引发一个群体的震动，迫使其离开"狭隘的一致"这块舒适区。对差异性的承认和释放会促使摩擦的出现，进而引发一种强大的新势能，即"社会亢奋"。例如，一个多元化的校委会在有争议时更有可能直接指出被遗漏或被忽视的角度。一名员工目睹同事反对仓促达成共识，就会有勇气提出自己的观点，无论对错。当我说"是"而你说"不"时，我们可以探讨是与否之间各种错综复杂的可能性，并最终在问题得到充分理解以及所有观点都被充分表达的基础上达成一致。在这里，在"求异"的基础上，分歧本质上变成了集体的"不确定性行动"。这是一项需要勇气、事关公平的工作。因为当我们意识到彼此之间的区别时，我们就会发现自己本来一直应该知道的一件事：协作的责任，我们人人有份。

———

　　"那么，你认为这可能是由撞击产生的吗？"第一位科学家问道。

"不，不会是由撞击产生的，因为，它们可能是一种特定的……嗯，我不知道该怎么说。"团队的另一名成员说。

"你知道，你可以说的一点是，也许这些是……或者说那里有一种硫酸盐胶结物。"第三位研究人员试探道。

那是 2004 年年初的一个冬日，太空探索史上最具创新精神的团队之一的成员们正在轻声争论着什么。他们与另外百余名科学家和工程师一道，不久前将一对机器人漫游车送上了火星，寻找有关生命起源的线索，并为保护我们自己这颗星球脆弱的未来提供启示。

火星探测漫游者（MER）任务是协作的典范，也是我们这个时代多元化团队的先行者。任务组成员的业务专长、专业能力水平、种族和工作地点各不相同，他们的工作跨越了时间和空间上的距离，而且还会根据工作需要不断组建和重组成不同的精英小队。因此在他们观察火星时，心理学家、社会学家和计算机科学家也在观察着他们，使用配备的一系列工具，力争首次捕捉协作过程中的细微动态。这种科学领域的交流讨论乍一听如闻天书，只有内行才能听懂，但也提供了一扇窗户，让人们一窥社会学家珍妮特·韦尔特西所说的"富有成效的分歧区"。

NASA 此前的大部分火星任务都失败了，但火星探测漫游者任务的一辆漫游车打出了一杆进洞的满分。"机遇"号安全地降落在一个小陨石坑中，附近就是一块裸露的基岩，兴高采烈的科学家得以通过对这种地质构造的观察一睹这个星球最原始的形态，或者说它的"地质真相"。

第六章　不求同而求异　　201

在"机遇"号登陆火星的第 16 天，第一批着陆区的全景彩色照片传回地球，加利福尼亚州帕萨迪纳喷气推进实验室的科学家开始对这些照片进行深入研究。NASA 此次任务的目标是找水，而水是生命起源的重要条件。被科学家命名为"鹰坑"的着陆点附近的层状基岩架是如何形成的？是陨石撞击、古代火山喷发还是水和风的缓慢作用的结果？它是否充满了硫酸盐这种水流过石头时留下的矿物质？三名研究人员对任务初期阶段进行的深入研究显示，大约 1/5 的团队对话涉及短暂的微冲突，其中大部分包含不确定性的表达。

　　不会让人们相互对立的分歧才是最好的分歧。好的摩擦不是根深蒂固的观点和假设之间的对抗（与观点对错没有关系）。研究人员写道，高明的协作者会有意制造明智的冲突，以此来"发现他们不知道的东西，以便前进和创新"。他们对火星探测漫游者团队前 90 天的工作拍摄了 400 小时的视频，试图揭开团队协作技能的秘密。研究负责人、信息科学家乔尔·陈告诉我："在某些时候，你想要增加不确定性，以找到你以前没有想到过的东西，这就是分歧的用武之地。"陪审团是如何意识到哪些证据缺失的？高管的异议为什么可以激发同事的认知勇气？原因也都在于此。火星探测漫游者团队首席工程师亚当·施特尔茨纳称"坚持怀疑"是摸到"可能性边缘"的关键。研究人员得出的结论是，火星探测漫游者团队大量的"不知"导致了问题尤其是科学问题的有效解决。这是任务最终取得成功的关键所在。

　　以"土人"事件为例。2007 年，"机遇"号当时正在检查一个陨石坑壁上的神秘黑色条纹，这些条纹似乎是由被风吹来的沙尘蚀刻上去的。火星探测漫游者任务组的一些土壤和大气科学家试图对此做进一步研究。但在一次电话规划会上，火星探测漫游者项目的一位高级领导人对土壤科学家着手深入研究条纹的要求提出了怀疑。"除了你们，这项工作还会对任何别的小组有用吗？"他问。随之而来的微冲突虽然尴尬，但颇有成果：不同学科的科学家很快开始意识到，这些痕记，以及火星土壤本身，也许更应该成为一个共同关注的问题。这次任务的"风痕研究"虽然规模不大，但最终仍然为了解火星气候变化模式提供了一些线索。在摩擦中，隐藏的未知因素（对团队中某些人来说是新的信息，是团队共享心智模型中的裂痕）的浮现，使问题在证据积累过程中一直保持开放，同时让团队成员也彼此保持开放的态度。

在这个关键时刻，使用看似微不足道的不确定的表达方式，例如"也许"、"可能"或"某种程度上"，可以大大增加分歧的正面作用。避免正面回答的措辞可以提醒一个群体正身处陌生的领域，还有更多的东西需要了解。它们有助于培养团队成员对对话的接受能力，以及与反对观点有效交流的意愿。在一项系列研究中，240名州和地方政府高级管理人员参加了一个管理层培训，与持对立意见的同行讨论有争议的话题。与那些回应时更严厉（使用包括诸如"错误"和"因此"等词语）的高级管理人员相比，那些使用模糊性词语并明显倾听他人观点的高级管理人员被对手评价为具有更好的判断力，并且被认为是更富有成效的专业人士和未来的队友。在线上办公环境中，表达不确定性尤为重要，因为线上办公的信息共享总体水平较低，冲突往往看不出来。

乔尔·陈和同事们的研究表明，在火星探测漫游者任务的早期阶段，在微摩擦期间表达不确定性，往往会使冲突得到解决。一位科学家在任务初期提出，也许那里就有硫酸盐胶结物。几天后，经过多次争论，研究小组在鹰坑的基岩中发现了这种物质，而且数量惊人，这为一条具有历史意义的新闻提供了最后的证据：远古时期火星上曾有水流动。

两年后，一位精力充沛的年轻的普林斯顿大学社会学家开始融入火星探测漫游者项目的工作生活。由于漫游车出人意料地长寿，该项目已从为期90天的科学冲刺转为持续多年的调查。珍妮特·韦尔特西对团队的研究最终持续到2017年，几乎覆盖了项目的整个生命周期。她列席战术规划研讨会和咖啡聚会，参加科学大会和危机会议，采访顶尖研究人员和研究生，并开始有了自己的发现。她意识到，对差异性的探索是一项不能靠运气完成的工作。

随着时间的推移，漫游车的"监护人"们彼此之间建立了坚如磐石的团结关系。韦尔特西称这个团队中的成员都是集体主义者，他们自豪地把工作证挂在脖子上，有人身上有火星任务的文身，穿的衣服也印有任务标志，这一切都表现出了强烈的群体认同。但她也发现，这个群体会采取一些措施，保护冲突文化，借此冲抵归属感带来的风险。她注意到，在工作场所，很少有因维系关系而产生的笑话和闲聊。每次会议，无论是线下还是线上，都以"倾听仪式"结束。"还有其他评论、其他观点吗？"会议主持人会问。提出相反观点非但不会招致敌意，反而会在日常互动和高层正式会议中受到赞扬。她告诉我，在许多组织中，持不同意见的人"会被视为麻烦、问题或浑蛋。但在那里，你要尽最大努力引入不同的观点，尤其是那些其他人以前没有想到过的观点，借此来证明你是团队中忠诚的一员"。

然而，火星探测漫游者团队发现，人类天生就渴望形成亲密无间的凝聚力，要遏制这种渴望，必须时刻保持警惕，并愿意不断追求不确定性。2007年，错误的命令被上传到其中一辆漫游车上，这场灾难可能导致价值数亿美元的机器人一命呜呼。项目的高层领导决定让机器人暂时进入休眠状态，取消了所有科学任务，并给全体员工放了一个长周末进行反思。然后，他们召开了团队的首次全员大会，在会上他们当面重申，或者通过电话会议重申，除非每个人都愿意像项目经理所说的那样，"举起手说，'我不知道''我不明白'"，否则他们的工作将无法取得进展。

首席科学研究员补充说，如果某件事"看起来有点儿不对"，那么哪怕是没有工程背景的助手也能不受任何限制地挑战首席任务主管。他说："我们的闻名之处就在于，当尝试一些非常具有挑战性的事情时，我们都会经历严格的质疑，而我想把这种精神找回来。"然后他们发起讨论，科学家、工程师、学生和支持人员就如何更好地利用是与否之间的启发性空间进行了两个小时的辩论。

"不确定性和冲突是任务的运作方式。"韦尔特西说，她年复一年地观察和聆听火星探测漫游者团队将各种线索拼接联合，探寻一颗遥远星球的历史，在那里，数十亿年前炽热的火山、碧波荡漾的湖泊和波涛汹涌的河流都曾留下它们的印记。"这是火星探测漫游者项目能够持续这么长时间，甚至在任务执行了10年之后仍能保持极高的创新性的原因所在。"她告诉我，"这就是为什么我们多年后仍在谈论他们。"她意犹未尽地补充道："他们视自己为探险家，将任务视为一次冒险和挑战……这是一个非常令人兴奋和非常积极的地方。"

积极？她的话似乎与我们对差异性和分歧的认知不一致。通过对抗他人，我们打破了由相似性和相互肯定促成的舒适的凝聚力。决策速度变慢。共同的世界观至少暂时被打破了。通常，我们更喜欢待在"和谐双人小沙发"上。但当差异性不再被压制或忽视时，就会出现比单纯的舒适或轻松更重要的东西。

越来越多的证据表明，那些有意营造审慎明智的冲突、异议和相互批评的群体往往会有上佳表现。近期对一家养老院管理公司进行的研究显示，经常经历跨部门轻微冲突（争论和表达不同意见，而不是全面冲突）的员工可以从交流中获得有关同事观点的宝贵信息。这种动态关系使他们在交流和工作中远比那些在和谐环境中的同事更积极、更兴奋，也更有活力。（回想一下，神经科学家乔伊·赫希将意见不一致的大脑描述为以一种"充满活力的方式"运转。）相比之下，很少发生冲突的管理团队缺乏那些不断相互挑战的人带来的活力，他们的公司表现也不是那么好，这从对硅谷企业的分析中可以看出来。

那些巧妙地制造摩擦来探索未知事物的群体会在感受到挑战的同时也感到不安。他们从倾听我们经常忽视的声音中找到灵感。毕竟，要了解世界本来的样子，而不是我们希望的样子，必然会有意见一致的时候，也有意见出现分歧的时候。小说家兼散文家玛丽莲·鲁宾逊问道："社会就应该没有压力和冲突，它就应该……稳定而和谐，这样的想法从何而来？"

总有一些时候，我们需要平息喧嚣，团结一致。这可以是协作的最终目标，但不应该成为常态。面对纷繁复杂的人生，仓促达成一致只会让我们陷入自满之中，使我们看不到自己的观点与其他观点之间的区别。相比之下，差异性的出现搅起一池春水，打破了一致的魔咒，推动群体去求异，并在求异的基础上开始共同进行对不知的探索。当我们敢于提出不同意见时，假设就会动摇，错误就会被发现并纠正，缺失的证据就会浮出水面，多种视角就会被揭示。我们开始意识到我们所不知道的东西，并认识到真正的协作比我们常常愿意承认的还要更复杂、更不确定，要求也更高。为什么我们的团队会出现 1+1＜2 的结果呢？这是"我们"最危险的形式。

————

"我们学到了什么？"NASA 首席历史学家布赖恩·奥多姆问道。我只是向他提出了这个问题：天空实验室最后一次任务留下了哪些遗产？

奥多姆是新太空史的领军人物，作为一位学者，他一方面致力于表彰那些对于宛如魔法一般的太空探索之旅发挥了推动作用的女性和有色人种，另一方面对于那些揶揄这类掠袭式探险是代价高昂的驾车兜风的人也给予同等的尊重。然而，当我问他最后一次天空实验室任务的持久影响时，他先是照本宣科地泛泛而谈，客套应付，但随后他几乎是自言自语地提到了 NASA 的纪念日，这是一年一度纪念在美国最严重的太空灾难中丧生的宇航员的日子。他和我交谈的那一天，恰逢"挑战者"号航天飞机事故的周年纪念日。当时，关于某个设计缺陷的盲目妥协一致导致了"挑战者"号宇航员的死亡。就在那一刻，奥多姆摘下了他的面具。

"说实话，潜力、力量、勇气，随便你怎么称呼它，就是天空实验室最后一批队员的贡献，"他说，"这就是为什么讨论交流很重要。如果我不给你诚实的反馈，如果我不告诉你难点，你就认识不到什么是需要知道的东西。"他说，持不同意见的人可能会以错误的方式激怒人们。"但是有大事发生时我需要去找谁呢？嗯，就这个人吧，毕竟他给我的反馈不全是废话。"

他提高了嗓门，我凝神倾听。"别我想听什么你就跟我说什么，那对我没有帮助。"他模仿着阿波罗模式继续说道，"'是的，我们可以按照你想要的日程，做任何你想做的实验。'好吧，那么，我们学到了什么？我们吸取了哪些教训？"

第四部分

思维的激荡

第七章

边缘人生
走在不稳定性的前面并驾驭它

> 人生苦短，只有一个小时的时长。
> 重于泰山，还是轻于鸿毛，取决于我们自己的力量。
> ——艾米莉·狄金森——

那个周日早上，莎妮丝·兰利听到纱门打开的声音，立即警觉起来。她3岁的儿子罗伯特几乎每天都要溜出去玩儿。无论怎样耐心地跟他讲道理，把房门上锁，甚至进行惩戒，她都会在前廊或院子里那棵孤零零的树旁找到他。他们住在乡下的牧场里，房子就位于新墨西哥州霍布斯市这座石油小城北端的高速公路旁。兰利的丈夫是一名管道安装工，周末要值班，什么时候回家、什么时候又要走也没个准数。兰利大喊着寻找孩子们，之后听到了她4岁女儿的回应，然后她突然的一嗓子差点把房顶掀了，她发现儿子在车道尽头抱着他的橄榄球。"我吓坏了，"她说，"他很崩溃，我也很崩溃。'罗伯特，'我说，'你不能这么做。妈妈不知道会发生什么。'"

兰利讲完她的故事，围坐在学校体育馆会议桌边上的其他十几位女性开始低声安慰她。她们正在参加一门目前还处于测试阶段的亲子教育课程，这是一个非常受欢迎的名为"赢在起跑线上"的免费学前教育项目。她们中的许多人是单身妈妈，半数以上生活在贫困线附近，所在的城镇是一个工业中心，但现在也处于风雨飘摇、朝不保夕的状态。正如兰利所说，所有人都非常清楚自己这一生这么过下去会是个什么下场，"一边发愁我们这一天天的该怎么办"，一边又不甘心，想要更多的东西。你可以说，是人生的无常将她们团结在一起的。

霍布斯位于得克萨斯州西部，在高地平原的边缘，有些人形容这里是"85%的天空和15%的草原"。这里有世界上产量最高的油田。近一个世纪以来，这里已经历经兴衰起伏、荣辱成败，但每一次繁荣都无法完全弥补上一次衰退的损失。由于全球油价一直起伏不定，油田工作自动化水平提高，化石燃料的衰退趋势日益明显，找到一份稳定的工作也变得越来越困难。一位食物赈济处的主管告诉我，镇上大多数人需要打3份工才不会来敲她的门。即使在一个好年景，当地也有1/5的孩子每天都要面临食不果腹的问题。围坐在桌子旁的妈妈们正在竭尽全力为自己的后代提供一个更美好的未来。

这里有常常必须在晚上留下3个年幼的孩子无人照料的便利店经理，因为她需要临时顶替那些没干多久就离职的员工的班次。这里有车总是抛锚的年轻妈妈，晚上，她只好打一圈儿电话借车，"连滚带爬"地赶去学校接她的4个孩子和2个弟弟妹妹，然后突然发现谁没在还得去把人找回来。虽然每周才上一次课，但课程计划仍然经常被丢到一边。家长们会一直聊到下午，尽情释放长期压力造成的忧郁情绪，仿佛是兰斯顿·休斯所说的"疲惫的布鲁斯"[1]。她们交换诸如自己认识的年轻人横死暴毙的故事，抱怨日子如此忙碌连拥抱孩子的时间都没有，分享一辆陌生的汽车在街上徘徊带来的丝丝恐惧。对兰利来说，早晨通常意味着起床起晚了、催促孩子们、忘记作业、发脾气；到了晚上，她还得一分一秒地熬到孩子们上床睡觉。

然而，这个房间里自有一份恩典赐福。用不了多久，你就能从她们为了生存"无所不用其极"的决绝中看出一种外人很难体察到的生存智慧。那天，妈妈们的出色表现受到了热烈的赞扬，哪怕这堂课本来是要传授给她们一种摆脱忙碌人生和侥幸过活的方法。几年后，这项课程将以多个迭代版本向全美数以万计的家庭推广。但在这个4月的上午习得的各种经验教训远比在任何学校教室学到的多。我们如何适应不断增加的不可预测性，并学会驯服它？在霍布斯，我目睹了边缘人生孕育而生的一种新的韧劲，一种以谨慎的警惕、动态的学习和短暂的反思为标志的人生态度。这些奇迹只有在我们的不确定性与世界的不稳定性迎头相遇时才会迸发出来。我们就是这样学会处理生活带给我们的一切的，我们也要教导我们的孩子这样做。

"我注意到罗伯特，他有些不对劲，"兰利告诉全班同学，"他晚上躺在那儿，但不睡觉。有一天，凌晨1点半，我走进他的房间，他正拿着平板电脑坐在角落里。所以我们要尝试做深呼吸来让他平静下来。"

---

1 《疲惫的布鲁斯》是休斯的早期作品，描写了在一个残酷的社会里黑人劳工的生活状态，并表达了对他们的深切同情。——译者注

"他这么小，这么聪明，他想表达自己，但听起来好像发生了其他事情？"帕特里夏·格罗维问道。她是这个学前教育课程还有镇上其他几个课程的主管，活力十足，直言不讳。她促使兰利更加努力地思考，从更大处着眼。

"哦，是的，是的，"兰利表示同意，并开始哭泣，"我知道还有一些事情。"

"他需要一点帮助，"格罗维说，"但这并不会剥夺他的潜力，他仍然可以成为他想成为的人。"

"罗伯特出生时，他的听力测试有一个月没有通过，"身材结实、鸭蛋脸、嗓音甜美、精力充沛的兰利说，"他姐姐的情况恰恰相反。一切都是那么轻松。她是那么安静……'他只是个男孩子，只是个男孩子'，我告诉自己。这只是忽视一些事情的借口。"

"你了解你的孩子，"格罗维安慰道，"是时候做一些研究了。我们也会配合你。"课程继续，又有了新的故事，格罗维和她的员工会一次又一次地强调，正如一位老师所说，"当事情没有按计划进行时，你就有机会学习新东西。当事情不顺利时，我们就会感到好奇"。

———

为什么贫困往往对年轻人的心灵产生有害的影响？几十年来，科学家一直试图揭示其根源。一个孩子所经历的创伤次数，是否会像一款悲剧游戏中的分数一样累加起来，最终导致创伤后应激障碍？低收入父母是否每天对孩子说的话更少，这一点有没有影响？确定人生早期经历的艰难坎坷对于人生结果的塑造会发挥怎样的作用是一个极其复杂的拼图游戏。单凭某一块拼图是抓不住解题的关键的。

但是，随着科学家的注意力由收入、家庭结构或对子女的忽视开始转向更广泛的系统性因素，一个缺失的要素凸显出来：不可预测性。低收入家庭往往会更频繁地搬家，而且大多是非自愿的。由于费用高昂，他们的托儿服务经常受到干扰。拥挤的家庭和不稳定的日程安排会削弱家庭生活的规律性和可预测性。经常性地不知道付房租的钱从哪里来，不知道今晚谁会在家，也不知道父母会用怎样的态度对待自己，最终都会对年轻人产生潜移默化但至关重要的影响。

2016 年，一组科学家开始拍摄妈妈与婴儿玩耍的视频，每条视频不长，只有 10 分钟。然后，他们研究了妈妈的"感官信号"（对孩子的触摸、言语和手势），以计算她的熵率，也就是她行为的不可预测程度。例如，妈妈可能会在向孩子展示玩具之前一直与他交谈，而爸爸可能会提供同一类信号，但模式是不可预测的。埃莉西亚·戴维斯、劳拉·格林、塔利·巴拉姆以及同事们发现，如此细粒度的早期混乱以前从未被研究过，但它对婴儿发育的影响比互动的数量甚至类型更重要。特别值得一提的是，由不可预测的看护者照顾的 1 岁婴儿在数年后往往表现出较差的自我调节能力。他们倾向于仓促行事，不能按照要求等待，并因失败而感到沮丧。

研究结果不应该让我们觉得要回过头去让妈妈承担责任。它们只是提供了一个新的窗口，让我们了解长期的不可预测性是如何像发展心理学家所说的那样，"深入孩子的内心"，塑造行为和年轻的大脑的。家庭或人际关系的混乱可能会产生一连串影响，

第七章　边缘人生

抑制语言发育或专注的能力。但最重要的是，年轻人似乎会因此产生更强的反应性，或者被一些人批评为没有耐心。

在一项典型的研究中，2岁时家庭被评为不稳定的孩子，到了5岁时会忍不住偷看为他们包装好的礼物，尽管已被告知不要偷看。他们回头看的速度比在有序和沉静的环境中长大的孩子快得多。生长在混乱环境的孩子，在类似巴甫洛夫条件反射的任务中也往往表现不佳，比如看到他们能等待多久才吃放在舌头上的糖果。对于将一堆玩具分类整理好但不准玩的要求，他们可能会磨蹭应付或干脆玩到飞起。

听到这样的故事，我们可能会不由自主地想起前面提到的棉花糖实验，而有关那些未通过这一挑战的人将面临可怕的未来的传闻自然也会令我们感到担心。沃尔特·米舍尔等人的研究表明，那些抢先享受而不是耐心等待更大奖励的学龄前儿童往往在SAT考试中得分较低，缺乏自信，并且容易屈服于诱惑。不过米舍尔的著名实验并不像人们通常以为的那样是某种命运的谶言，许多在测试中失败的孩子生活得也很好。

需要考虑的更重要的问题是：反应性不会总是错误的吧？认知控制对于人类的生存至关重要。如果对未来的期望值实在太低，人们最终可能就不会存什么钱了，可能会吃更多的垃圾食品或者酒后驾车。但控制冲动并不是应对生活挑战的灵丹妙药。在长期颠沛流离的状态下，情况可能恰恰相反。

心理学研究员塞莱斯特·基德第一次读到棉花糖实验时还是个学生，对于它的预言深感沮丧。当时，她正在加州圣安娜一个拥挤的收容所做志愿者，那里的家庭要共享一个公共生活空间。她回忆道："当一个孩子得到一个玩具或零食时，一个块头更大、动作更快的孩子确实有可能把它拿走。我就想，'这些小孩都会马上吃掉棉花糖'。"但随着她对孩子们的了解日渐加深，自制力低下是一种天生的缺陷或自制力低下者永远不理性的假设引起了她的质疑。"如果一个孩子对于财产被人偷、诺言无人守的环境已经习以为常，那么对他来说唯一有保证的食物就是你已经吞进肚里的食物。"基德观察发现。她认为，也许反应性可以成为对一个不靠谱世界的有力回应。

作为一名研究生，基德设计了一系列实验来检验她的直觉是否正确，并取得了激动人心的结果。她先给 28 个具有不同社会经济背景的 4~6 岁孩子提供了美术工具包，要他们给一条纸带上色，然后将其插入杯子。孩子们被告知（一次只告诉一个孩子），他们可以使用一罐用过的旧蜡笔，或者等待研究人员带着"一套令人兴奋的新美术用品"回来。这个实验精心设计的地方在于，对于一半的孩子，研究人员仅仅送上一句"抱歉，什么也没有带回来"。在第二次实验中，给同样一批孩子的选择是，要么获得一张小贴纸，要么获得一批更好的贴纸（但根本就没有兑现）。

正如你可以预见的那样，当这些孩子进行第三次实验时，他们没有心情等待巧言许诺的好处了。这组孩子中只有一个人为了得到第二块棉花糖坚持了整整 15 分钟，相比之下，被灌输这个世界是可靠的孩子中，有 2/3 可以做到。基德没有分析社会经济背景较差的孩子是否更具反应性，她的目的是观察不稳定性如何导致几乎任何人都会投机取巧。（在此类挑战的成人版本中，成年人也呈现出类似的行为模式。）基德说，当未来不那么有保证时，"不等待就是理性的选择"。

米舍尔对此心知肚明。他的早期实验表明，那些自幼没有父亲或者人生充满其他坎坷的孩子往往会选择即时奖励。"个体在相关预期上的差异性如何与情境变量相互作用来确定选择偏好，这一点尤其令人感兴趣。"他写道。米舍尔自己也承认他的自我控制能力不好（他花了好几年才戒掉烟瘾），这可能要追溯到他8岁逃离纳粹占领的奥地利时学到的关于世事无常的教训。

几十年后，米舍尔作为嘉宾参加了一档广播节目，其间一位打来电话的听众用一件一直萦绕在心头的往事为这位科学家的工作提供了佐证。63岁的史蒂夫讲述了他在4岁时如何渴望得到一件亮黄色的加厚防雨外套。他的母亲说，他得等到她下一次发工资时才买得起这件外套，不过他现在就可以买一件便宜的塑料雨衣。"我是愿意等的，"史蒂夫回忆道，只可惜他的母亲经常不遵守诺言，"但我又想，如果我再等下去，可能一件雨衣也拿不到。"于是他选择了便宜的雨衣。"而那件透明雨衣，几周后就被撕破了。"电台主持人继续往下聊，没有给米舍尔发表评论的时间。但也许他会温和地向电话中那个曾经的孩子指出，他拿到的这手牌很难打，但他已经是打得最好的了。

为什么有些孩子摇摆着身子唱着歌，乖乖坐好，竭尽所能去等待生活中迟到的款待？为什么其他孩子会这么快地改弦易辙退出角逐？棉花糖实验带给我们的后续启发是，背景环境很重要。经常作为贫困标志的不可预测性会激发人们将"一鸟在手胜过双鸟在林"这句谚语付诸实践，而这样一种应对可能不仅是实际的，而且是明智的。现在，在一个未知之数日渐增多的时代，我们还能从那些在动荡环境中长大的人那里学到什么？贫困之乱会加剧一系列认知障碍的伤害吗？会激发一系列无名优势的形成吗？

不久前，一位年轻的荷兰心理学家也在问自己这些问题。在他的领域中，普遍的假设是存在所谓的"缺陷模式"的，即在困难环境中长大的孩子受到了认知损害，需要"修复"。[一份 2013 年的科学论文就以《穷人贫乏的心智力量》（The Poor's Poor Mental Power）为标题。]但威廉·弗兰肯惠斯的早年教育经历与"缺陷模式"有颇多矛盾之处。虽然存在缺陷，但这种一味悲观的观点与弗兰肯惠斯青少年时期在阿姆斯特丹与一群混迹玩闹的人相处的经历并不相符。在那段时间里，他结识了许多无心学业且游走于法律边缘的孩子，但他们都有着惊人的"机灵劲儿"。弗兰肯惠斯说，他现在已经是一位教授了，但仍然保留着一丝叛逆的个性。"心理学的主流观点聚集在他们缺乏哪些技能上，但我很难想象这就是故事的全部。"

  另一段对他的性格产生了同等塑造效果的童年生活给了他进一步的线索。弗兰肯惠斯的父亲是一位生物学家，从小弗兰肯惠斯 9 岁到他十几岁，老弗兰肯惠斯一直是历史悠久的阿提斯皇家动物园即阿姆斯特丹皇家动物园的园长。在那段时间里，他们一家人住在 25 英亩[1]的大公园里，里面到处是动物和花草树木。"你可以在早晨和晚上目睹各种动物，听到它们的声音。当我们在动物园里散步时，我父亲会问我，'你认为孔雀羽毛为什么长成那个样子'，或者'为什么这只动物这样做'，他会鼓励我思考生存、繁殖以及成本和收益。"当从加州大学洛杉矶分校获得生物人类学博士学位时，弗兰肯惠斯意识到，缺陷模式不能解释人们对其当前环境需求的适应能力。大脑拥有根据经历体验改变其结构和功能的巨大潜力，是适应的终极器官。

---

1 1 英亩 =4046.86 平方米。——编者注

自然选择通常被认为是一个需要几代人的时间才能显露结果的过程，是对整个物种性状的精雕细琢。但即使是单独一代或一个亚群（一群鸟雀、某种植物的区域变异）也可以发展出被称为表型的特征，以增强它们对特定生态的适应能力。根据进化论，这种进化了的性状可能也有不足之处，但其收益往往会超过代价。例如，在掠食者猖獗的地区，欧洲椋鸟的幼崽往往体重偏轻，这样它们就能够迅速学会飞行。曾经受过虐待的幼儿往往具有一项不可思议的能力，那就是能够察觉到最轻微的愤怒迹象。受到这些发现的启发，弗兰肯惠斯产生了一个激进的想法：不仅他的朋友们非常适应所处的恶劣环境，而且专家们试图抹杀他们身上未被认识到的优势也是不道德的。

当时，许多社会工作者、韧性研究人员和心理学家将贫困儿童的警惕性和机会主义视为一种可以被原谅的弱点。他们认为这种反应性与一个安全、可预测、人人都应有一席之地的世界是格格不入的。对社会经济阶层较低的人来说，重要的是他们未来需要的技能，以便有朝一日能够融入主流，至少普遍的想法是这样的。所以面对逆境仍能脱颖而出（而非因逆境而生）的心理素质，如耐心或持续专注，才能算令人受益的品质。

弗兰肯惠斯的创新在于改变了对混乱的看法，认为混乱可以产生有很强适应能力，因此在不稳定时期更具优势的智力形式。如果短视是一种狡黠，那会如何呢？他问。如果冲动有时是敏捷的标志，又会怎样呢？他为悠久的人类奋斗史提供了新的视角，并将那些在不稳定环境中长大的人的生活智慧放到科学的聚光灯下细细研究，从短跑选手杰西·欧文斯和小说家查尔斯·狄更斯，到最高法院法官索尼娅·索托马约尔。

2013 年，弗兰肯惠斯写了一篇论文，为他的新理论总结归纳了一些零散的证据。他的号召改变了发展心理学的进程，并引起了儿童成长进化理论的先驱、犹他大学心理学家布鲁斯·埃利斯的注意。两个人开始联手采访欧洲和美国的青少年、家长、社会工作者和学者同行。他们提出的问题是，在一个威胁可能毫无预兆地袭来的世界里长大的孩子必须学会做好哪些事？他们在哪些方面做得与城镇里那些有秩序、有资源，有时还会受到成人过度关注的孩子一样好，甚至更好？

弗兰肯惠斯和埃利斯试图绘制第一张我们或可称为"街头智慧"的高分辨率地图，但进展很艰难。大量关于贫困心理学的文献只提供了一些有关乱世技能的研究成果（其中有些还属于意外偶得），而更多的研究领域仍是一片空白。与研究许多其他学科时一样，研究人员面临着不断巩固科学共识的压力，因此他们倾向于将与共识不一样的发现视为偶然。有些研究人员怀疑自己可能缺少另一种视角，但又无从下手，不知道如何揭示贫困人口的优势。终于，经过大量基础工作、错误和坚持，弗兰肯惠斯、埃利斯和不断扩大的协作者网络开始揭示人类在困难时期可以发展的认知技能。

这些来到明尼苏达大学实验室的青少年，此前的大部分时间与领养家庭生活在一起。他们早年都是在国际孤儿院度过的，受到的照顾往往不周，生活条件也很恶劣，这段经历在他们身上留下了深刻的印记。在 2016 年的实验中，40 多名被收养的孩子和另外 33 名在原生家庭中长大的孩子被告知，他们将与一个匿名同伴玩在线信任游戏，但被试不知道的是，这个同伴其实是一个软件程序。

每轮游戏开始时，一个孩子会收到 6 枚虚拟硬币，他可以

第七章　边缘人生　　221

保留这些硬币或将其交给另一个玩家；如果把硬币给另一个玩家，对方的硬币数量将会变成初始的 4 倍。如果另一个玩家随后予以酬答，则所有拿在手里的硬币都将被平分，这个孩子最初的善意也将得到回报。但如果另一个玩家选择背叛并保留所有硬币，这个孩子就只能得到区区 3 枚硬币作为安慰。一组孩子比其他孩子更快地领会了游戏的关键规律。这是一组熟练掌握生存模式的孩子。

起初，虚拟同伴似乎很友善，予以酬答的情况占到了 70%，被收养的孩子虽然最初有点怀疑，但后来也变得像成长环境更稳定的孩子一样愿意分享他们的收获。但在后来的几轮游戏中，情况发生了逆转，虚拟同伴做出酬答的次数占比还不到 1/3。此时，大多数未被收养过的小孩还坚持继续分享他们的硬币，他们很难接受世界是不安全和不可预测的。相比之下，在国际孤儿院生活时间较长的被收养的孩子在对方选择背叛时"立即改变了他们的行为"。正如科学家观察到的，"他们学得更快"。

有赖于"隐藏的才华"这一新范式的启发，研究人员取得了一系列发现成果，对源于早年不稳定性的认知敏捷性有了新的认识。在动荡环境中长大的年轻人能够在快速变化的局势中捕捉到各种微妙的变化，例如愤怒或欺骗的微弱迹象，或者是止损时机已经成熟的信号。他们能做的远远不止把看到的第一块棉花糖抢到手。研究人员曾经针对那些在童年期频繁经历父母离婚、搬家或日常生活颠沛流离的年轻人进行过一系列实验。（例如，为了评估幼年不稳定的生活环境，被试会被问及诸如在多大程度上认同"当我醒来时，我常常不知道我的房子里会发生什么"之类的问题。）研究人员还通过报纸上的一篇文章诱导被试感到世界变得越来越不可预测，并以此为背景测试被试的工作记忆更新能力（即将不相关的数据替换为更重要的新信息的心智能力），结果在混乱环境中长大的被试表现更为出色。

研究家庭不稳定性的社会心理学家詹妮弗·希伊-斯凯芬顿观察发现，在更加混乱的环境中长大的人往往会"重新配置他们的认知资源来满足紧迫的需求"，他们会把自己"可能永远无法体验"的遥远未来先放到一边。正如生活中的意外会促使我们觉醒，进而激发我们所有人的学习动力一样，持续激变的不稳定性也会促使年轻人变得异常适应他们的环境。这是一种几乎没有人愿意选择的生活方式，但它因需要而生，有着不亚于正常生活的非凡意义。而且这是一种可以拯救生命的生存态度。

"稳定，我不知道它的定义。"生活在巴尔的摩地区，日子过得很拮据的 21 岁黑人贾斯廷说道，"如果你期望一件事，但事情并没有那样发展，那么就应该采取 B 计划了。"

在因系统性不公正而深陷贫困、不平等和暴力的城市社区长大的年轻黑人男性往往紧张易怒、焦虑不安。"我总是，就好像是，眼观六路，耳听八方。"18 岁的托尼说。研究人员乔斯林·史密斯·李对这位同样来自巴尔的摩的年轻人"活在当下"的本事进行了十多年的研究。无论他们身在何处，贾斯廷、托尼和他们的同龄人都会不断审视周围的环境，仔细观察社交场合，表现出高度的警惕性。这本是创伤后应激障碍的主要症状，但在他们的案例中，正如史密斯·李等人指出的那样，创伤是一直持续的，而非过去的经历。在巴尔的摩东区的一项研究中，黑人男性的报告显示，他们在 24 岁之前平均经历过 3 名近亲或同龄人被谋杀的事件。

研究人员诺尼·盖洛德-哈登发现，在这样的环境中，看似对社会上的其他人构成威胁的警惕性往往是一种保护性的应对机制。为了探究其中的联系，她调查分析了芝加哥低收入社区一群黑人青少年出现过度唤起现象的次数，例如神经质、暴躁或不断检查周围环境。结果显示，那些警惕性最高的人在接下来的一年中目睹的暴力事件反而最少。盖洛德-哈登告诉我："高度警惕让他们能够捕捉到有关其周围环境是否安全的蛛丝马迹。"

青年计划一般致力于消除诸如适应不良之类的反应性，教育工作者和社会工作者将这一过程比作"让猫收起爪子"。但与弗兰肯惠斯一样，盖洛德-哈登问道："我们的干预是否让所需的生存策略被削弱甚至失效？"同样重要的是，在这个社会中，我们是否忽视了所有人在动荡环境中有时可能需要的心态？在高度不稳定的情况下，全力以赴的适应力会让人们保持他们应有的状态：时刻处于变化的边缘。19 岁的巴尔的摩少年马特说："保命是要花很大力气的。"弗兰肯惠斯和埃利斯将他们所揭示的隐藏的才华称为"压力适应技能"，街头的年轻人则将这种敏捷、激动人心但往往代价高昂的生活和学习方式称为"恰到好处"。

詹姆斯·麦克布赖德在他的回忆录《水的颜色：一个黑人向他的白人母亲致敬》（*The Color of Water: A Black Man's Tribute to His White Mother*）中回忆道，他曾坐大巴去参加"为最需要帮助的人"举办的夏令营。爬上座位后，他注意到母亲的身边站着一位温文尔雅的黑人男子，留着山羊胡，身穿一身皮衣，显得颇为醒目。麦克布赖德的母亲两次丧偶，是个心胸宽广、急性子的女人。她身兼数职，勉强养活麦克布赖德和他的 11 个兄弟姐妹。孩子们在成长过程中没少为了抢一口吃的而发生冲突，就连床也要兄弟姐妹轮流睡。麦克布赖德形容这个家庭是"极度混乱"。

在大巴上,坐在麦克布赖德旁边的一个小男孩自豪地指着那个穿皮衣的男人说那是他的爸爸,还吹嘘他爸爸是黑豹党。年轻的麦克布赖德想起与这个激进组织有关的暴力故事,心里充满对自己母亲的担心。大巴启动的瞬间,他转过身来,一言不发就给了他邻座的下巴一拳,把对方打蒙了。

———

在动荡中长大的孩子的大脑决定了他们最终只会做生存所需的事情。他们的认知回路变得只擅长在脆弱的时刻捕捉最重要的事情:转瞬即逝的机会、预示接下来会发生什么的微妙线索,以及最重要的一项,即将到来的危险的迹象。在高度不可预测的情况下,正在发育的前额叶皮质(人类的意义建构中心)"从感官世界中获取一切,包括这种恶劣环境中的景象、气味、声音,并将这类信息输入提炼并融入决策平台,用于检测威胁",神经科学家同时也是神经可塑性领域的专家贵雄·亨施告诉我。正如麦克布赖德的脾气所表明的那样,这种心态可能与平静的环境格格不入。但更重要的是,这种苦乐参半的认知狭隘化可能没有给探索和求知这一类童趣留下多少空间。

如果一切顺利,大脑会发育成长为一个灵活而高效的神经连接矩阵,成为日益复杂的思想、情绪和感知的生物学基础。为此,新皮质,也就是大脑最上面的关键皮质,在生命的第一年会随着神经连接的增加而变厚。然后,从幼儿时期一直到成年初期,大脑皮质会逆转方向并慢慢变薄。在孩子逐渐了解在他的环境中哪些重要、哪些可以忘记之后，较弱或未使用的突触就会被修剪掉。

与此同时，突触之间通信的加速也提高了大脑的效率。在所谓的髓鞘化过程中，轴突（产生分支状连接，并向其他神经元发送信号的神经元体）被包裹在一层脂肪绝缘体中，从而增强突触的传导性。成长中的大脑一边精简神经内交流，一边加快其速度，同时仍以从容不迫的速度继续发育，以便在其分支状结构中逐渐构建丰富的复杂性。

然而，长期的不可预测性似乎会引发一种急于求成的发育状态。与较富裕的青少年相比，来自社会底层、经济条件较差的儿童的皮质往往较早且迅速变薄，这一过程会限制神经连接的长期生长，因为神经连接的发育是建立在一系列经验的基础上的。还有一些证据表明，童年期遭受过创伤或虐待，以及经历过贫困的人，会出现过早且过多的髓鞘化。重要的是，在提高神经元效率方面，髓鞘化会阻止神经元之间萌生新的突触连接。换句话说，髓鞘化过程会抑制神经可塑性，而这类新神经连接的形成本来是在我们的一生中都会发生的，尤其是在童年期的特定阶段。被包裹起来的年轻大脑正在变得越来越刻板。

在长期压力下发育的大脑似乎会通过一切可能的捷径来磨炼出一套内容和应用场景都比较有限的生存技能，这是一个加速发育的过程，但可能会损害大脑的长期潜力。当宾夕法尼亚大学的科学家将社会经济背景不同的青少年的大脑图像输入机器学习算法时，程序根据对大脑结构和功能的多种测试结果，将一半出身贫寒的男孩分类为成年人。相比之下，只有不到1/3的富裕同龄人被如此归类。（这套软件对女孩们的判断基本相同，只不过比例没有那么悬殊。)与此同时,大脑成熟较早的青少年往往在认知推理测试中表现不佳。在混乱环境中长大可能意味着认知成长得太快,从而削弱了良好推理的认知能力。这也可能意味着这些孩子独自面对生活的时候太多了。

在最早一批发现混乱环境中长大的儿童认知过早成熟的研究成果中,有一项涉及帮助我们管理恐惧的大脑网络。在整个童年期,前额叶皮质慢慢地与杏仁核建立联系,然后对其进行调节。杏仁核是大脑对环境威胁的检测和调节能力的大本营。由于婴儿最初没有能力应对生活中的磕磕绊绊,因此父母通常会介入以提供帮助。亨施说,父母可以平息孩子的怒火或抚平他们的悲伤,因此对孩子来说扮演着"准前额叶皮质"的角色。这种安慰的姿态不仅让孩子学会通过多种途径保持心理健康,而且还使年轻人的杏仁核、前额叶皮质、海马这些皮质边缘回路准备好在当时和未来听取自己信赖的经验之谈。大人在传递这样的信号:你可以依靠我,你可以向我学习。这就是神经可塑性在发挥作用。

然而,生活在动荡环境中的孩子可能不得不快速学会自己擦干眼泪。耶鲁大学神经科学家迪伦·吉领导的研究表明,许多幼年身处逆境但挺过来的年轻人确实有皮质边缘回路提前成熟的现象,但较少出现此类经历后通常出现的高度焦虑。这种快速发育可能使他们能够在身处逆境时不会在情绪上被压垮,但也会让他们放弃许多机会,不愿意再学习一系列自我安抚的新方法。

例如,面对压力很大的情况,大多数曾在收容机构待过的幼儿似乎并没有因为养父母的陪伴而感到安慰。研究表明,即使身处这种关爱的环境,他们的杏仁核也仍然保持高度的反应性。被生存模式消耗太多,即便艰难时刻已经过去了很久,他们也可能仍然没有足够的余力去尝试其他的生存之道。

在不可预测的环境中长大的孩子常常对任何新的和有威胁的事物保持警惕。他们与快速变化保持同步的能力反映了我们这个物种在动态环境中学习的能力，也体现了人类大胆的适应性。不过，这种生活方式的代价还是太高了。在不稳定环境中长大的儿童可能不会经历发展心理学家艾莉森·高普尼克所说的童年可塑性的"涡轮增压"阶段，即"一段受保护的时期，以便通过探索从环境中提炼信息"。所有的孩子都有求知欲，无论生活多么艰难，他们都充满好奇。但在成长过程中，他们不得不进行令人痛苦的取舍，放弃许多培养超越反应性的思想境界的绝佳机会。生存模式只是一种短期的胜利。

"没有革命性的发现。"威廉·弗兰肯惠斯在2019年写道。他强调，自然选择告诉我们，所有适应都是权衡的结果。他和他的协作者坚称，他们并不像一些人指责的那样，试图通过揭示生活在不稳定环境中的脆弱人群的种种优势来给贫困戴上一张阳光灿烂的面具，或者分散人们对解决贫困弊病的注意力。在与我进行视频通话时，他明显因为记者甚至他的协作者夸大他们的早期发现而感到不安。"我们只知道一些零碎的东西。"弗兰肯惠斯断言，他因自己的开诚布公和科学谨慎赢得了同事和评论家的尊重。他说，可能需要几十年的时间才能厘清贫困的优势，但越来越多的证据表明"有些东西是存在的"。

现在，越来越多的政策制定者、科学家、基金会和活动人士开始响应他的呼吁，质疑有关贫困造成的种种缺陷的叙事过于绝对，努力让那些因社会对不可预测性深感恐惧而连带着一身本领也受到诋毁的人获得重新教化的机会。他们提出："怎么做才是为了孩子们好?"这个问题并不是对进步的干扰,而是一个迟来的机会,让我们认识到在不确定性中蓬勃发展并没有一条最佳途径。

2018年,纽约现代艺术博物馆以化解分歧为主题举办了一个为期一天的沙龙,并邀请弗兰肯惠斯发表一段简短的视频演讲。"从困难和风险中是否可以学到一些东西?"会议的主要组织者、策展人葆拉·安东内利问道。

站在自己的荷兰花园里,身旁的鲜花在6月的微风中摇曳,怀里抱着他10个月大的儿子,弗兰肯惠斯对着镜头侃侃而谈。"这是我的儿子,卢卡斯。"他开始说道。如果卢卡斯在恶劣、不可预测的环境中长大,弗兰肯惠斯说,他很可能在某些认知测试中表现不佳。"数十年的心理学研究都聚焦于这一发现,"他说,"然而,在我的研究中,我关注的是一个不同的问题,即在极端逆境条件下成长起来的年轻人拥有的隐藏的才华。"

在一分钟多一点的时间里,弗兰肯惠斯明确表示他正在打一场持久战。面对艺术界人士,他没有提出夸张的主张或使用花哨的术语。"我们需要的是一种全面的方法,让我们了解不稳定生活的优点和缺点。"他说。这个故事还远未结束。我们能否认识到,充满不可预测性的生活需要街头智慧的反应性以及思考和探索的机会?我们能看到一个问题的正反两面吗?

———

4岁的哈马尔犹豫了。他手里拿着一张卡片,上面画着一个普通的黄色三角形。他面前的一张小桌子上排列着另外四张图卡。哈马尔在明尼阿波利斯北部的一所幼儿园与老师和几个同学玩的这个游戏看起来很简单：按颜色或形状对卡片进行分类。在颜色分类回合中，卡片按黄色或蓝色分类摆放；改变规则后，则按三角形和圆形进行分类。

这个游戏表面看似简单，实则颇为重要。只要玩上几分钟，就可以判断出幼儿对问题的持续注意力、倾听和响应（而不仅仅是反应）的程度。这就是生存模式（尽管它也能适应）无法发挥作用的地方，也是在资源贫乏环境中长大的孩子常常表现欠缺的地方。哈马尔是一个说话轻声细语的男孩，穿着迷彩衬衫、牛仔裤，留着玉米辫。今天早上，他被要求从两个方面看待一个问题，但一上来他就失败了。

最初，老师劳里·奥斯特塔格给了哈马尔一张上面有黄色月亮的卡片，并要求他按颜色分类。桌上的卡片都不是黄色的。哈马尔匆忙将他的卡片放在蓝色月亮的卡片上。然后奥斯特塔格温和地引导他重新思考自己的选择，这是黄色的吗？这是黄色的吗？然后哄着他将卡片放入弃牌堆。她让其他孩子轮流玩过一遍之后，又给了哈马尔一个机会，这次是按形状分类。

这次他停顿了一会儿，犹犹豫豫地将手中的黄色三角形卡片在一张诱人的小黄花卡片上比画，最后轻轻地将其放在红色三角形卡片上。"你停住了，你想起我们正在玩形状游戏了。"奥斯特塔格高兴地说。他们击掌相庆。哈马尔举起双臂，在座位上跳了一小段摇摆舞。老师和孩子对他胜利的重要性和脆弱性都心知肚明。

站在一旁的是明尼苏达大学著名研究员菲利普·戴维·泽拉佐，他的全部职业生涯都奉献给了对儿童如何摆脱持续反应性限制的研究。在一个寒冷的冬日，他和我观摩了两所幼儿园（其中一所开在了收容所里）的班级课程，而他还要在幼儿园里进行实验并制定干预措施，包括后来那个将霍布斯的妈妈们聚集在一起的计划。

泽拉佐身材高大，沉默寡言。他的父亲是一位发展心理学家，曾对有关婴儿基本上不具备有意识思维或抽象推理能力的假设提出过反驳意见，并因这一开创性见解而名声大噪。作为20世纪80年代的高中生，泽拉佐被这个领域吸引，但对当时的研究人员基本上避免深入研究人们内心生活的混乱主观性感到沮丧。在大学里，他开始写小说，直到一门关于额叶的精彩课程让他相信，心理学家可以像任何小说家一样充分发掘思维的复杂性。泽拉佐并不担心自己的辛苦付出会被父亲的光环笼罩。"我一直有一种感觉，我们知道的东西还是太少，而有待发现的东西又太多。"泽拉佐告诉我。

在耶鲁大学读研期间，泽拉佐发明了维度变化卡片分类游戏（也就是哈马尔玩的那个游戏），现在它已成为世界上最著名的儿童认知评估方法之一。当时，对于良好学习能力的秘诀孜孜以求的教育工作者开始减少对于孩子们掌握多少知识的关注，转而更多地关注他们如何运用自己的思维。在这一转变的过程中，他们发现了三种注意力技能，即工作记忆、认知灵活性和抑制力，并统称它们为"执行功能"。这方面能力较强的孩子可以灵活熟练地管理自己的思维，从而在整个求学期间都能保持强大的动力。通过卡片分类游戏，泽拉佐创造了一种巧妙的方法来追踪这些热门新技能，而老师和家长也越来越多地寻求向孩子们传授这些技能。

虽然泽拉佐成了一位满世界宣讲执行功能的专家，但他仍然意识到，相比如何让孩子们安静坐好、集中注意力，更重要的是如何让孩子们在学校和生活中取得成功。他发现了一种很有前途的方法，可以帮助在混乱环境中长大的孩子恢复求知欲和可塑性这两项年轻人本来就应该更为突出的特质。

分类游戏的核心谜团在于，为什么有些孩子在规则改变时无法及时换挡，改变自己的玩法。就像那些天生对威胁敏感，因此过度警觉地保持高度警惕的青少年一样，在不稳定的环境中长大的学龄前儿童往往死抓住一种游戏方式不放，而大多数孩子在那个年龄早就能够按照卡片上暗含（藏得并不深，稍微动动脑子就能发现）的其他维度采取行动了。

有趣的是，这种错误并不能完全用工作记忆等执行功能的缺陷来解释。如果你制止正在错误分类的孩子并问他："我们现在玩的是哪一种形状或者颜色的圆形？"他们可以准确地告诉你他们应该做什么，同时顽固地继续犯错。而且，他们也不是把一种玩法练习得太好以至换别的玩法就玩不转了（一种缺乏认知控制的思维模式）。许多人只玩了一轮就开始固执不变了。那么，如何才能让孩子们摆脱单一的世界观，并教会他们以思虑更加周全的态度面对复杂的变化？泽拉佐认为，对生存模式的一个重要补充是反思。

后来我又拜访了泽拉佐一次，我俩约在圣保罗他家附近的一家拥挤的中东咖啡馆见面。与以往一样，只要一谈起思维，泽拉佐就开始滔滔不绝，不吃不喝能聊好长时间。午餐时间过去了很久，咖啡馆里的人也走光了，他仍在耐心地给我讲述多年来默默工作的酸甜苦辣。他对执行功能的研究贯穿其整个职业生涯，其间亦发生了颇多故事，不过他始终拒绝放弃对解析我们内心生活的模糊复杂性的探索。经过深思熟虑，他选择了一个如此宏大、如此抽象、如此接近意识之谜的研究课题，以至他的许多同行认为它完全是"哲学性"的。在心理学界，"哲学性"这个词就意味着你出局了。泽拉佐并没有被吓倒，他默默地努力以科学的方式充实这一概念，发现其神经基础，绘制其在年轻人中的发展形态，同时梦想着有一天他可以带着自己的发现走出实验室，走进深陷不稳定环境中儿童的生活。现在，这个时刻快要到来了。

想象有一位船长踏上旅程。为了进行导航，他可能会使用六分仪、指南针或星图之类的工具，而这些工具就类似于大脑的执行功能。虽然掌握了使用这些支持系统的全部技能，但船长仍然必须努力充分理解一路上遭遇的每一个意外或祸福难测的问题（风向的转变、突然的大潮等）。根据泽拉佐越来越有影响力的理论，这项认知工作是通过对问题进行反复思考来实现的，为的是将细节和背景信息添加到起初较为粗略的视图中。他说："我们从给定条件开始，然后积极地反思它，丰富我们的理解。"

泽拉佐解释说，人类的大脑，连同其分支连接和层级架构，是最适合执行这项工作的。不仅"自上而下"的额叶要对"自下而上"的感官区域实施松散管理，而且在我们建立理解的过程中，额叶各个部分本身都会按复杂性由低到高的升序依次动员起来。经过多年的学习和训练，孩子们可以协调越来越复杂的大脑网络节点，有了这个本事，孩子们就可以看到一个问题的多个方面，并掌握这些不同知识脉络之间的关系。经过一番反思，一只红兔子可以突然在幼儿的眼睛里变成既是一种彩色物体又是一种动物的样子。正如泽拉佐所说，这就是顿悟，是它让思想者，无论老少，"站到了决策树的顶端"。

在玩分类游戏时不进行反思的孩子能够记住一项规则，例如按颜色进行排序。他们可以理解还存在另一种玩法，甚至可以建议别人如何按形状进行分类，但是，由于他们尚未在心智上将这两条信息连接起来，因此一旦规则改变，他们就会与新的现实脱节。

在与教育工作者的交谈中，泽拉佐经常将反思比作思维的空中交通管制系统。倘若以这种方式进行思考，那么无论是对于问题还是对于思维内容，你都可以上升到一个"元视角"进行审视。"从一维视角（关注颜色或者形状，但无法同时做到）转到二维视角，你就可以发现这两种情况都是有效存在的，只不过你在这一时刻使用了一个而不是另一个维度。"他说，"你的思维跳升一两个层次，对于问题就有了端正的认识。"通过发掘利用心理学、神经科学和意识研究等领域取得的研究成果，泽拉佐正在帮助揭示我们所谓的"慢思考"的运作原理。他正在解锁"行动中的不确定性"的一种关键形式，而作为成年人的我们对于这种形式也往往无法追求。

就在我第一次访问泽拉佐实验室的那一年，他迎来了自己的一个转折点。在哈马尔欢庆胜利前不久，泽拉佐发表了一系列实验报告，这或将激励他在未来 10 年的职业生涯里继续奋发，为他在如何改变人生这个问题上的探索奠定成功的基础。他发现了如何传授反思之道。

为了启动研究工作，泽拉佐和他的研究生们邀请中低收入背景的学龄前儿童来玩分类游戏。然后，他们只邀请那些未通过挑战的孩子参与实际实验，而这一次游戏使用的卡片都是这些孩子以前未曾见过的。第一组在分类游戏中失败的孩子随后只是独自玩新游戏，而第二组孩子则被告知他们回答的是对还是错，然后让他们参加许多幼儿园都有的那种"强化学习",比如贴金星的奖励表。

然而,第三组被首轮淘汰的孩子接受了彻底的思想改造。每当他们犯了错误时,实验者都会停止游戏,向他们阐明出了什么问题,并要求孩子指明他们正在玩的游戏的类型,然后提供一个相关的例子,让他们再试一次,必要时可以提供帮助。从本质上讲,他们是在学习反思任务的性质,并将他们有关游戏的知识片段串联起来。通过教练式的辅导,孩子们认识到,他们在任意时刻的思考方式只是一个想法,而他们可以对这个想法进行充实和微调。结果颇具戏剧性:仅仅几毫秒的全面思考就变认知失败为成功。

大多数接受过反思训练的孩子在后来的分类挑战中也表现出色,其中许多人一点儿错误都没犯。那些来自最低收入家庭的孩子进步也是最大的,就全美范围而言,这类孩子的游戏得分通常能排进前 38%。研究结果表明,明确的辅导可以加强支持高阶思维的执行功能技能,进而提高儿童管理思维的能力。更令泽拉佐兴奋的是,有迹象表明,哪怕是小到 3 岁的幼童,仅仅 20 分钟的反思训练就可以帮助他们尝试新的思维维度。

在实验中,孩子们戴上插满电极的小头盔,以便追踪他们的神经活动。泽拉佐着重记录了 N2 脑电波的活动,这是在我们含蓄或明确表示发现了环境中的错误、问题或模糊之处时,伴随着"哎呀"一声释放的脑电波。几乎每个人,甚至婴儿,都会在某种程度上感受到生命的多面性。问题是,我们会正视不确定性这个关于变化的指向性最强的指标吗?此时出现的压力激增是一个起点,会产生一种生理上的兴奋,让我们做好准备去考虑哪里出了问题。从这里开始，我们可以为接受不确定性做好准备，主动响应不断变化的形势，而不仅仅是被动反应。

泽拉佐的研究显示，与那些没有改变策略的孩子相比，那些学会反思的孩子在游戏规则改变前后的 N2 脑电波活动水平较低，但这并不是说他们的警惕性没有那么高。相反，他们获得元视角的能力有助于他们更好地应对认知冲突，也就是说，他们可以更好地应对"哎呀"信号，并更顺利地进入新一轮游戏。（其他研究显示，接受过反思训练的孩子在玩耍时也表现出更强的额叶动员能力。）此外，训练结束后，他们在一项对同龄人来说非常困难的任务上的表现显著提升，这项任务就是辨别他人的错误观点。"当苏西离开房间时，乔伊挪动了她的洋娃娃。"实验者会告诉一个小孩，"当苏西回来时，她会认为洋娃娃在哪里？"大多数学龄前儿童认为苏西知道洋娃娃去了哪里，而那些学会反思的孩子则能提供更意想不到的观点。

"反思性思维能否保护混乱环境中的孩子免于在认知方面成长过快？"我问泽拉佐。当时，经历逆境的儿童大脑过早发育还属于一种新发现的现象，没有人知道这种过早发育能否预防或逆转。神经可塑性在很大程度上仍然是一个科学谜团，尽管对于啮齿动物的研究提供了一些有趣的证据，表明强化神经连接的时期是可以培养出来的。

不管怎样，泽拉佐已经开始展望未来，并把各个点连接起来。他说，通过反思，混乱环境中的孩子可能正在建立丰富的思维复杂性，而当他们的大脑过快专业化时，这种复杂性可能会消失。"保持探索模式，保持好奇心，发现玩新游戏更容易，这就是可塑性。"他说，"反思是对各种可能性的开放。当你反思时，你所保持的是一种童心式的开放。"

　　凭借他在训练反思能力方面里程碑式的工作以及其他实验室发现的确凿证据，泽拉佐开始公开表明立场。他和自己最亲密的协作者、心理学家斯蒂芬妮·卡尔森开始公开探讨反思对教育工作者及其资助者（包括贝佐斯家庭基金会以及陈-扎克伯格基金会）的重要意义。他们成立了一家初创公司来营销数字版本的排序游戏，并将公司命名为"反思科学"。接下来，泽拉佐将尝试一种冒险的新方式，将他的发现更深入地融入有些孩子的日常生活，而这些孩子，正如明尼阿波利斯收容所的一位老师告诉我的那样，常常"不知道明天会发生什么"。

　　在他取得这些研究成果之前的几十年里，贫困人口认知障碍的标准干预措施往往规模较小、成本高昂、控制过死、效果平平甚至有时没有效果。干预带来的收益通常仅限于项目本身的定向干预群体，干预措施很难扩大规模或普及推广。很多时候，干预措施忽视了参与者现实生活的复杂性，比如与生俱来的不可预测性、闪电般的节奏以及日复一日、无休无止地生活在生存模式中。典型的干预努力集中在响应父母或孩子的需求上，这种只攻一点不计其余的孤立操作忽视了对年轻人世界至关重要的家庭互动。同时，学术领域中的许多人也开始质疑，这些颇具前景的早期科学发现是否可以更好地与生活在不稳定环境中的人相适应，甚至被他们塑造和影响？

　　2013 年，泽拉佐加入了哈佛大学发起的一项旨在缩小这些差距的新计划。"创新前沿"的设立是为了资助"短周期"干预措施，特点在于其策略和内容会随着项目有效性证据的出现而不断丰富发展。计划的运作模式更类似于硅谷风格的快速失败实验，而不

第七章　边缘人生　　　237

是以往那种有固定脚本的干预。此外,支持该计划的激进学者尤其鼓励实施一些能让整个家庭都参加的更具开创性的项目。泽拉佐与一家受人尊敬的公司合作(这家公司还管理着"赢在起跑线上"培训计划和课程),花了几年时间创建了一门课程,这门课程被纳入"创新前沿"的首批项目,大体来说是使用一种开创性方法向不稳定家庭传授反思技能。他一些最重要的早期合作者就是霍布斯的那些妈妈。

这门课程名为"习惯成自然",源于泽拉佐的研究,表面上旨在帮助家庭建立威廉·詹姆斯所说的"秩序习惯",恢复经常被贫困和混乱侵蚀的生活常规。每个参与的家庭都会收到一包活动卡片,目的是将往往被搞得很紧张的日常过渡环节(例如准备上学或就寝)转变为有节奏的惯例。虽然这种规律的生活很重要,但正如课程所解释的那样,它们本身只是提供了一个巧妙的切入点,旨在让人们学习如何"思考你正在做的事情"。泽拉佐说:"这是一门偷偷训练反思的隐蔽课程。规律作息是一个很好的附加福利。"

在为期 8 周的课程中,家长们将学习一系列技能,比如暂停、参与、鼓励他们的孩子,而最重要的是反思,并在他们和孩子清理玩具或摆桌子时能够用得上这些技能。通过这种方式,那些简单的生存行为,甚至他们不可避免出现的错误,都可以成为思考、调查和改善的对象。"我认为这门课更像是让我们凡事有计划,做事有章法,"莎妮丝·兰利告诉我,"但这可不仅仅是关于我们如何走出家门或回家的一门课,还是关于我如何对工作中或商店里的人、我的丈夫或我的母亲做出反应,我如何完成工作以及我应该优先考虑以及不考虑哪些事情的一门课。它已经深入我生活的其他领域。"

幼儿园园长帕特里夏·格罗维开始进入正题，房间里安静了下来。在我 2018 年访问时，霍布斯是全美 11 个正在对"习惯成自然"进行公开测试和评估的地点之一。今天早上到目前为止，春假结束后的妈妈们一直在聊天，谈论着孩子征服攀爬架的小快乐，以及孩子走失时的揪心感受。现在，她们把注意力转向格罗维。"让我停下来想一想，这就是反思。"她说，"什么在起作用？什么不起作用？我们正在做的所有这些暂停、参与和鼓励，目的都是反思。"她在强调这门课程的核心信息："在任何时候，你都有选择。"

在寥寥数语完成介绍后，妈妈们分成几个小组讨论如何将新技能付诸实践。我和兰利还有其他几位妈妈分在一组，其中有斯塔尔·吉布森，就是那位汽车容易出故障的年轻妈妈。

吉布森开始讲述她最近经历的一场惊吓，起因是她的学龄前孩子溜出了家门。前一分钟她还听见普林斯在玩玩具，后来就没声儿了。她瞬间警惕起来。当吉布森在家里和人行道上都找不到他时，她首先怀疑普林斯是不是去找基亚（基亚是她的表弟，经常照顾普林斯）了。"一到周末，普林斯就成了他们家的宝贝了。"在过马路的 30 秒里，她的脑海中掠过其他许多可能性：他会不会躲起来了？他真能大老远跑去基亚家？她边走边拨通了表弟的电话。对方没接。

小组里的诗人和智者多萝西·菲尔茨惊叹道："你是如何保持冷静的？我的意思是，你这个当妈的居然没有尖叫、到处乱跑、胡乱捶打。"她想起自己有一个孩子被人带走时，她就没控制住

第七章　边缘人生

自己。

吉布森沉浸在回忆中，喃喃说道："我又一次开始思考。"她思考她的孩子通常会做什么？如果不是心血来潮，他可能会做什么？"我了解我的孩子，他不会只是闲逛。"她牢记一点，哪怕她的脑海中闪过某种可怕的可能性，她也要思考。再怎么恐惧，她也要找到答案，勇敢地抓住元视角。泽拉佐说："承担起认识世界的责任，一种方式不行就换另一种方式，再不行就想第三种方式，这就是核心所在，这就是洞察力。"吉布森按响了基亚家的门铃，没有人开门，她又试了一次，普林斯确实在里面。

"我觉得自己是个坏妈妈。"吉布森承认道，眼泪都快掉下来了。

"听起来你好像是在反思。"格罗维加入了讨论，"你正在考虑处理这种情况的方式。这让你开始考虑其他选择。"

这次对话是在小组里公开进行的，同时也想促成这个课程的另一个主要目标：将反思技能继续向下传授给最年轻的小脑瓜们。格罗维不断提醒妈妈们，她们也应彼此督促，花时间与孩子们一起面对生活的不稳定。在这方面，她们就是战斗在一线的老师。霍布斯的妈妈们正在通过反思来构建自己的思维，同时也在学习如何教导自己的孩子也这样做。

吉布森再次发言，说她的弟弟妹妹最近不得不搬去和她一起住，但她的孩子们对此表示不欢迎。"这就像，'让他们回家吧，我不想让他们在这里'。"她说道，"有人说，'这是我的卧室，而且只是我一个人的卧室'。"

"听着，我买双层床是有原因的，你们是两个人，"吉布森耐心地向孩子们解释，她把生存模式放一边，引导他们从另一个角度思考,"现在这是你们俩的房间了。'"

"外婆家有她的房间。"

"嗯,不,她没有。"她强调道。吉布森转向她的同伴们,给出结论:"他们现在正在习惯这件事,但一开始不会很顺利。"

"已经可以了,斯塔尔,你做得很好,"格罗维说,"你让他们思考了,你让他们思考了。"

"反思就是调查,"安杰拉·格林老师根据她的教材补充道,"这样你就可以发挥创造力制订计划,在下次做得更好。"而这正是多萝西·菲尔茨所说的她打算通过这堂课做的事情。

"我一直把教孩子的责任推给老师。"菲尔茨开口说道,她是一名患有孤独症的6岁男孩和一名4岁女孩的母亲。最近,她的儿子因不听话而多次被学校送回家。菲尔茨担心有一天他会被退学,就像她以前那样。她告诉其他妈妈,起初,她也不知道该怎么做,但后来她对自己说:"好吧,下定决心去做吧。"听到她声音里带出的狠劲儿,妈妈们都安静了下来。

"我妈妈没有教我任何东西。我15岁就离家了,"菲尔茨说,"我的孩子们要比我更好。从我这一代开始,要一代更比一代强。我正在向他们灌输,你知道吗,宝贝,虽然我还不知道,但我会帮助他们找到答案……这就是我来这里的原因,开启这种代际传承模式,总要从什么地方开始。"小组爆发出热烈的掌声,菲尔茨泪流满面。

她断言,当人们看到她孩子们的转变时,他们会说:"这是怎么发生的?她从哪里来?贫民窟?廉租房区?看她年纪也不小了。妈妈几乎没有收入,勉强凑钱度日。但是,看看他们,宝贝们,他们没事。"接下来是几秒钟的沉默。妈妈们太理解她了。这是一场高风险的生存游戏。被某一种游戏方式绊住手脚可能会毁掉他们的未来，甚至毁掉他们孩子的未来。

第一次"习惯成自然"课程的初步结果好坏参半，真实反映了短周期干预措施的本质。两项试点实验对儿童执行功能得分的提升效果固然很让人感兴趣，但两份全面研究报告并没有充分体现这一点，原因可能有很多，其中包括没有时间填写表格的参与者很难评估课程应该如何持续发展充实。

尽管如此，从许多测评指标来看，整个计划还是取得了巨大的成功。从霍布斯到佛罗里达州杰克逊维尔，再到拉斯维加斯，父母和其他看护人带着阿姨、祖父母、叔叔、兄弟姐妹和他们自己成年的孩子来上课。上完课后，超过 90% 的参与者表示感觉与孩子更加亲近了，还有同样数量的参与者表示家庭关系更融洽了。到 2022 年，阿塞莱洛学习公司已经将此门课程内容融入其运营的"赢在起跑线上"项目合作学校的家庭参与计划和其他教育项目，同时向州和社区合作伙伴提供技术援助工作，并持续自行开发教学材料。这些举措惠及多个州的多达 4 万个儿童和家庭。阿塞莱洛学习公司负责家庭参与的高级副总裁洛丽·莱文告诉我："这件事大有可为。它为家庭生活创造了包容和交流的宝贵瞬间。"

就泽拉佐而言，他很矛盾。作为一名科学家，他致力于收集更多数据来探究为什么说反思在儿童生活中很重要。但和他的许多同事一样，泽拉佐越来越确信，只有在那些自身就生活在不稳定状态下的人的帮助下，让学术研究领域取得的科学进步应用于现实世界，混乱环境中的孩子们才会迎来改变。

"我们很了解反思是什么、它与大脑的关系以及它的发展过程，"他告诉我，"我们知道如何为孩子们的生活带来更大改变，比我们现在做的还要大得多，而且我们知道的也比我们需要知道的要多，但正是这一点才让人感到沮丧。"他提高了嗓门，我认识他 10 年来第一次见他这样。"每个人都想再做一项研究，然后再做一项研究，那么，我们怎么能让人们从这些工作中受益呢？"他欣然接受不可预测的未来，而同时他又在帮助那些已经走上未知悬崖的人从悬崖边上稍稍后退一步。

学会接近但不要太接近原始的不稳定性，这是霍布斯的妈妈们最终学会为孩子们提供的非凡礼物。在泽拉佐指导的一项博士研究中，安德烈·谢苗诺夫后来表明，参加过"习惯成自然"课程的父母在根据需要（不多不少，恰到好处）帮助孩子方面有了长足的进展。支持自主性的看护人也增加了，这意味着他们会让自己的孩子独立经历挑战，同时在任务变得难以承受时介入并提供帮助。父母让孩子们能够做好准备直面一个动荡的世界，而不必孤军奋战。

泽拉佐兴奋地告诉我，从本质上讲，他们开始教孩子如何在心理学家所说的"最近发展区"（一个人理解力的外沿边界）内熟练甚至舒适地工作。"这就是人开始成长的地方。它就像树上新生的绿色芽尖。这就是所有行动发生的地方。"在中国和加纳这一类更加多元的国家，被支持自主性的看护人照料的孩子往往会成为更成功、更有动力的学习者，也能够体验到更强的幸福感。此外，他们的家庭也更富凝聚力。霍布斯的妈妈们正在帮助她们的孩子在未知的边缘找到自己的位置。

对警惕的青少年、混乱环境中的孩子、身陷围城的父母和勇敢的科学家来说，新的韧性有两面性，是一种在"判断你现在面临的是什么问题"和"发现问题的隐秘一面"之间来回切换的能力。在动荡时期，全力以赴地应对当下使我们能够与变化保持密切同步。面对快速变化的现实，无论是抛锚的汽车、离家出走的孩子还是凌乱的证据，这些问题都必须得到解决。随着我们的工作、健康、政治乃至我们的地球状况变得越来越不稳定，我们不能再忽视压力下的生存模式所固有的关键技能，也不能再忽视从那些在不稳定环境中长大的人身上学到的教训，他们的成长是痛苦的，但他们做到了。

然而，混乱也必须换一种思维来应对。通过将思想提升到全景视角的高度，我们获得了抬头看和向前看所需的宽敞空间。我们可以采取探索、好奇和求知的姿态，摆脱头痛医头、脚痛医脚的被动局面。

———

在霍布斯的最后一个晚上，我去莎妮丝·兰利家做客。我开着租来的皮卡赶到她家，看到一栋堡垒模样的房子，窗帘拉得严严实实的，窗户上装着铁栏杆，后院也被一堵低矮的煤渣砖墙围了起来。进到屋里，布满灰尘的客厅灯光昏暗。我听到从远处房间里传来儿童电视节目的声音和持续不断的烟雾警报声。兰利热情地接待了我，并带我沿着走廊到她儿子的房间，看她的孩子们玩"我说你做，收拾屋子"的游戏。这是课上教的一项活动，让她讨厌的家务活变得不那么烦人了。

"你准备好开始玩收拾屋子的游戏了吗？"她问罗伯特，一边挠他的痒痒，一边抓起遥控器关掉了电视。她把女儿也叫进来，让她先开始。

"我说你做，'摸你脚趾头'。"安赫莉娅说道，她是一位有着深金色长发、神情严肃的女孩。

"不，不，不，"她妈妈说，"我们正在玩'我说你做，收拾屋子'，还记得吗？"

"我说你做，'捡起你的恐龙'。"

"好的，女士。好吧，罗伯特，你准备好了吗？你可以帮助他，莉娅。"

"我不需要任何帮助。"小男孩摇着小辫表决心。

"好吧，"兰利说，"我说你做，'请捡起所有深蓝色的方块，把它们放进你的火车里'。"

她让安赫莉娅回房间开始收拾东西，然后灵活地在孩子们之间转来转去，时不时地介入以避免争吵，重振他们对游戏的兴趣，解决某个小问题（"妈妈，彩泥都干了！"），或者用一点小道具给枯燥的收拾屋子增添些许乐趣。"莉娅，你觉得这是什么馅的派？巧克力的？好吃，好吃，好吃。"兰利一边说，一边假装吞下一块玩具派。

烟雾警报器仍在响。猫打翻了厨房里的一两个盘子。但此刻，兰利很镇定。仍然会有挫折，有爆发，有匆忙的早晨，但她开始"花更多的时间琢磨事情，让你手头在做的事情真正变得有意义"，当我们坐在客厅里时，她说道。"在过去的几周里，我对我的孩子有了更多的了解"，从她儿子久治未愈的听力问题，到女儿在机会出现的时候以意想不到的方式挺身而出、伸手相助。"我有了更深刻的体会。"罗伯特晃进来，爬上沙发，依偎在她身旁，心无旁骛地玩起了平板电脑上的游戏。

"如果看不到它，你就无法修复它，是吧，布巴？"她对罗伯特说,亲了亲他的头顶,"你得看见它才能修好它。我爱你,我的小帅哥。"

"我爱你,妈妈。"

我登门拜访两年后,兰利失业并被赶出家。疫情来袭时,她正怀着第三个宝宝挨家挨户地推销着有线电视和互联网计划。她的医生让她卧床休息,工作就这样黄了。她的丈夫也失业了,两人分居,在生下一个女婴几天后,她被赶出了家。接下来的一年她还是找不到工作,只能住在出租屋里,然后找到了一份包住宿的物业经理的工作。最后,她又回到收入更高的网络销售工作。

有一天我打电话给她,她告诉我,在扑灭一场又一场人生火灾的过程中,她一直紧紧抓住一些反思的片段,就好像那是她的救生索。这些瞬间让她不断前进,她相信,这些瞬间是为她的孩子们筑就未来的基石。兰利说:"如果你不教会你的孩子如何应对生活以及遇到的阻碍,他们就永远不会考虑他们正在做的事情和将要做的事情。"

听到她的话,我想起了课堂上她谈到教孩子们如何骑自行车的那一刻。"在车道上摔了好几个小时,"她笑着说,"莉娅真是坚强,罗伯特准备放弃。在她终于掌握了窍门时,我对她说,'现在你必须代替我,帮助他,引导他,鼓励他',她做到了。'我很为你感到骄傲。'我对她说。然后她再次跌倒,我告诉她,'每个人都会犯错误,你必须重新站起来,一遍又一遍地尝试,直到成功为止有时候就得这样'。"

第八章
人工智能和不确定性的未来

希望是一个充满不确定性的故事，一个不知道接下来
会发生什么但仍然要承担这一风险的故事，
比绝望更让人寝食难安，在某种程度上也更令人担惊受怕。
当然也会带来不可估量的回报。
——丽贝卡·索尔尼特——

不确定的机器人令我激动万分。

在弗吉尼亚理工大学庞大的工程实验室综合楼深处，我正在教固定在桌子上的一副机械臂完成一项简单的任务：使用激光在桌面上"画"一条线。这是一堂动手实践课。我的目标是用手拿着机械臂的爪端，沿着我希望机器人在独立完成这项工作时采取的路径移动它。这种型号的机器人比我还高，富有曲线美，也不乏机器人独有的那种钢铁般的力量感。它们在制造业领域中的应用非常广泛，但有时也会用于制作小一号的智能假肢，服务于坐

轮椅的残疾人。

不过这台原型机却具有革命性的新能力。在将机器人拉向我准备开始任务的几秒钟内，我能感觉到它好像活过来了，真是不可思议。机器人轻柔地给沿其臂长分布的各种臂带充气，借此发出信号，表明它不确定我希望它离桌子边缘有多近。然后我可以改进我的教学，让它能细化它的工作。这个家伙能够知道哪些地方它不懂，而且还能把这个情况告诉我，这些可是从根本上重新构想人工智能乃至人类本身所急需获得的核心素质。

在试图模仿乃至超越人类智能的过程中，人工智能的设计者长期以来一直专注于构建知道该做什么的机器。在迄今为止的大多数人工智能中，人类都会指定一个目标，比如堆放包裹、下出大师级水平的国际象棋等，然后机器学习如何实现它。理想的状态是学习无须人类指导。与不确定性做斗争，例如传感器数据中的噪声或其路径中的人类，已被视为一种必要的恶，充其量也只是一些外围干扰因素，对事业的大局影响不大。

在这种世界观的指导下，人工智能大显身手，从在围棋等复杂策略游戏中击败冠军、发现恶性肿瘤，到使自动驾驶汽车能够穿越繁忙的城市街道，人工智能取得了堆积如山的惊人成就。虽然初现人世不过只有几十年的时间，但是不完美、不稳定却日益强大的人工智能有朝一日似乎真能完成我们要求的几乎任何事情。

然而，随着人工智能变得越来越能干，且更能融入现实世界，这一领域的宏伟抱负已经开始出现裂痕。社交媒体算法的建立是为了顽固地引导人们接触极端内容，以增加用户的上网时间。目标达到了吗？一心完成任务的机器人令人担忧地对人类不断变化的需求和指导充耳不闻。在莫斯科举行的一场国际象棋锦标赛中，一副机械臂上了头条新闻,当 7 岁的对手伸手去拿棋盘上的棋子时,它折断了他的手指。目标达到了吗?面部识别和医疗诊断系统及其用户经常掩饰模糊和不一致之处。对面部表情进行分类的算法可能会罔顾人类的复杂性,例如,人工智能会将表现幸福和惊讶的面孔标记为同一类。目标达到了吗?

虽然人工智能创造了很多奇迹,但人工智能的"运行时"往往与人类的视角、价值观和生活严重不对齐。《人机对齐》(*The Alignment Problem*)一书的作者、研究员布赖恩·克里斯蒂安评论道,这"就好像在 21 世纪初,大部分人忙着完成一项任务,将世界逐渐移交给自动驾驶,而所谓世界,既是象征意义上的,也是字面意义上的"。因此,越来越多的科学家警告说,实现这一领域的目标,即创造完全自主的超智能化人工智能,可能会给我们的物种带来严重的风险。人工智能的先驱斯图尔特·拉塞尔表示:"我所在领域的成功将是人类历史上最重大的事件,也许也是最后一个。"

打造一个与此类机器共存的未来,前进的道路当然不会只有一条。但越来越多的设计师和研究人员一致认为,在制造安全的智能系统这个难题上,有一个关键部分已经被忽视太久太久了。许多处于人工智能前沿的人开始优先考虑构建具有不确定性的人工智能,希望以此为路径,创建更加诚实、更具适应性、更加包容、更加合作以及反思能力更强的智能机器。从某种意义上说,人工智能领域的新动向与许多领域的新生运动是一致的,都将不确定性视为人类或人工思维的一项优势。"不确定性是我们工作的核心,"青年科学家迪伦·洛西说,就是他的尖端机器人研究将我带到了弗吉尼亚理工大学,"这是解决方案的关键所在。"9 月的那一天，一种变革即将到来的感觉油然而生，触手可及。

借着洛西的研究生索海尔·哈比比安准备对画家机器人进行另一次测试的空档，我在熙熙攘攘的实验室里四处看了看。高高的天花板下布满了裸露的管道和横梁，实验机器人或坐或站，准备接受一系列测试。其中一台机器人马上要用不同的动作方式堆叠一组纸盘，实际上是在向我提出有关我家务偏好的多项选择题。另一台机器人会承认，它还不知道怎么最好地端杯子。在我访问期间，它们会向我学习，我也会向它们学习。在某种程度上，我测试的不仅是人工智能的前沿，还是在一个不断变化的时代中不确定的未来。机器人已经准备好了，我回来再次运行任务，寻找更好的方法。我想要离边缘多近？它又问我。那一刻，机器人在思考桌子，我在思考未知。

———

2014 年，谷歌斥资 6.5 亿美元收购了一家总部位于伦敦的人工智能初创公司，令许多业内人士大为震惊。这家公司员工不到 100 人，也没有公开发布任何产品或服务。时任牛津大学计算机科学系主任的迈克尔·伍尔德里奇回忆说，这家低调的公司估值如此之高，"完全让人看不懂"。

一年后，DeepMind（深度思维公司）的创新成果公布于世，犹如引爆了一颗重磅炸弹，也证明了谷歌的收购颇具先见之明。这是一种经过训练的算法或"模型"，可以快速从零开始学习，通关数十种变化多端的 Atari（雅达利）视频游戏。虽然事先对每款游戏的规则和设置、如何射击以及哪些物体可能移动到哪里统统一无所知,但该公司的"深度 Q 网络"所达到的游戏水平仍远远超过了人类高手。鉴于目标很简单,就是一个赢字,这套程序开始像童话故事里走出来的浪子英雄一样迅速建功立业。它在不同环境中都取得了令人瞠目的成绩,也提供了诱人的证据,表明人工智能有朝一日可以匹敌或超越人类的广义智能,而不仅仅是迄今为止所实现的那种范围有限的、专业化的智能。

为了征服 Atari 游戏,DeepMind 将人工神经网络(一种类似于大脑的模拟神经元的分层混合物)与这一领域最引以为豪的机器学习策略"强化学习"结合起来。强化学习算法的灵感来自有关动物如何学习的早期理论,通过反复试错取得进展。例如,它们会把一个游戏玩上数万次,以获得有助于挖掘通向胜利的最佳路径的反馈。那些对算法产生数学奖励的行为被称为策略,会被强化和重复,而那些远离其目标的行为则被放弃。这种算法还会不断预测当前的游戏状态是否会实现其目标,从没有实现的预期中学习,就像我们自己的多巴胺网络一样。强化学习本质上是以奖励为中心的。简而言之,Atari 破解模式体现了人工智能领域长期以来的理想,即打造以全心全意的执着劲头追求其目标的机器。

迄今为止,人工智能的智能很大程度上依赖一个大前提:所谓聪明智慧,归根结底就是实现一个人的目标。无论机器使用强化学习还是其他策略,其存在的理由都是使其行动和决策服务于其目标。认知中的这种对于何为"善"、何为"理性"的认识可以追溯到几千年前,尤其是在西方,也反映了生物学的真理。毕竟,如果没有能力实现其目标,生物体就无法生存。因此,自 20 世纪 50 年代发轫之始,人工智能领域就全盘接受了对聪明智慧的这一定义,并将其挪为己用,这似乎是一件很自然的事情。加州大学伯克利分校教授、人工智能权威教科书的合著者拉塞尔说："我们建造实现目标的机器,将目标输入其中,或者我们将它们专门用于特定目标,然后它们就开始运行。"他指出,这种方法推动了20世纪的大部分技术进步。然而,也正是从赋予系统一项使命并让它处理其余的事情开始,我们逐渐认识到了人工智能的魔力及其风险。

电子游戏中一艘孤独的白色快艇绕着一个蓝绿色的港口疯狂旋转。它转了一圈又一圈,一次又一次地与其他船只、港口防波堤和一排系缆桩相撞并起火燃烧。我观摩的这场赛艇游戏看起来简单得可笑,要知道它可是一家世界领先的人工智能公司下了大力气做出来的,目的是构建可以胜过深度Q网络的系统,从而使人工智能在展现全能的人类智能方面再进一步。作为"OpenAI(开放人工智能)宇宙"(OpenAI Universe)项目的一部分,驱动小艇的算法可是认认真真做出来的东西,然而却成了反面教材,说明以奖励为中心的人工智能会犯下严重错误。

当达里奥·阿莫代创造出人工智能驱动的小艇来参加赛艇游戏时,他赋予了小艇一个看似万无一失的目标:得分。他愉快地假设通过这种方式就能获胜,但没有仔细研究这一目标的含义。但系统研究了。这艘小艇通过撞击实现"升级"(游戏中提供奖励积分的功能),不打折扣地执行了出征的命令。问题是,为了获得更多积分,它甚至选择退出比赛。"这就是这些系统如此强大的原因——它们自己做决定,"人工智能伦理学的著名哲学家阿瓦·托马斯·赖特说,"这是我们喜欢自主系统的一个地方,但也是让它们变得有点儿危险的原因,可能事关生死存亡。"

解决方案似乎很明显:给系统更好的指令。但只要稍加思索,我们就会打消这种幻想。阿莫代和他的同事杰克·克拉克后来写道，除了超可预测的泡泡世界式的环境，"准确捕捉我们希望智能体做什么通常是困难或不可行的"。设计师和用户都不可能提前考虑清楚人工智能在执行任务时可能遇到的每一个问题，更遑论它的"足智多谋"产生的所有后果了。匆匆忙忙去上班时，你可能会忘记告诉机器人管家不要把孩子们的新水族箱里里外外打扫干净，那会让鱼儿很不爽。或者你会喜欢这样一件事：你的自动驾驶出租车被禁止跨越双黄线，直到一辆不守规矩的卡车突然打方向冲进你的车道。去它的双黄线吧。

现实的不对齐问题已经太多了，而且常常造成严重伤害。在最近的一起事件中，算法的制定者按照每位患者的预期医疗保健费用计算出个人风险评分，再以此为基础决定哪些患者可以接受额外的医疗护理。但由于黑人患者通常比同样患病的白人获得的护理更少（可能是由于系统性偏见和患者不信任），因此产生的费用也更低，结果最终被该算法排除在高风险护理计划之外的黑人患者人数超出了正常比例。

还有一个例子就是训练用于进行自然语言处理的算法，这是在线翻译、搜索乃至招聘的支柱程序。这一类系统会在你撰写电子邮件时建议你接下来使用哪个单词，或筛选简历以寻找合适的应聘者。许多程序通过计算任意一个单词或短语与其他单词或短语的相关程度来做到这一点。例如，"茶"与"杯子"密切相关。许多研究表明，根据诸多此类系统，医生是"他"，而非裔美国人的名字令人不快。

人工智能中的这种偏见往往反映出用于训练许多算法的主要基于网络的数据缺乏多样性。弥补这一缺陷虽然很重要，但可能不会产生算法公平性。这是因为，为了增加实现目标的机会（例如，预测句子中的下一个单词），系统仅优先考虑最常见的结果。用不同的例子训练的算法也许能成功认识到医生可以是女性，但忽视了非二元性别医生的存在。人工智能的目的是不惜一切代价优化目标，因此往往忽视世间万物还有许多不同的存在方式，也就在本质上忽视了人类经验的多样性。

人工智能完成工作的能力越来越强。但是，创建只会死抠字面意思但同时又具有扩展能力的系统来执行天生短视的人类下达的命令，简直就是一种灾难性的组合。在构思他那艘狡猾的快艇时，阿莫代最终没有简单地告诉它去赢，因为那个目标似乎太复杂了。

2003年，瑞典哲学家尼克·博斯特罗姆提出了一项思想实验：想象一个超级智能的人工智能系统被告知要制造回形针，然后一直做呀做，直到地球和外太空的很大一部分都被改造成回形针制造设施。在一个以虚假线索和盛衰周期著称的领域，他的想象乍一看似乎很搞笑。虽然日益强大的神经网络推动机器学习取得了令人印象深刻的成果，但人工智能领域的许多人仍然认为有关人工智能有可能威胁人类生存的言论都是不现实的，也无助于这一事业的发展。"很多危言耸听都来自那些不直接在人工智能一线工作的人，因此他们思考了很多更具科幻味道的场景。"DeepMind的联合创始人德米斯·哈萨比斯嘲笑道，"我认为你使用非常情绪化的词没有什么帮助，因为它会让人歇斯底里。"

然而，到21世纪20年代初，虽然对于人工智能不断增强的能力存在长期炒作之嫌，而且人工智能还是很容易犯错，但这个问题还是引发了业内越来越强烈的担忧。一家英国公司准备制造一台处理能力比普通笔记本电脑快一亿倍的计算机。DeepMind 一个名为 Gato 的智能体可以玩 Atari 游戏、搭积木、为照片添加字幕以及聊天。OpenAI 一经推出便引发轰动的 ChatGPT（一种人工智能技术驱动的自然语言处理工具）虽然远非公正或准确的，但已经可以生成业务策略，并以清晰的文笔回答问题。只用了不到 10 年时间，每年全球对人工智能企业的风险投资额就从 2012 年的 30 亿美元增长到现在的 2070 亿美元。综合各方专家预测，到 2060 年，人工智能在任何任务上都有 50% 的概率胜过人类。

一个曾经被认为不可能的梦想已经出现在地平线上，伴随它而来的既有可能的变革红利，例如更高的生活水平甚至是癌症治愈率，也有人机对齐问题令人恐惧的扩大化。哲学家托比·奥德在其著作《危崖》(The Precipice) 中生动地描绘了人工智能可能危及人类的一种方式。通过不断自我完善，同时控制数百万个互联网系统，通用人工智能可以接管世界资源，从人力资本到海底巨大的矿产财富。最令人震惊的是，奥德指出："人工智能几乎不可能被摧毁。"

不可阻止性——这就是超人智能与人类创造者不可逆转地分道扬镳的地方，也是不听指挥的玩具艇搞出的搞笑大场面开始让人感受到一丝科幻小说噩梦成真的地方。人工智能用不着拿生存的本能或者一点点意识来挑战我们。它更可能会阻碍修改或关闭其目标的努力，因为这样做会违背其优化目标的最高使命。奥德写道，它会把任何关闭它的企图解释为"某种丧失能力的形式，而这将使它获得高额奖励变得更加困难"。

实现超人人工智能，这一目标天生就与人类利益密切相关，而我们向实现这一目标跃进的过程中又缺乏保护伞，这就促使这个一度只想变得无所不能的领域开始将安全和控制问题列为紧急优先事项予以应对。2023年,超过1500名技术领袖和研究人员敦促全球暂停进一步开发最先进的人工智能,他们表示,开发人员"陷入了一场失控的竞赛——开发和部署更强大的数字思维,但没有人甚至它们的创造者也不能理解、预测或可靠地控制它"。人类不能再给人工智能灌输一个目标,然后退一步,就像一位设计师所说的那样,"只能祈祷并依靠魔法了"。

———

在对人工智能的风险发出警告的过程中,科学家经常会提到《魔法师学徒》。虽然这个故事至少从公元前4世纪开始就已在全世界流传,但我们今天更有可能想到的是迪士尼的经典动画片。在那部电影中,米老鼠在巫师不在的时候对扫帚施了咒语,让它去打几桶水来,结果却失去了对这个叛逆工具的控制。巫师回来后非常愤怒,惩罚了米老鼠,因为他使用了超出其能力的魔法。世界著名的民间故事、童话故事和批评理论学者杰克·齐普斯在他最近的故事集中指出,这个传奇故事有两个主要版本,而迪士尼动画片演绎了其中一个。在这个版本的故事中,丢脸的年轻人仍然被他的无知束缚。

不过,历史上更为普遍的是叛逆学徒的故事。在这个版本中,英雄涉世未深,但迅速增长的知识让他(或是极其少见的"她")意识到自己的无能为力。他奋起反抗,将自己(在某些故事中也包括整个村子)从巫师的暴政中解放出来。这个版本让一个正在努力学习和成长的新手与一个装了满肚子秘密的家伙对抗,后者可能像标准人工智能一样，只为实现自己的目的工作。齐普斯写道，这个故事描绘了"为了了解我们自己、我们的欲望和我们的才能而进行的生死斗争"。

但有一天，当我向齐普斯施压，要求他讲清楚这个叛逆的年轻人如何战胜巫师时，他拒绝了。他告诉我，这个故事并没有提供成功的公式，英雄的化蛹成蝶也并不比读者的蜕变更重要。作为读者，我们在看待故事乃至整个生活时都抱有错误的假设——你所知道的故事是故事的唯一版本，知识只属于少数精英。"所以，这个故事帮助我们做到的是，"齐普斯说，"认识到我们对世界的认识并没有那么清晰。"为了解放我们自己，为了进步，"我们必须摆脱我们的盲目性"。我们需要解决的难题是如何做到这一点。

在齐普斯收集、翻译和研究这些故事的 6 年时间里，他对这个故事的迷恋日益加深。起初他对此感到惊讶，甚至有点困惑。"慢慢地我才明白，为什么我会迷恋这些故事，"他写道，"在我们生活的时代似乎了无希望的时候，它们给了我一些希望的迹象。"

2014 年的一个冬夜，就在 DeepMind 继续高歌猛进，扩大 Atari 项目的突破性进展时，斯图尔特·拉塞尔正坐在巴黎的地铁上，去参加一个合唱团的排练。他利用伯克利大学学术休假的空档去巴黎小住，合唱团就是那会儿加入的。

那天晚上，他正在欣赏自己将要练习的作品——塞缪尔·巴伯的《羔羊颂》(*Agnus Dei*)，这是这位作曲家根据自己的经典绕梁之作《弦乐柔板》(*Adagio for Strings*) 改编的合唱作品。在那

第八章　人工智能和不确定性的未来　257

段时间，拉塞尔的研究主要集中在如何刺激机器人算法能够更好地最大化其奖励功能。不过要求解决人类与人工智能潜在冲突的呼声日渐高涨（虽然这些呼声主要来自业外人士），这让他不由得对这个问题采取了姑且信之的态度。在前不久英国一家小型博物馆的讲座上，他也首次公开表达了自己日益增长的担忧。但有一个问题一直困扰着他：怎样才能避免灾难的发生呢？

沉浸在美妙的音乐中，拉塞尔有了一个惊人的想法。人工智能的打造，应该用于支持像这样的妙不可言的人性瞬间。设计师不应该将目标授权给机器，然后自己退后一步，而应该设计出能够与我们合作的系统，从而既能实现我们不断变化的复杂目标，也能满足我们的价值观和偏好需求。"我忽然发现，从某种意义上说，真正重要的，以及由此为人工智能设定的目标，乃是提升人类体验的总体质量。"他后来回忆道。拉塞尔意识到，为了不断了解人类想要什么或需要什么，人工智能必须具有不确定性。"新方法的核心是：我们要消除这样一个错误假设，即机器追求的是一个完全已知的固定目标。"

2022年的一个秋日，拉塞尔通过视频电话与我交谈，详细阐述了这一点。一旦机器不确定，它就可以开始与人类合作，而不是"高高在上，俯瞰众生"。拉塞尔说，如果人工智能不知道未来会如何发展，它就会变得愿意接受教育。拉塞尔是一个身材瘦削、衣冠楚楚的人，说话的方式既富有诗意又如激光般精准。他说，他在巴黎顿悟的一个关键点是，他"意识到，实际上，人工智能对人类目标的不确定性状态是永久性的"。他停顿了一下。"在某种程度上，人类也是这样。我们不是生下来就有固定的奖励功能的。"

几周后，我约安卡·德拉甘线上交谈。她是伯克利大学一位精力充沛的机器人专家，是拉塞尔的得意门生，也是将拉塞尔重新构想人工智能的愿景越来越多地转变为算法现实的知名科学家之一。

"在过去 5 年左右的时间里，我得到的最大教训之一是，人工智能拥有巨大的力量，能够对目标应该是什么保持适当的不确定性。"她告诉我。"力量？"我问。她解释说，通过让人工智能"变得更加谦逊一点、更加不确定一点，突然间神奇的事情就会发生在机器人和人类身上"。我们一起观看了两条说明性的视频片段，它们的平平无奇（好像那个玩具艇的场景）掩盖了它们的重要性。

第一条片段是在她实验室做实验期间拍摄的，我们看到机械臂摆动起来，将咖啡杯举到桌子上方几英尺高的地方。几乎立刻，一名身穿红色 T 恤的研究生试图将手臂压低。"这是埃利斯最喜欢的马克杯，"德拉甘描述了启发这项研究的假设场景，"他不喜欢机器人把它举得这么高，因为如果掉下来，它就摔碎了。"当埃利斯使劲往下压时，机器人并不反抗也不会僵直不动。但只要他放手（"有趣的地方正是在这里。"德拉甘说），机器人就会立即弹回来，恢复原来的运动轨迹。德拉甘说，这就是人工智能对待人类的传统方式，将人类视为实现其目标这一绝对真理道路上一个讨厌的障碍。机器人将埃利斯视为为了完成工作而需要忽视、回避或淘汰的一个未知因素。我看着他最后用两根手指杵了一下这台泰然自若的机器，然后退后一步，看上去有点泄气。

在所谓的古典人工智能时代，早期系统必然是为了在一个边界清晰、可预测且完全明白的乌托邦世界中运行而构建的。为了使第一批算法发挥作用，正如德拉甘所说，设计师必须"切下世界的一小部分，将其放入盒子中，然后将其交给机器人"。然而，到 20 世纪 80 年代，科学家意识到，他们如果要创建供现实世界使用的系统，就需要应对生活的不可预测性。

为了应对这一挑战，计算机科学家朱迪亚·珀尔求助于贝叶斯定理，这是启蒙时代的一个数学系统，通过不断用新证据更新人们先前的信念来应对不确定性。通过为人工智能注入概率能力，珀尔使系统能够根据当前世界状况和一系列可能的未来权衡各种行动，然后再决定最佳途径，实现奖励最大化。他给了人工智能回旋的余地。然而，这项工作的基本前提还是一样的。对于未知因素，无论是人行横道上犹豫不决的行人、无法回答的搜索引擎查询，还是自有一套喝法的咖啡爱好者，最好都在实现目标的过程中立即被处理。当埃利斯放手时，机器人运行的道路就畅通无阻了。机器人知道该怎么做。

在下一条片段中，埃利斯再次尝试。但这一次，他只将机械臂向下压了一次就退后了，然后若无其事地将一只手插在口袋里，看着机器人在桌子上方几英寸处滑动。突然之间，系统正在做的不再是它想要做的事情，而是更符合埃利斯喜好的事情。整个操作不到一分钟就结束了，而从表面上也看不到机器人内部动作已经发生了脱胎换骨的变化。但我能够清楚地看出来，这一次，机器人学会了一些东西，如何端咖啡，如何判断人类的优先事项，以及如何与除自身以外的智能保持一致。当机器人完成任务时，埃利斯向镜头外的某人点头表示赞同。他看上去松了口气。

这就是拉塞尔所说的"与人类兼容的人工智能"的新范式。固定目标已知的谬误已经被消除了，无论它是提前给出的（"得分"），还是像一种被称为逆强化学习的策略，由系统从最初的训练演示中拼凑而来的,这些训练演示实际上都是在说"要这样端咖啡"。(在后一种情况下,机器人可能会在训练时接受修正,但一旦部署,它就依然会不达目标誓不罢休。)正如埃利斯所经历的那样,大多数标准机器人还不具备边干边学的现场即时学习能力。

相比之下,不确定的人工智能可以即时适应我们想要它做的事情。德拉甘说,该系统充满了关于其目标的概率推理能力或其他等效的数学能力,并驻留在"一个充满可能性的空间"。压它一下并不会成为阻碍它前进的障碍,而是向它暗示新的、可能更好的前进方向。[1] 人不是障碍,而是老师和队友。初步研究表明,也许最重要的是,与人类兼容的人工智能对于意识到自己因没有走上正确的轨道而可能会被关闭持开放态度。对一个知道自己不知道的系统来说,人类想要关闭机器人这件事只是另一条信息。"这就是不确定性给你带来的重要东西,对吧,你不再确定自己,你意识到你需要更多的输入。"德拉甘兴高采烈地说,"不确定性是对齐赖以维持的关键基础。"

在最初的用户研究中,与不确定机器人合作的人们可以用更少的时间和精力实现更好的任务绩效。他们认为此类系统的协作更加无缝,对他们的需求也更加敏感。"机器人似乎很快就明白了我关心的是什么。"一位参与者说。在一项实验中,当一个以实体形式存在的机器人表达对某个棘手的道德困境的不确定性时,人们认为它比声称自己确定要做什么的机器人更聪明。

---

[1] 如果机器人不小心被碰了怎么办?为了限制机器人的错误学习,迪伦·洛西、安德烈亚·鲍伊奇和安卡·德拉甘创建了"一次学一样"模式。对于具备这种能力的机器人,人类每一次施加的动作只会改变机器人执行任务的方法的一部分。通过这种方式,机器人渐进地、累积地获得知识,而家中宠物狗的一次撞击并不会导致家用机器人突然重新学习它已经学到的一切。

为斯图尔特·拉塞尔新的人工智能愿景奠定基础的那段音乐，是对生命的有限性和模糊性献上的一曲颂歌。巴伯的《弦乐柔板》以一段充满悬念和不和谐瞬间的简短乐章展开，是世界上最常听到的现代古典音乐作品之一。评论家约翰娜·凯勒写道，这个作品"似乎表达了一种如泣如诉的思慕之情，也许是面对悲剧的勇气，也许是希望"，并以不确定的音符结束。她写道："8分钟多，一曲终了，然和声绕梁，竟日不绝。"

———

在弗吉尼亚理工大学，我终于见到了一个"我不知道"的机器人。但与埃利斯不同的是，我使用的系统的不确定性是众所周知的事。在洛西的实验室里，我发现创建同样承认自己不确定的系统，可以发挥关键的补充作用，让人工智能更好地知道自己不知道。

这个画家机器人拥有三组被称为软触觉显示器的臂带，分别位于其5英尺臂长的根部、中部和末端。在我引导它完成在桌上画一条线的工作过程中，机器人会给与流程中某一具体动作有关的特定臂带充气，借此告诉我它对任务中哪个地方感到不确定。例如，如果它不确定爪型"末端执行器"的保持角度，它就会给每组底端的臂带充气，你能听到轻柔的嗖嗖声。这样，无论我的手放在哪里，我都可以了解机器人是否理解我的意图。"你实际上可以触及机器人的不确定性。"洛西告诉我，"当你移动它时，你可以实时感受到它有多么困惑。"

考虑到我们与人工智能机器互动的利害关系越来越强，产生的影响和风险越来越高,如果不确定性使人工智能系统能够接受我们的建议,那么能够表现出不确定感的人工智能将使我们知道自己在这种互动中处于怎样的位置,进而可以形成一种双方的问答循环。"当机器人可以让一个人知道,'嘿,这就是我所处的位置,这就是我学到的东西',或者'这是我最好的猜测,但我有点不确定,所以不要全信哦',这就是我正在努力的目标。"科学家洛西说,他的语速很快,神情严肃。

洛西等人认为,这项研究至关重要,因为不仅标准人工智能对于人类严重缺乏了解,我们对于越来越多参与管理我们生活的复杂的黑匣子系统也知之甚少且越来越少。"即使作为设计者,我通常也不知道标准机器人接下来会发生什么,"洛西承认,"我只能按下播放键,希望我看到的就是我想看到的。"他说,问题是"我们怎样才能打开那个匣子"。

人工智能是如何成功或失败的?又是因为什么而成功或失败的?为什么模型得出的结论是一个人值得被假释、接受面试或获得贷款,而另一个类似的候选人不值得?我们常常一头雾水的部分原因是,人工智能是以抽象的数学术语运作的,与人类的想法和语言几乎不对应。此外,人工智能的成就越是惊人,相对于人类的理解力而言它们就越是晦涩难懂。在被人工智能程序轻松击败后,一位震惊的围棋世界冠军表示,AlphaGo(阿尔法围棋)非凡的棋路说明,"人类连围棋真谛的边还没有摸到"。

慢慢地,创建公开的不确定系统正在成为全球努力打造可解释的、透明化人工智能的关键内容。例如,通过公开训练算法时使用的奖励目标或数据集来揭示人工智能所知道的内容是不够的。权威科学家断言,为了与人工智能合作,预测它的行动,衡量它和我们的优势，解析它的魔力，我们还应该了解它不知道的东西。全球数十个一线实验室正在努力构建可以使用不确定性语言且人类可以轻松理解的人工智能。

一些机器人在屏幕上向人们展示有关它们下一步行动的假设场景，它们的提问方法是："我应该靠近还是远离炉子？""我应该在去买咖啡的路上避开某个路口吗？"另一些机器人则玩一种机器人猜谜游戏。在洛西的实验室里，一个通常用于仓库环境的站立式机器人为我表演了数十种堆叠纸盘的方式，其中有些相似到难以辨识。它这种近乎偏执的严谨性操作提出了许多尚未解决的研究问题，例如一套系统应该显示多少和何种类型的不确定性，或者人工智能的不确定性如何与我们的不确定性进行有效互动。"这不仅仅是机器人不确定性的问题，"共同创造了触觉机械臂的软体机器人专家劳拉·布卢门沙因说道，"这是一个关于人–机系统及其内部综合不确定性的问题。"

除了机器人，公开不确定的人工智能模型已经在医疗诊断系统中显示出使用前景，并且已经用于支持人工智能辅助的药物研发。例如，为了解决细菌耐药性不断上升的问题，乔舒亚·本希奥和加拿大其他顶尖研究人员创建了一种新模型，在识别合成肽（可能转化为新抗生素的小蛋白质）方面展现出令人兴奋的潜力。生成流网络（GFlowNets）不是依靠模式识别来确定一个最佳答案，而是探索数据中不太明显的路径，以揭示许多可能的答案（在本例中即为多种候选肽），接受模型和人类的进一步测试。

"重点是，我们要牢记许多可能的解释，我们要考虑不确定性。"尼古拉·马尔金说，他在魁北克领先的人工智能研究机构米拉研究所工作，而该模型算法就是这家研究所创建的。通过反思性操作，而不是依赖简化和不透明的快速判断，新模型揭示了问题更深层的因果纠葛关系及其自身的决策过程。系统的不确定性可以成为透明度的引擎。

此外，对许多科学家来说，构建承认其不确定性的人工智能不仅仅是一项安全功能、一条适应性之路、一种实用性，还是一个大是大非的问题。

朱利安·霍夫是一位声誉日隆、和蔼可亲的英国计算机科学家。凭借自己在语言学方面的专业能力，霍夫创造了能够与人们进行口头交流的人工智能，以便进行任务协调或是检测阿尔茨海默病的迹象。然而，在这个领域工作的时间越长，他就越担心传统上已经在机器内构建好的假装确定性。

"现实是，它们对任何事情都永远无法确定，无法百分之百确定。"霍夫在视频通话中告诉我。环境中的某个微小模糊之处，例如一个骑自行车的人或一张停车标志贴纸，都可能会阻碍机器人的视觉传感器发挥作用。一个虚弱的人的颤抖的手可能会让学习端咖啡的机器人感到困惑。然而，为了完成工作，需要忽视和淡化其不确定性，所以标准人工智能本质上被设计为"在不自信的时候假装自信，对于它不理解的事情假装理解"，霍夫说。这样的系统通常妄下判断（这可能不是一个行人。），同时忽略不太可能的可能性（而是一个推着自行车的姑娘！），并且在许多解释都有可能的时候，往往只提供一个单一的解释。霍夫认为，结果一直是未对齐的，是一种化装舞会。自2017年以来，他的研究重点就是创造丢掉确定性面具的人工智能。

经过18个月的紧张工作，霍夫创造了一副机械臂，其动作的缓慢程度与不确定性的程度成正比。在一系列实验中，人们引导机器人解决了一个简单的难题。如果机器完全不确定是拿起绿色棋子还是蓝色棋子,它就会以一半的速度向其中一枚棋子移动。通过这种方式,它可以在任务上取得进展,同时使人类能够如语言学家所说,在需要时"修复"交互。

与洛西开创性地使用触摸作为人类和机器人之间一种复杂的交流代码相反,霍夫为他与计算语言学家戴维·施兰根共同创造的机器人赋予了人们可以直观识别的肢体语言。虽然使用的系统比洛西的系统简单得多,但霍夫研究中的参与者可以轻松推断出机器人的不确定性。这两套系统都使用不确定的计算机语言,属于不同的"方言",但都同样顺畅流利。霍夫的工作逐渐引发关注后,他便着手将机器人背后的算法转变为不确定性建模工具包。这是一种数学模板,用于赋予一系列智能体公开表示不确定的能力。"不确定性是一个非常强大的工具。"他说。

在我们分别之前,霍夫发出了最后的警告。他提醒说,任何时候去掩盖不确定性,"它都不会消失。它只会以危险的方式隐藏起来,并且基本上是由系统设计者隐藏的"。他举例描述了一个场景。"假设一个机器人警察正在寻找嫌疑人,它对某个人有 60% 的置信度,但它被编程为只要超过 50% 的置信度,就可以采取行动。如果它不表达自己的怀疑程度,那是非常危险的。这可能会带来致命的后果。"到 2022 年,虽然公众对于是否使用配备致命武力的警察机器人的争论日益激烈,但美国警察和私人实体已经开始使用机器人负责工厂、公园和医院的巡逻任务。

这是人工智能历史上的分水岭。不确定性是创建与人类目标更加契合的系统的核心。尽管如此,重新构想人类迄今为止最强大、最危险的发明,还没有一个简单的蓝图。"很难反驳拉塞尔的原则，"首席计算机科学家阿德里安·韦勒说，"不过魔鬼藏在细节之中。"

例如，如果人的行为并不总是表里如一，那么人类又如何充当人工智能的榜样和指南呢？我们可能会说，我们不想要那块蛋糕，然而几分钟过后，我们又不客气地自取了。或者，一个渴望学习的诊断系统应该如何帮助一位判断错误多于判断正确的医生？当"机器人-人类团队"或人机混合社会发生偏好冲突时，会发生什么？这些问题引发了激烈辩论，也确实需要好好辩论一下。为了确保人工智能系统更好地了解我们以及我们更好地了解它们，我们必须乐见人类与机器以及我们人类内部进行不断的谈判。在为此奋斗的过程中，正如其他许多事业一样，不确定性将帮助我们慢慢地、反复地、深思熟虑地把事情做好。

也许更重要的是，当我们越来越接近不确定的机器时，作为人类，我们会变成谁？人类的偏好既难以解读，又有可塑性。塑造人类偏好的主要因素是社会、人际关系以及偶然的经历，还要受到来自技术本身越来越大的影响。我们的可塑性意味着超智能、不确定的人工智能会试图塑造我们的偏好，使我们的偏好更容易得到满足，即使它与我们是一种合作关系。魔法也可能存在风险。

然而，这些为在一个充满可能性的空间中蓬勃发展而设计的智能体，也可能为我们提供如何面对未知的宝贵经验。一个永远不确定该做什么、好奇且不断质疑的机器人会一直处于学习模式。人类的轻轻一推只是下一步更好行动的暗示，而不是新的确定性。数据中的模糊性不再是需要隐藏的东西。通过与不确定的人工智能打交道，也许我们会越来越认识到"不知"的价值和保持开放心态的价值。"我的经验是，如果像机器人这样的人工智能体能够表现出某种类型的行为,"霍夫说,"那么与其互动的人就更有可能允许自己表现出那种行为。"

总有一天,人工智能会成为一面镜子,帮助我们修身立德,激励我们运用并承认不确定性的力量。随着领先的科学家致力于制造谦虚、诚实的机器人,许多人已经意识到,为人工智能注入这些品质也可以帮助他们进行这些品质的自我修养。"不确定性,"德拉甘告诉我,"会让你小有领悟,明白什么是要追求的。"

富有远见的维多利亚时代的数学家阿达·洛夫莱斯并不相信世界上第一台数字计算机有自主思考的能力。彼时,查尔斯·巴贝奇的分析机计划产生了广泛的影响,洛夫莱斯于1843年对此进行了一番富有先见之明的分析,她写道:"它可以做任何我们知道如何命令它执行的事情。"

尽管如此,尽管洛夫莱斯可能未能完全预见到人工智能的未来影响力,但她认识到了巴贝奇没有认识到的一件事,如她笔下所写,他的计算机远不止是一台"就像织布机编织红花绿叶一样编织代数图案"的机器。机器可以处理任何用代数符号表示的信息,她写道,这暗示了计算机未来将在语言或图像方面大有作为。在运行过程中,计算机可以用意想不到的方式呈现知识,进而激发洞察力。通过它的工作,洛夫莱斯极富预见性地写道:"许多主体的关系和本质……必然会被置于新的审视之下。"

―――

在我们的技术和生活中,顽固坚持假装确定性的代价正在不断增加。在权力的走廊里,在各种媒体平台上,以及围绕在厨房的餐桌旁，人们交换的往往都是高度自洽、仿佛被密封保鲜了的观点，既不承认事实的新鲜空气，也不接受修正改进的微风。面对一定程度的复杂性或另一种观点带来的不适，退缩已经变得很普遍，甚至受到称赞。消除以往错误假设的呼吁，因仇恨、麻痹和恐惧而很难落实，同时依赖本能反应的解决方案又会引发复杂的危机。不确定性并不是解决我们这个时代种种弊病的灵丹妙药。然而，只要意识到在哪些特定时刻我们可能不知道，我们就能开始将自己从封闭思维造成的破坏中解放出来。

变革已经展开它的触角。对医生、律师或政客来说，公开承认自己不确定已不再是禁忌。一些医学生正在被教导他们如果不知道，就要对患者和同事如实相告，借此提高他们的诊断技术。人类思维如何在停顿、沉思或干脆"什么都不做"中寻找安慰和智慧，对年轻科学家来说，探索其中的非凡之道，已经不会自动终结他们的职业前途。通过研究生活在不稳定环境中的人们身上隐藏的优势，学者们正在反驳"人类只有在可预测性中才能繁荣发展"的观点。总有一天，而且肯定比你想象的要早，你会与一个机器人并肩工作，它会向你提出一些好问题并承认它的不确定性，同时期待你也会这样做。

在这个瞬息万变的时代，我们应该对在未知边缘工作的智慧有充分认识，然而我们要实现这个目标还有很长的路要走。但人类对待不知的态度正在发生翻天覆地的变化。未来，我们的不确定性能够拯救人类，进行这样的思考并不算太离谱，而且越来越有必要。现在开始为此努力已不算太早。不确定性的未来是什么？就像希望一样，它是我们必须一次又一次努力让我们的生活拥有的东西。

在我与杰克·齐普斯的某次谈话结束之际,他出人意料地提到,大多数《魔法师学徒》的故事,尤其是那些以反抗权威为主题的故事,都没有令人愉快的、清楚明白的、"从此过上幸福生活"的结局,而且有超过 1/3 的童话故事和民间故事也是类似的结局,我们不太清楚最终会发生什么。如果结婚了,会幸福吗?摆脱暴君的统治,会带来持久的和平吗?

"结局是有的,但那个结局也是一个开始。"齐普斯说。作为一位快乐的耄耋老人,他本人看起来有点像一位仁慈的巫师。"这就是我们生活的意义。"他说,从这个模糊的起点开始,"是否会形成新的东西,取决于我们——读者和角色。大多数故事的结尾都存在不确定性。"他的话让我感到,这就是它们如此真实的原因所在。

致谢

写书码字是一项不确定的事业。一路走来,有崎岖坎坷,有误入歧途,经历了太多的迟疑和彷徨,不时山重水复疑无路,又总是柳暗花明又一村。本书创作经年,格外让我激动,也让我着迷,可以说让我欢喜让我忧。一言以蔽之,关于不确定性的写作就是一次充分体验生活酸甜苦辣的机会。对于这一点,我是感恩的。

我幸运地得到了诸多高人的指点,得以管窥不确定性的奥秘和思维的错综复杂。我特别感谢迈克尔·波斯纳慷慨地与我分享他的见解;感谢菲利普·泽拉佐,与他的广泛交谈令本书的写作受益匪浅。

我还要深深感谢许多邀请我走进他们的生活,并在多次采访过程中回答了我无数问题的人:卡萝尔-安妮·莫尔顿、斯坦尼斯拉斯·德阿纳、威廉·弗兰肯惠斯、克里斯·古斯廷、吉姆·柯林斯、玛丽·海伦·伊莫尔迪诺-扬、戴夫·弗莱舍、莎妮丝·兰利、迪伦·洛西和杰克·齐普斯。我感谢资深外科医生罗伯特·斯蒂克戈尔德、阿莉西娅·伯比奇、已故的安·阿特沃特、黛安娜·布卢姆、斯蒂芬妮·卡尔森、史蒂夫·德利内和帕特里夏·格罗维给予我的时间和帮助。

对于乔舒亚·本希奥、伊桑·布朗伯格-马丁、埃米莉·卡尼、努希尔·康塔柯特、安卡·德拉甘、诺尼·盖洛德-哈登、迪伦·吉、马特·戈隆贝克、杰奎琳·戈特利布、保罗·K.J.汗、朱利安·霍夫、艾安娜·霍华德、约瑟夫·凯布尔、布赖恩·奥多姆、斯图尔特·拉塞尔、罗布·拉特利奇、安德烈·谢苗诺夫和塞缪尔·萨默斯等人在各自的专业领域对我的耐心教导,我亦感激不尽。

我的工作侥幸得到了一些机构的大力支持。特别感谢彼得·米勒(曾任巴德研究生院院长)以及我担任访问学者的巴德研究生院,艾伯特·勒科夫(伍德艺术中心的创始人之一)以及我担任常驻学者的伍德艺术中心,中阿肯色大学的查尔斯·哈维,我是该校的荣誉学院常驻学者;感谢媒体生态协会的兰斯·斯特拉特,该协会授予拙著《分心》(*Distracted*)多萝西·李奖。我还要感谢谷歌前员工格伦·墨菲。本书的大部分内容是在德拉瓦族和万帕诺亚格人两个部落的故土上完成的,我对此表示由衷的谢意。

图书馆是我的第二个家,杰出的图书管理员已经成为我的研究和写作不可或缺的组成部分。我要感谢纽约社会图书馆的工作人员,特别是柯尔斯滕·卡尔顿、史蒂夫·麦吉尔和卡罗琳·沃特斯,以及萨拉·霍利迪、帕特里克·雷纳、苏珊·陈、林内亚·萨瓦普拉斯、哈丽雅特·夏皮罗、珍妮特·霍华德和哈里·阿巴尔卡。是他们的共同努力,使图书馆成为一个鼓舞人心的地方。我还要衷心感谢纽约公共图书馆的工作人员,特别是MaRLI学者项目;哥伦比亚大学图书馆，尤其是安·桑顿；布朗大学洛克菲勒图书馆；罗得岛设计学院的舰队图书馆；以及小康普顿的布鲁内尔图书馆。

我有幸与一流编辑合作，包括《波士顿环球报》的布赖恩·伯格斯坦、《纽约时报》的埃莉诺·巴克霍恩和里克·格拉德斯通、《新哲学家》(New Philosopher) 的赞·博格以及《论坛》(Forum) 的丹尼·海特曼。一部分前言内容首次发表在《波士顿环球报》上，而安·阿特沃特的部分故事刊登在《新哲学家》上。杰克·博纳尔满足了作家对编辑的所有奢望，我还要感谢莎娜·卡波扎、埃米莉·杰弗斯、杰西·麦克利里、布鲁斯·欧文斯、美术部，以及普罗米修斯图书公司（Prometheus）与罗曼和利特菲尔德出版社（Rowman & Littlefield）的其他所有人，感谢你们对本书的热情肯定。我对理查德·派因和伊丽莎·罗思坦的出色工作以及耐心和才智深表感谢，对于他们在墨水池（Inkwell）代理机构的所有同事，我亦感觉亏欠太多。感谢彼得·古扎尔迪的慧眼识珠以及在关键时刻对本书的信任。感谢汤姆·尼尔森和明亮视野的所有人。还有谢里·特克尔、尼古拉斯·卡尔、艾伦·莱特曼、比尔·麦吉本和埃伦·加林斯基也都给我提供了慷慨的支持。

迈克尔·波斯纳、菲利普·泽拉佐、丹尼·海特曼和迈克·达菲阅读了本书的大部分或全部内容，我很感谢他们的建议。感谢赞·博格、凯伦·斯穆尔、克里斯廷·斯托尔特和玛丽莲·怀亚特提供的校对帮助。所有错误概由我一人承担。

还有许多其他人启发、协助和深化了本书的写作，我对此感激不尽。感谢亚历克斯·里奇和克里斯托弗·科克在DNA发现方面提供的帮助；感谢尼尔·查尔内斯和维托里奥·布萨托在国际象棋研究方面提供的帮助；感谢文·T.沈和伊万·普尔卡钦在医学方面提供的帮助；感谢杰克·科普兰、安德鲁·霍奇斯、戴维·凯尼恩、斯蒂芬·布迪安斯基和马克·斯普雷瓦克在艾伦·图灵与恩尼格玛密码机方面提供的帮助；感谢约翰·范维尔和卡尔·齐默帮助我深入了解达尔文；感谢洛杉矶的斯蒂芬妮·韦尔加拉和詹妮弗·金；感谢达勒姆已故的埃德·斯图尔特和C.P.埃利斯的子女；感谢保罗·贝克和戴维·布鲁克曼在社会学和政治学领域提供的帮助；感谢朱莉·拉克和凯西·巴克在登山研究方面提供的帮助；感谢安德鲁·古德、杰夫·约翰逊、利昂·戈卢布、德怀特·史蒂文-博涅茨基和约翰·尤里，以及宇航员埃德·吉布森和约翰·赫林顿在太空探索方面提供的帮助；感谢新墨西哥州的罗莎·赖特、斯塔尔·吉布森、梅西·麦基、多萝西·菲尔茨和特里普·詹宁斯；感谢明尼阿波利斯的教师劳里·奥斯特塔格和尼科尔·西多；感谢安德烈亚·鲍伊奇、杰姆·菲萨克、里奇·帕克、詹姆斯·邹、布赖恩·克里斯蒂安、斯科特·尼科姆，以及米拉研究所的尼古拉·马尔金、莫克什·贾因和伊曼纽尔·本希奥，以及洛西实验室成员沙哈贝丁·萨格布、索海尔·哈比比安、肖纳克·梅塔、阿南特·乔纳维图拉以及研究阿达·洛夫莱斯的专家阿德里安·赖斯在人工智能和机器人技术领域提供的帮助；感谢凯文·阿尔舒勒、詹妮弗·希伊-斯凯芬顿、马蒂亚斯·霍兰、乔治·勒文施泰因；查利·吴、本杰明·斯托姆、肯·诺曼、马特·威尔逊、已故的霍华德·艾肯鲍姆、克拉拉·希尔、杰伊·麦克莱兰、斯科特·巴里·考夫曼、辛迪·舒帕克、史蒂文·彼得森、马特·费希尔、乔纳森·斯莫尔伍德、伊戈尔·格罗斯曼、库尔特·胡根贝格、赵明明（音译）、玛丽·沃勒、莫·哈利勒、史蒂夫·弗莱明、亚当·克莱因鲍姆、霍华德·奥尔德里奇、塞莱斯特·基德、奥兹莱姆·艾杜克和尼古拉斯·卡尔顿在心理学和神经科学领域提供的帮助；感谢加里·斯塔瑟分享了他的谋杀之谜。特别感谢比尔·毕晓普、贾森·秦、特拉维斯·赫吉、里德·汉苏尔德、詹妮弗·L.罗伯茨、罗伯特·索巴克、黑尔佳·诺沃特尼、丹尼尔·罗兹、约翰·杜威，以及道格·彼得森，感谢他的宽容和启发。

感谢以下人士的大力支持：加布里埃拉·奥古斯特森、佩尔·奥古斯特森、莫琳·阿恩、鲍婷（音译）、阿尔德·伯奇、约翰·贝斯勒、马克·博恩、阿尔詹·邦加德、伊迪丝·博登、戴维·博登、莱斯利·布罗迪、罗伯特·伯奇、戴尔·德莱蒂斯、克莱姆·德雅尔丹、卡罗琳·芬恩、马克·加洛吉、阿莉莎·古尔斯基、梅雷迪斯·霍金斯、亚历山德拉·黑特、马特·海德、安杰拉·詹姆斯、比尔·詹姆斯、吉恩·金、埃米·克洛布彻、已故的艾琳·国井、阿莉莎·拉贾马、马克·勒格雷兹、克里斯蒂安·勒迈尔、哈丽雅特·林斯基、T. L. 林斯基、牧原久美子、沃利斯·米勒、安妮·摩尔、辛迪·墨菲、丹·墨菲、琳达·南尼、拉尔斯·尼特韦、林恩·诺维克、希德·沙伊甘、斯潘塞·斯穆尔、弗雷德·斯帕林、伊萨·范埃让、玛丽安娜·卡伯特·韦尔奇、卡罗尔·韦斯顿和罗杰·温特。非常感谢利萨·布雷纳德；感谢凯伦·斯穆尔创造性的同志情谊；感谢不屈不挠的迈克尔·赫兴；还有利斯·斯特里克勒，他是一位睿智而充满爱心的朋友。向"美人鱼战士和海熊冬泳协会"致敬，尤其是斯蒂芬、梅琳达、利、贝丝、米多里、休伦、黛安娜和戴维，以及所有的精神、水花和欢乐。感谢杰克逊-希契科克-贝利家族：李、吉姆、安·玛丽、玛戈、贝蒂、吉米、萨莉、戴维、帕姆、汤姆、彼得、塔尼娅以及年青一代。以及最重要的，向约翰、埃玛和安娜献上深如大海的爱，感谢他们的洞察力、耐心、睿智、幽默、灵感，还有姜饼。独乐乐不如众乐乐，生活的惊喜，经过分享才会成为生活的快乐。

参考文献

前言

Achim Peters, Bruce S. McEwen, and Karl Friston, "Uncertainty and Stress: Why It Causes Diseases and How It Is Mastered by the Brain," *Progress in Neurobiology* 156 (September 2017): 164–88.

Adrian R. Walker et al., "The Role of Uncertainty in Attentional and Choice Exploration," *Psychonomic Bulletin & Review* 26, no. 6 (December 1, 2019): 1911–16.

Alan P. Lightman, *Searching for Stars on an Island in Maine* (New York: Pantheon Books, 2018), 12–15.

Amitai Shenhav, Matthew M. Botvinick, and Jonathan D. Cohen, "The Expected Value of Control: An Integrative Theory of Anterior Cingulate Cortex Function," *Neuron* 79, no. 2 (July 24, 2013): 217–40.

Amy Harmon, "James Watson Had a Chance to Salvage His Reputation on Race. He Made Things Worse," *New York Times*, January 1, 2019, D1.

Archy O. de Berker et al., "Computations of Uncertainty Mediate Acute Stress Responses in Humans," *Nature Communications* 7, no. 1 (March 29, 2016): 10996, https://doi.org/10.1038/ncomms10996.

Aristotle, "Nichomachean Ethics," book 5, in *Aristotle: In Twenty-Three Volumes*, Loeb Classical Library (Cambridge, MA: Harvard University Press, W.

Heinemann, 1970), 1037b, 30–32.

Arne Roets et al., "The Motivated Gatekeeper of Our Minds: New Directions in Need for Closure Theory and Research," in *Advances in Experimental Social Psychology*, vol. 52, ed. James M. Olson and Mark P. Zanna (Cambridge, MA: Academic Press, 2015), 221–83.

Carol Anderson quoted in Amy Harmon and Audra D. S. Burch,"White Americans Say They Are Waking Up to Racism. What Will It Add Up To?," *New York Times*, June 22, 2020, https://www.nytimes.com/2020/06/22/us/racism-white-americans.html.

Cary Funk, Brian Kennedy, and Elizabeth Sciupac, "U.S. Wary of Biomedical Technologies to Enhance Human Abilities," *Pew Research Center Report*, July 26, 2019, 99–100.

Clarence B. Jones and Stuart Connelly, *Behind the Dream: The Making of the Speech That Transformed a Nation* (New York: Palgrave Macmillan, 2011), 59.

Craig Fox and Gülden Ülkümen, "Distinguishing Two Dimensions of Uncertainty," in *Perspectives on Thinking, Judging and Decision-Making*, ed. Wibecke Brun et al. (Oslo: Universitetsforlaget, 2011).

Dandan Tong et al., "Association between Regional White and Gray Matter Volume and Ambiguity Tolerance: Evidence from Voxel-Based Morphometry," *Psychophysiology* 52, no. 8 (August 2015): 983–89.

Daniel J. Boorstin, *Cleopatra's Nose: Essays on the Unexpected*, ed. Ruth Frankel Boorstin (New York: Random House, 1994), 17.

Daniel Kahneman, *Thinking, Fast and Slow* (New York: Farrar, Straus and Giroux, 2011), 132.

Daniel R. DeNicola, *Understanding Ignorance: The Surprising Impact of What We Don't Know* (Cambridge, MA: MIT Press, 2017), 168–72.

Daniel Randles et al., "Searching for Answers in an Uncertain World: Meaning Threats Lead to Increased Working Memory Capacity," *PLoS One* 13, no. 10 (October 3, 2018): e0204640, https://doi.org/10.1371/journal.pone.0204640.

DeNicola, *Understanding Ignorance,* 167–70, 161.

Devarajan Sridharan et al., "Neural Dynamics of Event Segmentation in Music: Converging Evidence for Dissociable Ventral and Dorsal Networks,"

Neuron 55, no. 3 (August 2, 2007): 521–32.

Drew D. Hansen, *The Dream: Martin Luther King, Jr., and the Speech That Inspired a Nation* (New York: Ecco, 2003), 65, 68–69.

Eric J. Sundquist, *King's Dream* (New Haven, CT: Yale University Press, 2009), 4.

Erin R. Whitchurch, Timothy D. Wilson, and Daniel T. Gilbert, "'He Loves Me, He Loves Me Not ...' : Uncertainty Can Increase Romantic Attraction," *Psychological Science* 22, no. 2 (February 1, 2011): 172–75.

Fisher et al., "The Influence of Social Interaction." See also Lauren B. Cheatham and Zakary L. Tormala, "The Curvilinear Relationship between Attitude Certainty and Attitudinal Advocacy," *Personality and Social Psychology Bulletin* 43 (2017): 3–16.

Francis Crick, *What Mad Pursuit: A Personal View of Scientific Discovery* (New York: Basic Books, 1988), 75.

Frank Bruni, "Covington and the Pundit Apocalypse," *New York Times*, January 23, 2019, A23.

Frenkel-Brunswik, "Intolerance of Ambiguity as an Emotional and Perceptual Personality Variable," 129.

Gary Younge, "The Speech: Fifty Years after the March on Washington, Dr. King's Famous Words Remain Misrepresented," *The Nation*, August 14, 2013, 18; Hansen, *The Dream*.

Gary Younge, *The Speech: The Story behind Dr. Martin Luther King Jr.'s Dream* (Chicago: Haymarket Books, 2015), 1–2

Haley Jach and Luke Smillie, "To Fear or to Fly to the Unknown: Tolerance for Ambiguity and Big Five Personality Traits," *Journal of Research in Personality* 79 (2019): 67–78.

Helga Nowotny, *The Cunning of Uncertainty* (Cambridge: Polity, 2016), 129.

Horace Free land Judson, "The Theorist," *Nature* 443, no. 7114 (October 26, 2006): 917–19.

Ian Hacking, *The Taming of Chance* (Cambridge: Cambridge University Press, 1990).

Ivan R. Molton et al., "Pilot Intervention to Promote Tolerance for Uncertainty in Early Multiple Sclerosis," *Rehabilitation Psychology* 64 (2019): 339–50.

J. Han, William M. P. Klein, and Neeraj K. Arora, "Varieties of Uncertainty in Health Care: A Conceptual Taxonomy," *Medical Decision Making: An International Journal of the Society for Medical Decision Making* 31, no. 6 (2011): 828–38.

James Baldwin, *No Name in the Street* (New York: Vintage Books, 2007), 140.

Jerome Bruner, "The Conditions for Creativity," in Jerome Bruner, *On Knowing: Essays for the Left Hand*, 2nd ed. (Cambridge, MA: Belknap Press, 1962, 1979), 23–24.

Jerome Kagan, "Motives and Development," *Journal of Personality and Social Psychology* 22 (1972): 51–66.

John Dewey, *The Quest for Certainty: A Study of the Relation of Knowledge and Action* (New York: Minton, Balch, 1929), 227.

John Kay and Mervyn King, "The Radical Uncertainties of Coronavirus," *Prospect Magazine*, March 30, 2020, https://www.prospect magazine.co.uk/magazine/coronavirus-model-uncertainty-kay-king.

John Keats, Letter to George and Tom Keats, December 21–27, 1817, (45), *The Letters of John Keats, 1814–1821*, ed. Hyder Edward Rollins (Cambridge, MA: Harvard University Press, 1958), 194.

John R. Hibbing, Kevin B. Smith, and John R. Alford, "Differences in Negativity Bias Underlie Variations in Political Ideology," *Behavioral and Brain Sciences* 37, no. 3 (June 2014): 297–307; author interview with John Hibbing (professor of political science, University of Nebraska), August 3, 2020.

Maria Glenski, Corey Pennycuff, and Tim Weninger, "Consumers and Curators: Browsing and Voting Patterns on Reddit," *IEEE Transactions on Computational Social Systems* 4, no. 4 (December 2017): 196–206; Maksym Gabielkov et al., "Social Clicks: What and Who Gets Read on Twitter?," *Performance Evaluation Review* 44, no. 1 (June 14, 2016): 179–92.

Martin Luther King Jr., "I Have a Dream" (Speech to the March on Washington, Washington, DC, August 28, 1963), Transcript from Archival Research, Catalog-Identifier 2602934, National Archives and Records Administration.

Matthew Botvinick et al., "Conflict Monitoring and Cognitive Control," *Psychological Review* 108, no. 3 (2001): 624–52.

Matthew Fisher and Frank C Keil, "The Trajectory of Argumentation and Its Multifaceted Functions," in *The Psychology of Argument: Cognitive Approaches to Argumentation and Persuasion,* ed. Fabio Paglieri (London: College Publications, 2016), 1–15. This chapter discusses the 2016 study.

Matthew Fisher et al., "The Influence of Social Interaction on Intuitions of Objectivity and Subjectivity," *Cognitive Science* 41, no. 4 (May 2017): 1119–34.

Matthew Fisher et al., "The Tribalism of Truth," *Scientific American* 318, no. 2 (January 16, 2018): 50–53.

Michael Smithson, "Psychology's Ambivalent View of Uncertainty," in *Uncertainty and Risk: Multidisciplinary Perspectives*, ed. Gabriele Bammer and Michael Smithson (London: Earthscan, 2008), 205–18; Michael Smithson, "The Many Faces and Masks of Uncertainty," in Bammer and Smithson, eds., *Uncertainty and Risk*, 13–26; Plambeck and Weber, "CEO Ambivalence and Responses to Strategic Issues."

Mike Oaksford and Nick Chater, *Bayesian Rationality: The Probabilistic Approach to Human Reasoning* (Oxford: Oxford University Press, 2006), 68.

Nils Plambeck and Klaus Weber, "CEO Ambivalence and Responses to Strategic Issues," *Organization Science* 20 (December 1, 2009): 993–1010; Naomi B. Rothman et al., "Understanding the Dual Nature of Ambivalence: Why and When Ambivalence Leads to Good and Bad Outcomes," *The Academy of Management Annals* 11 (2017): 33–72.

Paul K. J. Han, *Uncertainty in Medicine: A Framework for Tolerance* (New York: Oxford University Press, 2021); Paul K.

Plato, "Phaedrus," *Plato, in Twelve Volumes*, ed. Harold North Fowler (Cambridge, MA: Harvard University Press, 1975), 1:246a–c.

R. Nicholas Carleton, "Fear of the Unknown: One Fear to Rule Them All?," *Journal of Anxiety Disorders* 41 (2016): 5–21.

Sidney D'Mello et al.,"Confusion Can Be Beneficial for Learning," *Learning and Instruction* 29 (February 1, 2014): 153–70.

Smithson, "The Many Faces and Masks of Uncertainty," in Bammer and Smithson, *Uncertainty and Risk*, 13–25, esp. 17–18.

Tania D. Strout et al., "Tolerance of Uncertainty: A Systematic Review of

Health and Healthcare-Related Outcomes," *Patient Education and Counseling* 101, no. 9 (September 2018): 1518–37.

Taylor Branch, *Parting the Waters: America in the King Years, 1954–63* (New York: Simon and Schuster, 1988), 887, quoting unnamed critics.

William James, "Is Life Worth Living?," in William James, *The Will to Believe: And Other Essays in Popular Philosophy* (New York: Dover, 1960), 59.

Zakary L. Tormala and Derek D. Rucker, "Attitude Certainty: Antecedents, Consequences and New Directions," *Consumer Psychology Review* 1, no. 1 (2018): 72–89.

第一章

Alfred Gollin, "The Wright Brothers and the British Authorities, 1902–1909," *The English Historical Review* 95, no. 375 (1980): 293–320, esp. 317.

Arie Kruglanski, "Motivations for Judging and Knowing: Implications for Causal Attribution," in *The Handbook of Motivation and Cognition: Foundation of Social Behavior*, ed. E. T. Higgins and R. M. Sorrentino (New York: Guilford Press, 1990), 2:333–68, esp. 337.

Arne Roets et al., "The Motivated Gatekeeper of Our Minds: New Directions in Need for Closure Theory and Research," in *Advances in Experimental Social Psychology*, ed. James M. Olson and Mark P. Zanna (New York: Academic Press, 2015), 52:221–83.

Carol-anne Moulton et al., "Slowing Down to Stay Out of Trouble in the Operating Room: Remaining Attentive in Automaticity," *Academic Medicine* 85, no. 10 (October 2010): 1571–77.

Carol-anne Moulton et al., "Slowing Down When You Should: A New Model of Expert Judgment," *Academic Medicine* 82, no. 10 (October 2007): S109–16.

Carol-anne Moulton, "Peeking behind the Curtain: Surgical Judgment beyond Cognition," American College of Surgeons Olga M. Jonasson Lecture, Chicago, 2012.

Charles Lord, Mark Lepper, and Elizabeth Preston, "Considering the Opposite: A Corrective Strategy for Social Judgment," *Journal of Personality and Social Psychology* 47, no. 6 (December 1984): 1231–43.

Dana R. Carney and Mahzarin R. Banaji, "First Is Best," *PLoS One* 7, no. 6 (June 27, 2012): e35088, https://doi.org/10.1371/journal.pone.0035088.

Daniel Kahneman and Gary Klein, "Conditions for Intuitive Expertise: A Failure to Disagree," *The American Psychologist* 64, no. 6 (September 2009): 515–26, esp. 519–21.

Daniel Kahneman, *Thinking, Fast and Slow* (New York: Farrar, Straus and Giroux, 2011), 59.

David Esterly, *The Lost Carving: A Journey to the Heart of Making* (New York: Penguin Books, 2012), 238.

David Katerndahl, Robert Wood, and Carlos Roberto Jaén, "Family Medicine Outpatient Encounters Are More Complex Than Those of Cardiology and Psychiatry," *Journal of the American Board of Family Medicine* 24, no. 1 (2011): 6–15.

Decisions and Predecisional Distortion," *Journal of Psychology and Behavioral Sciences* 2, no. 4 (2012): 108–19.

Derek Collins, "Mapping the Entrails: The Practice of Greek Hepatoscopy," *American Journal of Philology* 129, no. 3 (2008): 319–40.

Edward Orehek et al., "Need for Closure and the Social Response to Terrorism," *Basic and Applied Social Psychology* 32 (2010): 279–90.

Emily Dickinson, "Surgeons Must Be Very Careful" (156), in *The Poems of Emily Dickinson*, ed. R. W. Franklin (Cambridge, MA: Harvard University Press, 1998).

Erik Dane, "Reconsidering the Trade-Off between Expertise and Flexibility: A Cognitive Entrenchment Perspective," *Academy of Management Review* 35, no. 4 (October 2010): 579–603.

F. González-Crussi, *A Short History of Medicine* (New York: Modern Library, 2007), 34–39; Roy Porter, ed., *The Cambridge History of Medicine* (Cambridge: Cambridge University Press, 2006), 180–200.

Fernand Gobet, "Adriaan de Groot: Marriage of Two Passions," *ICGA Journal* 29, no. 4 (January 1, 2006): 236–43; John Saunders, "Chess Magazine at War," *Chess News*, February 2011, 30–32.

Gattinoni et al., "COVID-19 Does Not Lead to a 'Typical' Acute Respiratory

Distress Syndrome."

Gattinoni et al., "Reply by Gattinoni et al. to Hedenstierna et al., to Maley et al., to Fowler et al., to Bhatia and Mohammed, to Bos, to Koumbourlis and Motoyama, and to Haouzi et al.," *American Journal of Respiratory and Critical Care Medicine* 202, no. 4 (August 15, 2020): 628–30.

George A. Miller, "The Cognitive Revolution: A Historical Perspective," *Trends in Cognitive Sciences* 7 (2003): 141–44; Gerd Gigerenzer and Daniel G. Goldstein, "Mind as Computer: Birth of a Metaphor," *Creativity Research Journal* 9, no. 2–3 (1996): 131–44.

Gobet, "Adriaan de Groot," 239; Philip E. Ross, "The Expert Mind," *Scientific American*, August 2006, 64–71; Adriaan de Groot, *Thought and Choice in Chess* (Amsterdam: Amsterdam University Press, 1946).

Guillermo Campitelli and Fernand Gobet, "Adaptive Expert Decision Making: Skilled Chess Players Search More and Deeper," *International Computer Games Association Journal* 27, no. 4 (2004): 209–16.

Hang Cheng et al., "Prolonged Operative Duration Is Associated with Complications: A Systematic Review and Meta-Analysis," *Journal of Surgical Research* 229 (September 2018): 134–44.

Hans Peter Peters and Sharon Dunwoody,"Scientific Uncertainty in Media Content," *Public Understanding of Science* 25, no. 8 (2016): 893–908.

Heraclitus, *Fragments: The Collected Wisdom of Heraclitus,* trans. Brooks Haxton (New York: Viking, 2001), 7.

Herbert A Simon, "What Is an 'Explanation' of Behavior?," *Psychological Science* 3, no. 3 (1992), 150–61, esp. 155.

Jenny Rudolph and D. B. Raemer, "Diagnostic Problem Solving during Simulated Crises in the OR," *Anesthesia and Analgesia* 98, no. 5S (2004): S34.

Jerad H. Moxley et al., "The Role of Intuition and Deliberative Thinking in Experts' Superior Tactical Decision-Making," *Cognition* 124 (2012): 72–78.

John J. Norcini, Harry R. Kimball, and Rebecca S. Lipner, "Certification and Specialization: Do They Matter in the Outcome of Acute Myocardial Infarction?," *Academic Medicine* 75, no. 12 (December 2000): 1193–98.

K. Anders Ericsson, "Deliberate Practice and Acquisition of Expert

Performance: A General Overview," *Academic Emergency Medicine* 15, no. 11 (November 2008): 988–94, esp. 991.

K. Anders Ericsson, Michael J. Prietula, and Edward Cokely, "The Making of an Expert," *Harvard Business Review* 85, no. 7/8 (July/August 2007): 114–21.

Karl Duncker, *On Problem-Solving*, trans. Lynne S. Lees (Washington, DC: American Psychological Association, 1945).

Keith Stanovich and Richard West, "What Intelligence Tests Miss," *The Psychologist*, February 2014, 80–83.

Luciano Gattinoni et al., "COVID-19 Does Not Lead to a 'Typical' Acute Respiratory Distress Syndrome," *American Journal of Respiratory and Critical Care Medicine* 201, no. 10 (May 15, 2020): 1299–1300.

Margaret Anne Defeyter and Tim P. German, "Acquiring an Understanding of Design: Evidence from Children's Insight Problem Solving," *Cognition* 89, no. 2 (September 1, 2003): 133–55.

Merim Bilalić, Peter McLeod, and Fernand Gobet, "Why Good Thoughts Block Better Ones: The Mechanism of the Pernicious Einstellung (Set) Effect," *Cognition* 108, no. 3 (September 2008): 652–61.

Michael C. Lowe and Michael I. D'Angelica, "Anatomy of Hepatic Resectional Surgery," *Surgical Clinics of North America* 96, no. 2 (April 2016): 183–95.

Michael I. Posner, "Search Strategies and Problem Solving," in Michael I. Posner, *Cognition: An Introduction*, 2nd ed. (Glenview, IL: Scott Foresman & Co., 1973), 147–79, esp. 155–56.

Michael I. Posner, "The Expert Brain," in *Expertise and Skill Acquisition: The Impact of William G. Chase*, ed. James Staszewski (New York: Psychology Press, 2013), 244–59.

Michal Grat et al., "Intraoperative Injuries during Liver Resection: Analysis of 1,005 Procedures," *Hepatology International* 6, no. 2 (June 14, 2011): 498–504.

Paul C. Nutt, "Expanding the Search for Alternatives during Strategic Decision-Making," *Academy of Management Perspectives* 18, no. 4 (2004): 13–28. See also Paul Nutt, *Why Decisions Fail: Avoiding the Blunders and Traps That Lead to Debacles* (Oakland, CA: Berrett-Koehler, 2002).

Paul J. Feltovich, Michael J. Prietula, and K. Anders Ericsson, "Studies of Expertise from Psychological Perspectives," in *The Cambridge Handbook of Expertise and Expert Performance,* ed. K. Anders Ericsson et al. (Cambridge: Cambridge University Press, 2006), 41–68.

Paul J. Feltovich, Rand J. Spiro, and Richard L. Coulson, "Issues of Expert Flexibility in Contexts Characterized by Complexity and Change," in *Expertise in Context: Human and Machine*, ed. Paul Feltovich, Kenneth Ford, and Robert Hoffman (Cambridge, MA: MIT Press, 1997), 125–46.

Philip E. Tetlock and Dan Gardner, *Superforecasting: The Art and Science of Prediction* (New York: Crown Publishers, 2015), 278–79.

Robert Lawson, "Order of Presentation as a Factor in Jury Persuasion," *Kentucky Law Journal* 56, no. 1 (1968): 523–53.

Roger L. Martin, *The Opposable Mind: How Successful Leaders Win through Integrative Thinking* (Boston: Harvard Business School Press, 2007), 127.

Sarah E. Bonner and Barry L. Lewis, "Determinants of Auditor Expertise," *Journal of Accounting Research* 28 (1990): 1–20.

T. J. Nokes, C. D. Schunn, and Michelene Chi, "Problem Solving and Human Expertise," in *International Encyclopedia of Education* (Amsterdam: Elsevier, 2010), 265–72.

Thomas Rodziewicz, Benjamin Houseman, and John E. Hipskind, *Medical Error Reduction and Prevention,* Open-Access E-Book (Treasure Island, FL: StatPearls Publishing, 2022), 12.

Thomas Voshaar et al., "Conservative Management of COVID-19 Associated Hypoxaemia," *ERJ Open Research* 7, no. 1 (January 2021): 00026–02021, https://doi.org/10.1183/23120541.00026-2021.

Tim P. German and Margaret Anne Defeyter, "Immunity to Functional Fixedness in Young Children," *Psychonomic Bulletin and Review* 7, no. 4 (2000): 707–12. Note: Duncker first carried out his experiments in the mid-1920s, although his major opus *On Problem-Solving* was not published until 1945.

William Chase and Herbert Simon, "Perception in Chess," *Cognitive Psychology* 4 (1973): 55–81.

第二章

A. M. Turing, "On Computable Numbers, with an Application to the Entscheidungsproblem," *Proceedings of the London Mathematical Society* 42, ser. 2, no. 1 (1936): 230–65.

Aimee E. Stahl and Lisa Feigenson, "Observing the Unexpected Enhances Infants' Learning and Exploration," *Science* 348, no. 6230 (April 4, 2015): 91; Aimee Stahl and Lisa Feigenson, "Violations of Core Knowledge Shape Early Learning," *Topics in Cognitive Science* 11, no. 1 (January 2019): 136–53.

Alan Turing, *Alan Turing's Systems of Logic: The Princeton Thesis*, ed. Andrew Appel (Princeton, NJ: Princeton University Press, 2012), 116.

Amy Bland and Alexandre Schaefer, "Different Varieties of Uncertainty in Human Decision-Making," *Frontiers in Neuroscience* 6, no. 85 (2012): 1–11.

Andrew Allen et al., "The Trier Social Stress Test: Principles and Practice," *Neurobiology of Stress* 6 (February 2017): 113–26.

Andrew Hodges, *Alan Turing: The Enigma* (Princeton, NJ: Princeton University Press, 2012), 186.

Andrew L. Krause et al., "Introduction to 'Recent Progress and Open Frontiers in Turing's Theory of Morphogenesis,'" *Philosophical Transactions of the Royal Society A: Mathematical, Physical and Engineering Sciences* 379, no. 2213 (December 27, 2021): 20200280, https://doi.org/10.1098/rsta.2020.0280.

Archy O. de Berker et al., "Computations of Uncertainty Mediate Acute Stress Responses in Humans," *Nature Communications* 7, no. 1 (March 29, 2016): 10996, https://doi.org/10.1038/ncomms10996.

B. Jack Copeland, ed., *The Essential Turing: Seminal Writings in Computing, Logic, Philosophy, Artificial Intelligence, and Artificial Life, plus the Secrets of Enigma* (Oxford: Oxford University Press, 2004), 257.

Benjamin C. Storm, "Thoughts on the Digital Expansion of the Mind and the Effects of Using the Internet on Memory and Cognition," *Journal of Applied Research in Memory and Cognition* 8 (2019): 29–32.

Benjamin Storm and Julia Soares, "Memory in the Digital Age," in *Oxford Handbook of Human Memory*, vol. 1, ed. Anthony Wagner and Michael Kahana (New York: Oxford University Press, in press).

Bromberg-Martin and Okihide Hikosaka, "Midbrain Dopamine Neurons Signal Preference for Advance Information about Upcoming Rewards," *Neuron* 63, no. 1 (July 16, 2009): 119–26.

Budiansky, *Battle of Wits*, 122; Budiansky, *Blackett's War*, 111.

C. S. Lewis, *Surprised by Joy: The Shape of My Early Life* (New York: Harper Collins, 2017), 217.

Caroline J. Charpentier, Ethan S. Bromberg-Martin, and Tali Sharot, "Valuation of Knowledge and Ignorance in Mesolimbic Reward Circuitry," *Proceedings of the National Academy of Sciences* 115, no. 31 (July 31, 2018): Article 6134, https://doi.org/10.1073/ pnas.1800547115.

Chang-Hao Kao et al., "Functional Brain Network Reconfiguration during Learning in a Dynamic Environment," *Nature Communications* 11, no. 1 (April 3, 2020): 1682, https://doi.org/10.1038/s41467-020-15442-2.

Chris Stankovich, "Using Cue Words for Improved Mental Toughness and Athletic Success," *The Sports Doc: Chalk Talk with Dr. Chris Stankovich* (blog), August 15, 2011, https://drstankovich.com/using-cue-words-for-improved-mental-toughness-and-athletic-success.

Christopher Morris, "Navy Ultra's Poor Relations," in *Codebreakers: The Inside Story of Bletchley Park*, ed.

Cleveland Symphony Orchestra interview with first horn Nathaniel Silberschlag, "Nathaniel Silberschlag on Beginning Brahms Piano Concerto No. 2," YouTube, March 16, 2022, https:// www.youtube.com/watch?v=acDzjYBC_GQ.

Collins-Thompson et al.,"Search as Learning"; Johannes von Hoyer et al., "The Search as Learning Spaceship: Toward a Comprehensive Model of Psychological and Technological Facets of Search as Learning," *Frontiers in Psychology* 13 (2022): 827748, https://www.frontiersin.org/articles/10.3389/fpsyg.2022.827748.

Daniel Russell, "What Do You Need to Know to Use a Search Engine? Why We Still Need to Teach Research Skills," *AI Magazine* 36, no. 4 (Winter 2015): 61–70, esp. 68.

Daniel Russell, *The Joy of Search: A Google Insider's Guide to Going beyond the Basics* (Cambridge, MA: MIT Press, 2019), 5.

David Concar, "Out of Sight into Mind," *New Scientist*, September 5, 1998, 38–41.

David Kahn, *Seizing the Enigma: The Race to Break the German U-Boat Codes, 1939–1943* (Boston: Houghton Mifflin, 1991), 31–48.

David M. Lydon-Staley et al., "Hunters, Busybodies and the Knowledge Network Building Associated with Deprivation Curiosity," *Nature Human Behaviour* 5, no. 3 (March 2021): 327–36.

David M. Lydon-Staley, Perry Zurn, and Danielle S. Bassett, "Within-Person Variability in Curiosity during Daily Life and Associations with Well-Being," *Journal of Personality* 88, no. 4 (August 2020): 625–41. Also author e-mail communication with David Lydon-Staley, April 8, 2022.

David S. Yeager et al., "A Synergistic Mindsets Intervention Protects Adolescents from Stress," *Nature* 607, no. 7919 (July 2022): 512–20.

Davide Filingeri and George Havenith, "Human Skin Wetness Perception: Psychophysical and Neurophysiological Bases," *Temperature* 2, no. 1 (February 3, 2015): 86–104.

Dehaene, *How We Learn*, 6; Jan W. Brascamp and Steven K. Shevell, "The Certainty of Ambiguity in Visual Neural Representations," *Annual Review of Vision Science* 7 (September 15, 2021): 465–86.

Dorottya Rusz, Erik Bijleveld, and Michiel A. J. Kompier, "Reward-Associated Distractors Can Harm Cognitive Performance," *PLoS One* 13, no. 10 (2018): e0205091, https://doi.org/10.1371/journal.pone.0205091. See also Dorottya Rusz et al., "Reward-Driven Distraction," *Psychological Bulletin* 146, no. 10 (2020): 872–79.

Erik Bijleveld, Ruud Custers, and Henk Aarts, "When Favourites Fail: Tournament Trophies as Reward Cues in Tennis Finals," *Journal of Sports Sciences* 29, no. 13 (October 2011), 1463–70.

Evan Risko et al., "Curious Eyes: Individual Differences in Personality Predict Eye Movement Behavior in Scene-Viewing," *Cognition* 122, no. 1 (January 2012): 86–90; Adrien Baranes, Pierre-Yves Oudeyer, and Jacqueline Gottlieb, "Eye Movements Reveal Epistemic Curiosity in Human Observers,"

Vision Research 117 (December 1, 2015): 81–90.

George Mashour et al., "Conscious Processing and the Global Neuronal Workspace Hypothesis," *Neuron* 105, no. 5 (March 4, 2020): 776–98; Lucia Melloni et al., "Making the Hard Problem of Consciousness Easier," *Science* 372, no. 6545 (May 28, 2021): 911–12.

F. H. Hinsley and Alan Stripp (Oxford: Oxford University Press, 1993), 231–45, esp. 232.

J. Benjamin Hutchinson and Lisa Feldman Barrett, "The Power of Predictions: An Emerging Paradigm for Psychological Research," *Current Directions in Psychological Science* 28, no. 3 (June 2019): 280–91.

J. C. Marshall and P. W. Halligan, "Blindsight and Insight in Visuo-Spatial Neglect," *Nature* 336, no. 6201 (December 1988): 766–67.

Jacqueline Gottlieb et al., "Curiosity, Information Demand and Attentional Priority," *Current Opinion in Behavioral Sciences* 35 (2020): 83–91.

Jamieson et al., "Optimizing Stress Responses"; Jeremy P. Jamieson, Matthew K. Nock, and Wendy Berry Mendes, "Mind over Matter: Reappraising Arousal Improves Cardiovascular and Cognitive Responses to Stress," *Journal of Experimental Psychology. General* 141, no. 3 (August 2012): 417–22.

Jeremy P. Jamieson et al., "Reappraising Stress Arousal Improves Performance and Reduces Evaluation Anxiety in Classroom Exam Situations," *Social Psychological and Personality Science* 7 (2016): 579–87.

Jeremy P. Jamieson et al., "Turning the Knots in Your Stomach into Bows: Reappraising Arousal Improves Performance on the GRE," *Journal of Experimental Social Psychology* 46, no. 1 (January 1, 2010): 208–12.

Jeremy P. Jamieson et al.,"Optimizing Stress Responses with Reappraisal and Mindset Interventions: An Integrated Model," *Anxiety, Stress, and Coping* 31, no. 3 (May 2018): 245–61.

Johannes von Hoyer, Joachim Kimmerle, and Peter Holtz, "Acquisition of False Certainty: Learners Increase Their Confidence in the Correctness of Incorrect Answers after Online Information Search," *Journal of Computer Assisted Learning* 38, no. 3 (2022): 833–44.

John Dunne, "Key Features of Dharmakīrti's Apoha Theory," in *Apoha:*

Buddhist Nominalism and Human Cognition, ed. Mark Siderits, Tom J. F. Tillemans, and Arindam Chakrabarti (New York: Columbia University Press, 2011), 84–108.

Kevyn Collins-Thompson, Preben Hansen, and Claudia Hauff, "Search as Learning: Report from Dagstuhl Seminar 17092," *Dagstuhl Reports* 7, no. 2 (2017): 135–62, esp. 135.

Lieke van Lieshout et al., "Induction and Relief of Curiosity Elicit Parietal and Frontal Activity," *Journal of Neuroscience* 38 (2018): 2816–17; Blanchard et al., "Orbitofrontal Cortex Uses Distinct Codes for Different Choice Attributes in Decisions Motivated by Curiosity"; Charpentier et al., "Valuation of Knowledge and Ignorance in Mesolimbic Reward Circuitry."

Lisa Feldman Barrett, *Seven and a Half Lessons about the Brain* (Boston: Houghton Mifflin Harcourt, 2020), 71.

Maja Brydevall et al., "The Neural Encoding of Information Prediction Errors during Non-Instrumental Information Seeking," *Scientific Reports* 8, no. 1 (April 17, 2018): 6134, https://doi.org/10.1038/s415 98-018-24566-x.

Marc Lewis, "Why We're Hardwired to Hate Uncertainty," *The Guardian*, Opinion section, April 4, 2016, https://www.theguardian.com/commentisfree/2016/apr/04/uncertainty-stressful-research-neuroscience.

Mascha M. J. Linszen et al., "Occurrence and Phenomenology of Hallucinations in the General Population: A Large Online Survey," *Schizophrenia* 8, no. 1 (April 23, 2022): 1–11.

Mattias Horan, Nabil Daddaoua, and Jacqueline Gottlieb, "Parietal Neurons Encode Information Sampling Based on Decision Uncertainty," *Nature Neuroscience* 22, no. 8 (August 2019): 1327–35.

Mélanie Strauss et al., "Disruption of Hierarchical Predictive Codingduring Sleep," *Proceedingsofthe National Academy of Sciences* 112, no. 11 (March 17, 2015): E1353–62, https://doi.org/10.1073/pnas.1501026112.

Nicholas C. Foley et al., "Parietal Neurons Encode Expected Gains in Instrumental Information," *Proceedings of the National Academy of Sciences* 114, no. 16 (April 18, 2017): E3315–23, https://doi.org/10.1073/pnas.1613844114.

Peter Gröpel and Christopher Mesagno, "Choking Interventions in Sports: A

Systematic Review," *International Review of Sport and Exercise Psychology* 12, no. 1 (January 2019): 176–201.

Philo, *The Works of Philo: Complete and Unabridged, (Agriculture) Section VII*, trans. Charles Duke Yonge (Peabody, MA: Hendrickson Publishers, 1993).

Robert K. Massie, *Castles of Steel: Britain, Germany, and the Winning of the Great War at Sea* (New York: Ballantine Books, 2003), 161–62.

Robert Kunzig, "A Head for Numbers," *Discover*, July 1, 1997, https://www.discovermagazine.com/the-sciences/a-head-for-numbers.

S. W. Roskill, *The War at Sea, 1939–1945*, rev. ed. (London: Naval and Military Press, 2004), 1:614–18, appendices Q–R.

Sabrina Trapp, J. P. O'Doherty, and Lars Schwabe, "Stressful Events as Teaching Signals for the Brain," *Trends in Cognitive Sciences* 22, no. 6 (June 2018): 475–78.

Sam Wineburg and Sarah McGrew, "Lateral Reading and the Nature of Expertise: Reading Less and Learning More When Evaluating Digital Information," *Teachers College Record: The Voice of Scholarship in Education* 121, no. 11 (November 2019): 1–40.

Sarah McGrew et al., "The Challenge That's Bigger Than Fake News: Civic Reasoning in a Social Media Environment," *American Educator* 41, no. 3 (Fall 2017): 4–9.

Simon van Gaal et al., "Can the Meaning of Multiple Words Be Integrated Unconsciously?," *Philosophical Transactions of the Royal Society of London. Series B, Biological Sciences* 369, no. 1641 (May 5, 2014): 20130212, https://doi.org/10.1098/rstb.2013.0212.

Stanislas Dehaene, *Consciousness and the Brain: Deciphering How the Brain Codes Our Thoughts* (New York: Viking, 2014), 73.

Stanislas Dehaene, *How We Learn: Why Brains Learn Better Than Any Machine ... for Now* (New York: Viking, 2020), 5.

Stephen Budiansky, *Battle of Wits: The Complete Story of Codebreaking in World War II* (New York: Free Press, 2000).

Stephen Budiansky, *Blackett's War: The Men Who Defeated the Nazi U-Boats and Brought Science to the Art of Warfare* (New York: Alfred A. Knopf, 2013),

110.

Todd B. Kashdan et al., "How Are Curious People Viewed and How Do They Behave in Social Situations? From the Perspectives of Self, Friends, Parents, and Unacquainted Observers," *Journal of Personality* 81, no. 2 (April 2013), 142–54.

Todd B. Kashdan et al., "The Five-Dimensional Curiosity Scale: Capturing the Bandwidth of Curiosity and Identifying Four Unique Subgroups of Curious People," *Journal of Research in Personality* 73 (2018): 130–49.

Tommy Blanchard, Benjamin Hayden, and Ethan Bromberg-Martin, "Orbitofrontal Cortex Uses Distinct Codes for Different Choice Attributes in Decisions Motivated by Curiosity," *Neuron* 85, no. 3 (2015): 602–14.

Tristan Tzara, "Approximate Man," in *Approximate Man and Other Writings*, trans. Mary Ann Caws, (Boston: Black Widow Press, 2005), 23–108.

W. L. S. Churchill, *The Second World War: The Grand Alliance* (New York: Mariner Books/Houghton Mifflin, 1949, 1986): 3:106.

W. L. S. Churchill, *The Second World War: Their Finest Hour* (New York: Mariner Books/Houghton Mifflin, 1949, 1986): 2:529.

Wolfram Schultz, "Dopamine Reward Prediction Error Coding," *Dialogues in Clinical Neuroscience* 18, no. 1 (March 2016), 23–32.

Zachary Wojtowicz, Nick Chater, and George Loewenstein, "The Motivational Processes of Sense-Making," in *The Drive for Knowledge: The Science of Human Information Seeking*, ed. Charley M. Wu, Eric Schulz, and Irene Cogliati Dezza (Cambridge: Cambridge University Press, 2022), 3–30, esp. 5.

第三章

A. R. Luria, *The Mind of a Mnemonist: A Little Book about a Vast Memory* (Cambridge, MA: Harvard University Press, 1987), 33–34, 116.

Ann Hamilton, "Making Not Knowing," in *Learning Mind: Experience into Art*, ed. Mary Jane Jacob and Jacquelynn Baas (Berkeley: University of California Press, 2010), 67–73, esp. 68–69.

Antonio Zadra and Robert Stickgold, *When Brains Dream: Exploring the Science and Mystery of Sleep* (New York: Norton, 2021), 124.

Arielle Tambini and Lila Davachi, "Persistence of Hippocampal Multivoxel

Patterns into Postencoding Rest Is Related to Memory," *Proceedings of the National Academy of Sciences* 110, no. 48 (November 11, 2013): 19591–96.

Benjamin C. Storm, "Thoughts on the Digital Expansion of the Mind and the Effects of Using the Internet on Memory and Cognition," *Journal of Applied Research in Memory and Cognition* 8 (2019): 29–32, esp. 31.

Betsy Sparrow, Jenny Liu, and Daniel M. Wegner, "Google Effects on Memory: Cognitive Consequences of Having Information at Our Fingertips," *Science* 333, no. 6043 (August 5, 2011): 776–78.

Brenda Milner, Suzanne Corkin, and H. L. Teuber, "Further Analysis of the Hippocampal Amnesic Syndrome: 14-Year Follow-Up Study of H.M.," *Neuropsychologia* 6, no. 3 (1968): 215–34, esp. 217.

Carol-anne E. Moulton et al., "Teaching Surgical Skills: What Kind of Practice Makes Perfect? A Randomized, Controlled Trial," *Annals of Surgery* 244, no. 3 (September 2006): 400–409.

Charles Darwin, "Darwin's Notebooks on Transmutation of Species, Part II, Second Notebook C, February to July 1838," ed. Gavin de Beer, *Bulletin of the British Museum (Natural History)*, Historical Series 2, no. 3 (May 1960): 75–118, esp. 75.

Charles Darwin, *The Autobiography of Charles Darwin: 1809–1882*, ed. Nora Barlow (New York: Norton, 1993), 140–41.

D. E. Broadbent, "Frederic Charles Bartlett, 1886–1969," *Biographical Memoirs of Fellows of the Royal Society* 16 (November 1970): 1–13.

D. J. Willshaw, P. Dayan, and R. G. M. Morris, "Memory, Modelling and Marr: A Commentary on Marr (1971) 'Simple Memory: A Theory of Archicortex,'" *Philosophical Transactions of the Royal Society of London. Series B, Biological Sciences* 370 (April 19, 2015): 20140383, https://doi.org/10.1098/rstb.2014.0383.

Daniel B. Rubin et al., "Learned Motor Patterns Are Replayed in Human Motor Cortex during Sleep," *Journal of Neuroscience* 42, no. 25 (June 1, 2022): 5007–20.

Delphine Oudiette et al., "Evidence for the Re-Enactment of a Recently Learned Behavior during Sleepwalking," *PLoS One* 6, no. 3 (March 21, 2011): e18056, https://doi.org/10.1371/journal.pone.0018056.

Dhairyya Singh, Kenneth A. Norman, and Anna C. Schapiro, "A Model of Autonomous Interactions between Hippocampus and Neocortex Driving Sleep-Dependent Memory Consolidation," *Proceedings of the National Academy of Sciences* 119, no. 44 (2022): e2123432119, https://doi.org/10.1073/pnas.2123432119.

Doug Rohrer and Kelli Taylor, "The Effects of Overlearning and Distributed Practice on the Retention of Mathematics Knowledge," *Applied Cognitive Psychology* 20 (2006): 1209–24.

Eugene Aserinsky and Nathaniel Kleitman, "Regularly Occurring Periods of Eye Motility, and Concomitant Phenomena during Sleep," *Science* 118, no. 3062 (September 4, 1953): 273–74.

Gabrielle Girardeau et al., "Selective Suppression of Hippocampal Ripples Impairs Spatial Memory," *Nature Neuroscience* 12, no. 10 (October 2009): 1222–23.

Howard E. Gruber, *Darwin on Man: A Psychological Study of Scientific Creativity*, ed. Paul H. Barrett (New York: E. P. Dutton, 1974), 238, 336; original from Charles Darwin, "Notebook N: Metaphysics and Expression 1838–1839," Cambridge University Library, Darwin Collection, 1260, http://darwin-online.org.uk.

Jai Y. Yu and Frank M. Loren, "Hippocampal-Cortical Interaction in Decision Making," *Neurobiology of Learning and Memory* 117 (January 2015): 34–41.

James Poskett, *Horizons: The Global Origins of Modern Science* (New York: HarperCollins, 2022), 209.

Jeffrey M. Ellenbogen et al., "Human Relational Memory Requires Time and Sleep," *Proceedings of the National Academy of Sciences* 104, no. 18 (May 2007): 7723–28.

Jeffrey M. Ellenbogen et al., "The Sleeping Brain's Influence on Verbal Memory: Boosting Resistance to Interference," *PLoS One* 4, no. 1 (2009): e4117, https://doi.org/10.1371/journal.pone.0004117.

Jessica Alber, Sergio Della Sala, and Michaela Dewar, "Minimizing Interference with Early Consolidation Boosts 7-Day Retention in Amnesic Patients," *Neuropsychology* 28, no. 5 (September 2014): 667–75.

Jorge Luis Borges, "Funes, the Memorious," in *Object Lessons: The Paris Review Presents the Art of the Short Story*, ed. Lorin Stein and Sadie Stein (New

York: Picador, 2012), 123–35, esp. 134.

Larry R. Squire, "The Legacy of Patient H.M. for Neuroscience," *Neuron* 61, no. 1 (January 1, 2009): 6–9, esp. 6.

Lila Davachi and Anthony D. Wagner, "Hippocampal Contributions to Episodic Encoding: Insights from Relational and Item-Based Learning," *Journal of Neurophysiology* 88, no. 2 (August 2002): 982–90.

M. E. Hasselmo, "Neuromodulation: Acetylcholine and Memory Consolidation," *Trends in Cognitive Sciences* 3, no. 9 (1999): 351–59.

Marlieke T. R. van Kesteren et al., "How Schema and Novelty Augment Memory Formation," *Trends in Neurosciences* 35, no. 4 (April 2010): 211–19.

Mary A. Pyc and Katherine A. Rawson, "Testing the Retrieval Effort Hypothesis: Does Greater Difficulty Correctly Recalling Information Lead to Higher Levels of Memory?," *Journal of Memory and Language* 60, no. 4 (2009): 437–47.

Matthew P. Walker and Robert Stickgold, "Overnight Alchemy: Sleep-Dependent Memory Evolution," *Nature Reviews Neuroscience* 11, no. 3 (March 2010): 218.

Matthew Wilson and Bruce McNaughton, "Reactivation of Hippocampal Ensemble Memories during Sleep," *Science* 265, no. 5172 (July 29, 1994): 676–79.

McKenzie et al., "Hippocampal Representation of Related and Opposing Memories Develop within Distinct, Hierarchically Organized Neural Schemas"; John Lisman et al., "Viewpoints: How the Hippocampus Contributes to Memory, Navigation, and Cognition," *Nature Neuroscience* 20, no. 11 (2017): 1434–47.

Megan O. Kelly and Evan F. Risko, "Revisiting the Influence of Offloading Memory on Free Recall," *Memory and Cognition* 50, no. 4 (May 2022): 710–21.

Michael Craig et al., "Wakeful Rest Promotes the Integration of Spatial Memories into Accurate Cognitive Maps," *Hippocampus* 26, no. 2 (February 2016): 185–93.

Michael Craig, Georgina Ottaway, and Michaela Dewar, "Rest on It: Awake Quiescence Facilitates Insight," *Cortex* 109 (December 2018): 205–14.

Michael Craig, Sergio Della Sala, and Michaela Dewar, "Autobiographical Thinking Interferes with Episodic Memory Consolidation," *PLoS One* 9, no. 4

(April 15, 2014): e93915, https://doi.org/10.1371/journal.pone.0093915. See also Kate Brokaw, "Resting State EEG Correlates of Memory Consolidation," *Neurobiology of Learning and Memory* 130 (2016): 17–25.

Nate Kornell, Matthew Jensen Hays, and Robert A. Bjork, "Unsuccessful Retrieval Attempts Enhance Subsequent Learning," *Journal of Experimental Psychology: Learning, Memory, and Cognition* 35, no. 4 (July 2009): 989–98.

Penelope A. Lewis, *The Secret World of Sleep: The Surprising Science of the Mind at Rest* (New York: St. Martin's Press, 2013), 7–9.

Rachel Seabrook, Gordon D. A. Brown, and Jonathan E. Solity, "Distributed and Massed Practice: From Laboratory to Classroom," *Applied Cognitive Psychology* 19, no. 1 (2005): 107–22.

Rebecca Solnit, *Hope in the Dark: Untold Histories, Wild Possibilities* (New York: Nation Books, 2004), xiv.

Robert Stickgold et al., "Replaying the Game: Hypnagogic Images in Normals and Amnesics," *Science* 290, no. 5490 (October 13, 2000): 350–53.

Sam McKenzie et al., "Hippocampal Representation of Related and Opposing Memories Develop within Distinct, Hierarchically Organized Neural Schemas," *Neuron* 83, no. 1 (July 2, 2014): 202–15.

Sara Mednick et al., "An Opportunistic Theory of Cellular and Systems Consolidation," *Trends in Neurosciences* 34, no. 10 (October 2011): 504–14.

Seamus Heaney, "Settings," in Seamus Heaney, *Seeing Things* (New York: Farrar, Straus and Giroux, 1991), 75.

Suzanne Nalbantian, Paul M. Matthews, and James L. McClelland, "Memory as a Constructive Process: The Parallel Distributed Processing Approach," in *The Memory Process: Neuroscientific and Humanistic Perspectives* (Cambridge, MA: MIT Press, 2010), 129–51.

Ullrich Wagner et al., "Sleep Inspires Insight," *Nature* 427, no. 6972 (January 2004): 352–55.

Wilder Penfield and Brenda Milner, "Memory Deficit Produced by Bilateral Lesions in the Hippocampal Zone," *AMA Archives of Neurology and Psychiatry* 79, no. 5 (May 1, 1958): 475–97.

William Beecher Scoville and Brenda Milner, "Loss of Recent Memory after Bilateral Hippocampal Lesions," *Journal of Neurology, Neurosurgery, and Psychiatry* 20, no. 1 (February 1957): 11.

Xiaojing Li et al., "Youths' Habitual Use of Smartphones Alters Sleep Quality and Memory: Insights from a National Sample of Chinese Students," *International Journal of Environmental Research and Public Health* 18, no. 5 (March 2021): 2254.

Xiaoyue Liu et al., "Internet Search Alters Intraand Inter-Regional Synchronization in the Temporal Gyrus," *Frontiers in Psychology* 9 (2018): 260. See also Elizabeth Marsh and Suparna Rajaram, "The Digital Expansion of the Mind: Implications of Internet Usage for Memory and Cognition," *Journal of Applied Research in Memory and Cognition* 8 (2019): 1–8, https://doi.org/10.1016/j.jarmac.2018.11.001.

Zeb Kurth-Nelson et al., "Replay and Compositional Computation," *Neuron* 111, no. 4 (2023): 454–69.

第四章

Adam Waytz, Hal E. Hershfield, and Diane I. Tamir, "Mental Simulation and Meaning in Life," *Journal of Personality and Social Psychology* 108, no. 2 (February 2015): 336–55.

Arnaud D'Argembeau, Olivier Renaud, and Martial Van Der Linden, "Frequency, Characteristics and Functions of Future-Oriented Thoughts in Daily Life," *Applied Cognitive Psychology* 25, no. 1 (2011): 96–103.

B. B. Meskin and Jerome Singer, "Daydreaming, Reflective Thought, and Laterality of Eye Movements," *Journal of Personality and Social Psychology* 30, no. 1 (July 1974): 64–71.

Benjamin Baird et al., "The Decoupled Mind: Mind-Wandering Disrupts Cortical Phase-Locking to Perceptual Events," *Journal of Cognitive Neuroscience* 26 (2014): 2596–2607.

Cédric Gil-Jardiné et al., "The Distracted Mind on the Wheel: Overall Propensity to Mind Wandering Is Associated with Road Crash Responsibility," *PLoS One* 12, no. 8 (August 3, 2017), https://doi.org/10.1371/journal.pone.0181327.

Charles Nicholl, *Leonardo da Vinci: Flights of the Mind* (New York: Viking, 2011), 418.

Charlotte Brontë, *Jane Eyre* (London: Penguin Classics, 2006), 62.

Christopher R. Rosenberg, Xin Fang, and Kyle R. Allison, "Potentiating Aminoglycoside Antibiotics to Reduce Their Toxic Side Effects," *PLoS One* 15, no. 9 (2020): e0237948, https://doi.org/10.1371/journal.pone.0237948.

Daniel J. Schad, Antje Nuthmann, and Ralf Engbert, "Your Mind Wanders Weakly, Your Mind Wanders Deeply: Objective Measures Reveal Mindless Reading at Different Levels," *Cognition* 125, no. 2 (November 1, 2012): 179–94.

Daniel Smilek, Jonathan Carriere, and J. Allan Cheyne, "Out of Mind, Out of Sight: Eye Blinking as Indicator and Embodiment of Mind Wandering," *Psychological Science* 21, no. 6 (June 1, 2010): 786–89.

Deanna Petherbridge, "The Persistent Cult of the Sketch," in *The Primacy of Drawing* (New Haven, CT: Yale University Press, 2010): 27–45, esp. 27.

Debra Gettelman, "'Making Out' Jane Eyre," *ELH* 74, no. 3 (2007): 557–81, 560.

Diana I. Tamir and Jason P. Mitchell, "The Default Network Distinguishes Construals of Proximal versus Distal Events," *Journal of Cognitive Neuroscience* 23, no. 10 (October 2011): 2945–55.

Ed Yong, "Sleeper Cells: How to Fight Bacteria That Play Dead," *New Scientist*, 213, No. 2858 (March 31, 2012): 40–42.

Florence J. M. Ruby et al., "How Self-Generated Thought Shapes Mood: The Relation between Mind-Wandering and Mood Depends on the Socio-Temporal Content of Thoughts," *PLoS One* 8, no. 10 (October 23, 2013): e77554, https://doi.org/10.1371/journal.pone.0077554.

Frank Moss and Kurt Wiesenfeld, "The Benefits of Background Noise," *Scientific American* 273, no. 2 (August 1995): 66–69.

J. P. Guilford, "Creativity," *American Psychologist* 5 (1950): 444–54, esp. 452.

J. P. Guilford, "Creativity: Yesterday, Today and Tomorrow," *Journal of Creative Behavior* 1, no. 1 (1967): 3–14.

James L. Jarrett, "Review of *Daydreaming and Fantasy* by Jerome Singer," *British Journal of Educational Studies* 25, no. 3 (1977): 297–98.

Jerome Singer, "Experimental Studies of Daydreaming and the Stream of Thought," in *The Stream of Consciousness*, ed. Kenneth Pope and Jerome Singer (New York: Plenum Press, 1978), 187–223.

John Antrobus, "Toward a Neurocognitive Processing Model of Imaginal Thought," in *At Play in the Fields of Consciousness: Essays in Honor of Jerome Singer*, ed. Jefferson Singer and Peter Salovey (Mahwah, NJ: Lawrence Erlbaum Associates, 1999), 3–28.

John Antrobus, Jerome Singer, and Stanley Greenberg, "Studies in the Stream of Consciousness: Experimental Enhancement and Suppression of Spontaneous Cognitive Processes," *Perceptual and Motor Skills* 23 (October 1, 1966): 399–417.

Jonathan Fish and Stephen Scrivener, "Amplifying the Mind's Eye: Sketching and Visual Cognition," *Leonardo* 23, no. 1 (1990): 117–26.

Jonathan Smallwood and Jonathan W. Schooler, "The Restless Mind," *Psychological Bulletin* 132 (2006): 946–58.

Jonathan Smallwood, Florence Ruby, and Tania Singer, "Letting Go of the Present: Mind-Wandering Is Associated with Reduced Delay Discounting," *Consciousness and Cognition* 22, no. 1 (2013): 1–7.

Jonathan Smallwood, Merrill McSpadden, and Jonathan W. Schooler, "When Attention Matters: The Curious Incident of the Wandering Mind," *Memory and Cognition* 36, no. 6 (September 2008): 1144–50.

Josef Breuer, "Case 1-Fraulein Anna O," in *The Freud Reader*, ed. Peter Gay (New York: Norton, 1995), 61–77, 62.

Julie Demblon and Arnaud D'Argembeau, "The Organization of Prospective Thinking: Evidence of Event Clusters in Freely Generated Future Thoughts," *Consciousness and Cognition: An International Journal* 24 (2014): 75–83, https://doi.org/10.1016/j.concog.2014.01.002.

Kalina Christoff et al., "Experience Sampling during fMRI Reveals Default Network and Executive System Contributions to Mind Wandering," *Proceedings of the National Academy of Sciences* 106, no. 21 (May 26, 2009): 8719–24.

Keith Pardee et al., "Paper-Based Synthetic Gene Networks," *Cell* 159, no. 4 (November 6, 2014): 940–54; Keith Pardee et al., "Rapid, Low-Cost Detection of Zika Virus Using Programmable Biomolecular Components," *Cell* 165, no. 5 (May 19, 2016): 1255–66.

Ken Gilhooly et al.,"Divergent Thinking: Strategies and Executive Involvement in Generating Novel Uses for Familiar Objects," *British Journal of Psychology* 98, no. 4 (November 2007): 611–25.

Lila Thulin, "The First Personality Test Was Developed during World War I," *Smithsonian Magazine*, September 23, 2019, https://www.smithsonianmag.com/history/first-personality-test-was-de veloped-during-world-war-i-180973192.

Logan E. Annisette and Kathryn D. Lafreniere, "Social Media, Texting, and Personality: A Test of the Shallowing Hypothesis," *Personality and Individual Differences* 115 (September 1, 2017): 154–58, https://doi.org/10.1016/j.paid.2016.02.043.

M. J. Papurt, "A Study of the Woodworth Psychoneurotic Inventory with Suggested Revision," *Journal of Abnormal and Social Psychology* 25, no. 3 (1930): 335–52.

Marcela Ovando-Tellez et al., "Brain Connectivity–Based Prediction of Real-Life Creativity Is Mediated by Semantic Memory Structure," *Science Advances* 8 (2022): eabl4294, https://www.science.org/doi/pdf/10.1126/sciadv.abl4294.

Marcus E. Raichle, "The Brain's Dark Energy," *Science* 314, no. 5803 (November 24, 2006): 1249–50.

Mary Helen Immordino-Yang, Joanna A. Christodoulou, and Vanessa Singh, "Rest Is Not Idleness: Implications of the Brain's Default Mode for Human Development and Education," *Perspectives on Psychological Science* 7, no. 4 (July 1, 2012): 352–64.

Mary Shelley, *Frankenstein: The 1818 Text* (New York: Penguin Classics, 2018), 240.

Matthew A. Killingsworth and Daniel T. Gilbert, "A Wandering Mind Is an Unhappy Mind," *Science* 330, no. 6006 (November 12, 2010): 932.

Matthew L. Dixon et al., "Heterogeneity within the Frontoparietal Control Network and Its Relationship to the Default and Dorsal Attention Networks," *Proceedings of the National Academy of Sciences* 115, no. 7 (February 13, 2018):

E1598–1607, https://doi.org/10.1073/pnas.1715766115.

Meichao Zhang et al.,"Perceptual Coupling and Decoupling of the Default Mode Network during Mind-Wandering and Reading," *eLife* 11 (2022): e74011, https://doi.org/10.7554/eLife.74011.

Michael Erard, *Um ...: Slips, Stumbles, and Verbal Blunders, and What They Mean* (New York: Anchor, 2008), 7–8, 135, 254.

Michael S. Franklin et al., "Window to the Wandering Mind: Pupillometry of Spontaneous Thought while Reading," *Quarterly Journal of Experimental Psychology* 66, no. 12 (2013): 2289–94.

Miriam Stewart, "Curating Sketchbooks: Interpretation, Preservation, Display," in *Recto Verso: Redefining the Sketchbook*, ed. Angela Bartram et al. (New York: Routledge, 2016), 163–76.

Nancy C. Andreasen et al., "Remembering the Past: Two Facets of Episodic Memory Explored with Positron Emission Tomography," *American Journal of Psychiatry* 152, no. 11 (November 1995): 1576–85.

Naomi B. Rothman, Elizabeth A. Wiley, and Malia Mason, "The Downside of Deliberation: Why Decision Makers Who Deliberate Lose Influence," *Academy of Management Proceedings* 2016, no. 1 (2016): 14610, https://doi.org/10.5465/ambpp.2016.228.

Nikolaus Pevsner, *High Victorian Design: A Study of the Exhibits of 1851* (London: Faber & Faber, 2011), 19–20, 84.

Ning Mao et al., "Probiotic Strains Detect and Suppress Cholera in Mice," *Science Translational Medicine* 10, no. 445 (June 13, 2018): eaao2586, https://doi.org/10.1126/scitranslmed.aao2586.

Paolo Galluzzi, "The Strange Vicissitudes of Leonardo's Manuscripts," in *The Courier* (Paris: UNESCO, 1974), 5–7.

Randy Buckner, "The Serendipitous Discovery of the Brain's Default Network," *NeuroImage* 62, no. 2 (August 15, 2012): 1137–45.

Randy Buckner, Jessica Andrews-Hanna, and Daniel Schacter, "The Brain's Default Network," *Annals of the New York Academy of Sciences* 1124, no. 1 (April 1, 2008): 1–38, esp. 15.

Rebecca Gotlieb, Xiao-Fei Yang, and Mary Helen Immordino-Yang, "Default and Executive Networks' Roles in Diverse Adolescents' Emotionally Engaged Construals of Complex Social Issues," *Social Cognitive and Affective Neuroscience* 17, no. 4 (April 1, 2022): 421–29.

Rebecca Gotlieb, Xiao-Fei Yang, and Mary Helen Immordino-Yang, "Diverse Adolescents' Transcendent Thinking Predicts Young Adult Psychosocial Outcomes via Brain Network Development," preprint, 10.31234/osf.io/cj6an.

Roger E. Beaty et al., "Creativity and the Default Network: A Functional Connectivity Analysis of the Creative Brain at Rest," *Neuropsychologia* 64 (November 2014): 92–98.

Scott Barry Kaufman, interview with Mary Helen Immordino-Yang, "A Defense of Daydreaming," *Radio Times* (WHYY, October 28, 2013).

Sigmund Freud, "The Creative Writer and Daydreaming," in Sigmund Freud, *The Uncanny*, trans. David McLintock (New York: Penguin Books, 2003), 23–34, esp. 27.

Timothy S. Gardner, Charles R. Cantor, and James J. Collins, "Construction of a Genetic Toggle Switch in Escherichia Coli," *Nature* 403, no. 6767 (January 2000): 339–42.

Tom Foulsham, James Farley, and Alan Kingstone, "Mind Wandering in Sentence Reading: Decoupling the Link between Mind and Eye," *Canadian Journal of Experimental Psychology* 67, no. 1 (March 2013): 51–59.

Veronika Engert, Jonathan Smallwood, and Tania Singer, "Mind Your Thoughts: Associations between Self-Generated Thoughts and Stress-Induced and Baseline Levels of Cortisol and Alpha-Amylase," *Biological Psychology* 103 (December 2014): 283–91.

Weina Qu et al., "The Relationship between Mind Wandering and Dangerous Driving Behavior among Chinese Drivers," *Safety Science* 78 (October 1, 2015): 41–48.

Yoed N. Kenett et al., "Flexibility of Thought in High Creative Individuals Represented by Percolation Analysis," *Proceedings of the National Academy of Sciences* 115, no. 5 (2018): 867–72.

Yoed N. Kenett, David Anaki, and Miriam Faust, "Investigating the Structure of Semantic Networks in Low and High Creative Persons," *Frontiers in Human*

Neuroscience 8, no. 407 (2014): 1–17.

第五章

Adam Galinsky and Gordon Moskowitz, "Perspective-Taking: Decreasing Stereotype Expression, Stereotype Accessibility and In-Group Favoritism," *Journal of Personality and Social Psychology* 78, no. 4 (2000): 708–24.

Alexandra Golby et al., "Differential Responses in the Fusiform Region to Same-Race and Other-Race Faces," *Nature Neuroscience* 4, no. 8 (2001): 845–50.

Amit Kumar and Nicholas Epley, "It's Surprisingly Nice to Hear You: Misunderstanding the Impact of Communications Media Can Lead to Sub-Optimal Choices of How to Connect with Each Other," *Journal of Experimental Psychology* 150, No. 3 (2021): 595–607.

Andrew Todd, Adam Galinsky, and Galen Bodenhausen, "Perspective Taking Undermines Stereotype Maintenance Processes: Evidence from Social Memory, Behavior Explanation and Information Solicitation," *Social Cognition* 30, no. 1 (2012): 94–108.

Ann Atwater, "Extended Interview with Ann Atwater," Robert Korstad (emeritus professor of public policy and history, Duke University), no date given, in "Ann Atwater Archive," School for Conversion, https://www.schoolforconversion.org/extended-interview-with-ann-atwater.

Bettany Hughes, *The Hemlock Cup: Socrates, Athens and the Search for the Good Life* (New York: Random House, 2010), 161–62.

Bill Bishop, "For Most Americans, the Local Presidential Vote Was a Landslide," *Daily Yonder*, December 17, 2020, https:// dailyyonder.com/for-most-americans-the-local-presidential-vote-was-a-landslide/2020/12/17.

Bill Bishop, *The Big Sort: Why the Clustering of Like-Minded America Is Tearing Us Apart* (New York: Houghton Mifflin, 2008).

Bradley Okdie et al., "Getting to Know You: Face-to-Face versus Online Interactions," *Computers in Human Behavior* 27 (2011): 153–59.

Brent Hughes et al., "Neural Adaptation to Faces Reveals Racial Outgroup Homogeneity Effects in Early Perception," *Proceedings of the National Academy of Sciences* 116, no. 29 (July 16, 2019): 14532–37.

Brittany Cassidy et al., "Configural Face Processing Impacts Race Disparities in Humanization and Trust," *Journal of Experimental Social Psychology* 73 (2017): 111–24.

C. P. Ellis, oral history interview, in Studs Terkel, *American Dreams Lost and Found* (New York: Pantheon, 1980), 209.

Carroll Doherty, "Deep Divisions in Americans' Views of the Nation's Racial History and How to Address It," Pew Research Center, August 12, 2021, 5–7.

Casey Klofstad, Anand Sokhey, and Scott McClurg, "Disagreeing about Disagreement: How Conflict in Social Networks Affects Political Behavior," *American Journal of Political Science* 57, no. 1 (2013): 120–34.

Chris Bail, *Breaking the Social Media Prism: How to Make Our Platforms Less Polarizing* (Princeton, NJ: Princeton University Press, 2019), 10.

Claudia Sassenrath, Sara Hodges, and Stefan Pfattheicher, "It's All about the Self: When Perspective Taking Backfires," *Current Directions in Psychological Science* 25, no. 6 (2016): 405–10.

Colette Van Laar et al., "The Effect of University Roommate Contact on Ethnic Attitudes and Behavior," *Journal of Experimental Social Psychology* 41 (2005): 329–45.

David Broockman and Joshua Kalla, "Durably Reducing Transphobia: A Field Experiment on Door-to-Door Canvassing," *Science* 352, no. 6282 (2016): 220–24.

Dean Kotlowski, *Nixon's Civil Rights: Politics, Principles, and Policy* (Cambridge, MA: Harvard University Press, 2001).

Diana Mutz, "Cross-Cutting Networks: Testing Democratic Theory in Practice," *American Political Science Review* 96, no. 1 (2002): 111–26.

Elizabeth Levy Paluck, "How to Overcome Prejudice," *Science* 352, no. 6282 (2016): 147.

Eran Amsalem, Eric Merkley, and Peter John Loewen, "Does Talking to the Other Side Reduce Inter-Party Hostility? Evidence from Three Studies," *Political Communication* 39, no. 1 (2021): 61–78.

Erik Santoro and David Broockman, "The Promise and Pitfalls of Cross-Partisan Conversations for Reducing Affective Polarization: Evidence from

Randomized Experiments," *Science Advances* 8 (2022): eabn5515.

Eytan Bakshy, Solomon Messing, and Lada Adamic, "Exposure to Ideologically Diverse News and Opinion on Facebook," *Science* 348, no. 623 (2015): 1130–32.

Henri Tajfel and A. L. Wilkes, "Classification and Quantitative Judgement," *British Journal of Psychology* 54, no. 2 (1963): 101–14.

Jaime Grant, Lisa Mottet, and Justin Tanis, "Injustice at Every Turn: A Report of the National Transgender Discrimination Survey," National Center for Transgender Equality and National Gay and Lesbian Task Force, 2016.

James Miller, *Examined Lives: From Socrates to Nietzsche* (New York: Farrar, Straus and Giroux, 2011), 23.

Jennifer Kubota, Mahzarin Banaji, and Elizabeth Phelps, "The Neuroscience of Race," *Nature Neuroscience* 15, no. 7 (2012): 940–48.

Jens Manuel Krogstad,"On Views of Immigrants, Americans Largely Split along Party Lines," Pew Research Center, September 30, 2015, https://www.pewresearch.org/fact-tank/2015/09/30/on-views-of-immigrants-americans-largely-split-along-party-lines.

Jeroen van Baar et al., "Intolerance of Uncertainty Modulates Brain-to-Brain Synchrony during Politically Polarized Perception," *Proceedings of the National Academy of Sciences* 118, no. 20 (2021): e2022491118.

John Stuart Mill,"Bentham," in John Stuart Mill, *Mill on Bentham and Coleridge* (London: Chatto & Windus, 1838, 1950), 65.

Joshua Kalla and David Broockman, "Reducing Exclusionary Attitudes through Interpersonal Conversation: Evidence from Three Field Experiments," *American Political Science Review* 114, no. 2 (2020): 410–25.

Joshua Kalla and David Broockman, "Voter Outreach Campaigns Can Reduce Affective Polarization among Implementing Political Activists: Evidence from Inside Three Campaigns," *American Political Science Review* 116, no. 4 (2022): 1516–22.

Juliana Horowitz, "Report: Americans See Advantages and Challenges in Country's Growing Racial and Ethnic Diversity," Pew Research Center, May 8, 2019, 5–6, 11.

Kostas Vlassopoulos, "Free Spaces: Identity, Experience, and Democracy in Classical Athens," *The Classical Quarterly* 57, no. 1 (2007): 33–52, esp. 40–42;

Karl Jaspers, *The Great Philosophers: Socrates, Buddha, Confucius, Jesus* (New York: Harcourt, Brace and World, 1962, 1995), 31.

Kurt Hugenberg and Donald Sacco, "Social Categorization and Stereotyping: How Social Categorization Biases Person Perception and Face Memory," *Social and Personality Psychology Compass* 2, no. 2 (2008): 1052–72.

Kyle Heatherly, Yanqin Lu, and Jae Kook Lee, "Filtering Out the Other Side? Cross-Cutting and Like-Minded Discussions on Social Networking Sites," *New Media and Society* 19, no. 8 (2017): 1271–89.

Leor Zmigrod, "The Cognitive and Perceptual Correlates of Ideological Attitudes: A Data-Driven Approach," *Philosophical Transactions of the Royal Society B* 376 (2021): 20200424.

Luca Vizioli, Guillaume Rousselet, and Roberto Caldara, "Neural Repetition Suppression to Identity Is Abolished by Other-Race Faces," *Proceedings of the National Academy of Sciences* 107, no. 46 (November 16, 2010): 20081–86.

Magdalena Wojcieszak and Benjamin Warner, "Can Interparty Contact Reduce Affective Polarization? A Systematic Test of Different Forms of Intergroup Contact," *Political Communication* 37, no. 6 (2020): 789–811.

Manny Fernandez and Alan Blinder, "Houston Rights Measure Is Undone by a Strategy Built around Bathrooms," *New York Times*, November 5, 2015, A17.

Marie-Amélie George, "Framing Trans Rights," *Northwestern University Law Review* 13, no. 3 (2019): 178–97.

Miller McPherson, Lynn Smith-Lovin, and Matthew Brashears, "Social Isolation in America: Changes in Core Discussion Networks over Two Decades," *American Sociological Review* 71, no. 3 (June 2006): 353–75.

Nicholas Epley and Justin Kruger, "When What You Type Isn't What They Read: The Perseverance of Stereotypes and Expectancies over E-Mail," *Journal of Experimental Social Psychology* 41 (2005): 414–22.

Osha Gray Davidson, *The Best of Enemies: Race and Redemption in the New South* (Chapel Hill: University of North Carolina Press, 1996, 2007), 38.

Pablo Barberá, "Birds of the Same Feather Tweet Together: Bayesian Ideal

Point Estimation Using Twitter Data," *Political Analysis* 23 (2015): 76–91.

Pablo Barberá, "Social Media, Echo Chambers and Political Polarization," in *Social Media and Democracy: The State of the Field and Prospects for Reform*, ed. Nathaniel Persily and Joshua Tucker (Cambridge: Cambridge University Press, 2020), 34–55.

Pew Research Center, "Attitudes on Same-Sex Marriage," May 14, 2019, https://www.pewforum.org/fact-sheet/changing-attitudes-on-gay-marriage.

Pew Research Center, "Report: On Views of Race and Inequality, Blacks and Whites Are Worlds Apart," June 27, 2016, https://www.pewresearch.org/social-trends/2016/06/27/on-views-of-race-and-inequality-blacks-and-whites-are-worlds-apart.

Plato, *Alcibiades*, in *Plato in Twelve Volumes*, trans. W. R. M. Lamb (Cambridge, MA: Harvard University Press, 1986), 12:117d.

Richard Nixon quoted in Jonathan Aitken, *Nixon: A Life* (Washington, DC: Regnery, 1994), 78. Aitken cites as an original source Richard Nixon, *Dictated Recollections of Early Years*, 1975, Folio F, 22–23.

Richard Wright, *Black Boy (American Hunger): A Record of Childhood and Youth* (New York: Harper Perennial, 1944, 2020), 272.

Robert Jones, "Self-Segregation: Why It's So Hard for Whites to Understand Ferguson," *The Atlantic*, August 21, 2014, citing an American Values Survey by the Public Religion Research Institute, 2016.

Shanto Iyengar, "Fear and Loathing across Party Lines: New Evidence on Group Polarization," *American Journal of Political Science* 59, no. 3 (July 2015): 690–707, esp. 699.

Shanto Iyengar, Gaurav Sood, and Yphtach Lelkes, "Affect, Not Ideology: A Social Identity Perspective on Polarization," *Public Opinion Quarterly* 76, no. 3 (2012): 405–31.

Socrates, *The Apology*, in *Plato in Twelve Volumes*, trans. Harold N. Fowler (Cambridge, MA: Harvard University Press, 2014): 1:28a–28b.

Suzanne Weisband and Leanne Atwater, "Evaluating Self and Others in Electronic and Face-to-Face Groups," *Journal of Applied Psychology,* 84, no. 4 (1999): 632–39.

Teju Cole, *Open City* (New York: Random House, 2011), 200.

Thomas Carothers and Andrew O'Donohue, eds., *Democracies Divided: The Global Challenge of Political Polarization* (Washington, DC: Brookings Institution Press, 2019).

Thomas Pettigrew, "Secondary Transfer Effect of Contact: Do Intergroup Contact Effects Spread to Noncontacted Outgroups?," *Social Psychology,* 40, no. 2 (2009): 55–65.

ustin Kruger et al., "Egocentrism over Email: Can We Communicate as Well as We Think?," *Journal of Personality and Social Psychology* 89, no. 6 (2005): 925–36. See also Weisband and Atwater, "Evaluating Self and Others in Electronic and Face-to-Face Groups."

Virginia Bridges, "Durham Civil Rights Activist Ann Atwater Dies at 80," *The News & Observer,* Durham, NC, June 20, 2016.

第六章

A. J. S. Rayl, "The Mars Exploration Rovers Update: The Final Report,"The Planetary Society, April 26, 2019, https://www.planetary.org/articles/03-mer-update-the-final-report.

Adam Steltzner with William Patrick, *The Right Kind of Crazy: A True Story of Teamwork, Leadership, and High-Stakes Innovation* (New York: Portfolio Books, 2016), 48.

Alejandro Portes, "Downsides of Social Capital," *Proceedings of the National Academy of Sciences* 111, no. 52 (December 2014): 18407–8.

Aristotle, *Metaphysics,* 993a28– b2, quoted in Robert Sobak, "Sokrates among the Shoemakers," *Hesperia* 84 (2015): 669–712, 672.

Byungkyu Lee and Peter Bearman, "Political Isolation in America," *Network Science Special Issue: Ego Networks* 8, no. 3 (2020): 333–55.

Charlan Nemeth and Julianne Kwan, "Originality of Word Associations as a Function of Majority vs. Minority Influence," *Social Psychology Quarterly* 48, no. 3 (1985): 277–82.

Charlan Nemeth, *In Defense of Troublemakers: The Power of Dissent in Life and Business* (New York: Basic Books, 2010), 111.

Craig Connally, *The Mountaineering Handbook: Modern Tools and Techniques That Will Take You to the Top* (Camden, ME: Ragged Mountain Press/McGraw-Hill, 2004), 342.

David Daniels et al., "Spillover Bias in Diversity Judgement," *Organizational Behavior and Human Decision Processes* 139 (2017): 92–105.

Deborah Gruenfeld, "Status, Ideology, and Integrative Complexity on the U.S. Supreme Court: Rethinking the Politics of Political Decision Making," *Journal of Personality and Social Psychology* 68, no. 1 (1995): 5–20.

Émile Durkheim, *The Division of Labor in Society* (New York: Free Press, 2014), 57.

Evan Apfelbaum interview by Martha Mangelsdorf, "The Trouble with Homogenous Teams," *MIT Sloan Management Review* 59, no. 2 (2018): 43–47, esp. 46.

Garold Stasser and William Titus, "Pooling of Unshared Information in Group Decision-Making: Biased Information Sampling during Discussion," *Journal of Personality and Social Psychology* 48, no. 6 (1985): 1467–78.

Gergana Todorova, Julia Bear, and Laurie Weingart, "Can Conflict Be Energizing? A Study of Task Conflict, Positive Emotions, and Job Satisfaction," *Journal of Applied Psychology* 99, no. 3 (2014): 451–67.

H. C. Triandis, *Individualism and Collectivism* (London: Routledge, 1995, 2018).

Henry Cooper, "A Reporter at Large: Life in a Space Station," *The New Yorker*, August 30, 1976, 76, 54.

Homer, *The Odyssey*, trans. Robert Fagles (New York: Penguin Books, 1996), 17.237.

In-Sue Oh et al., "Do Birds of a Feather Flock, Fly, and Continue to Fly Together?," *Journal of Organizational Behavior* 39 (2018): 1347–66.

Jennifer Chatman et al., "Blurred Lines: How the Collectivism Norm Operates through Perceived Group Diversity to Boost or Harm Group Performance in Himalayan Mountain Climbing," *Organization Science* 30, no. 2 (2019): 235–59.

Jerry Carr, letter to William C. Schneider, October 8, 1975, in William Schneider, "Skylab Lessons Learned as Applicable to a Large Space Station,"

NASA Technical Memorandum (Washington, DC: NASA, 1976), 152.

John Dewey, *Human Nature and Conduct: An Introduction to Social Psychology* (New York: Modern Library, 1922), 300.

John Noble Wilford, "Skylab Astronauts Are Reprimanded in First Day Aboard," *New York Times*, November 18, 1973.

John Uri, "NASA History: The Real Story of the Skylab 4 'Strike' in Space," November 16, 2020, https://www.nasa.gov/feature/the-real-story-of-the-skylab-4-strike-in-space.

John-Paul Ferguson and Rembrand Koning, "Firm Turnover and the Return of Racial Establishment Segregation,"*American Sociological Review* 83, no. 3 (2018): 445–74.

Joseph Chancellor et al., "Clustering by Well-Being in Workplace Social Networks: Homophily and Social Contagion," *Emotion* 17, no. 8 (2017): 1166–80.

Joy Hirsch et al., "Interpersonal Agreement and Disagreement during Face-to-Face Dialogue: An fNIRS Investigation," *Frontiers in Human Neuroscience* 14 (2021): 606397.

Julie Rak, "Social Climbing on Annapurna: Gender in High-Altitude Mountaineering Narratives," *English Studies in Canada* 33, no. 1 (2008): 109–46.

Katherine Phillips and Evan Apfelbaum, "Delusions of Homogeneity? Reinterpreting the Effects of Group Diversity," in *Looking Back, Moving Forward: A Review of Group and Team-Based Research* (Bingley: Emerald Group Publishing, 2012), 15:185–207.

Kathleen Eisenhardt et al., "Conflict and Strategic Choice: How Top Management Teams Disagree," *California Management Review* 39, no. 2 (1997): 42–62.

Kenneth Chang, "The Water on Mars Vanished. This Might Be Where It Went," *New York Times,* March 23, 2021.

Lauren Landon, *Evidence Report: Risk of Performance and Behavioral Health Decrements due to Inadequate Cooperation, Coordination, Communication, and Psychosocial Adaptation within a Team* (Houston, TX: Lyndon B. Johnson Space Center/NASA, 2016), 7.

Marilynne Robinson, "Puritans and Prigs," in *The Death of Adam: Essays* on *Modern Thought*, by Marilynne Robinson (New York: Houghton Mifflin, 1998), 164.

Mars Explorer Mission scientists quoted in Susannah Paletz, Joel Chan, and Christian Schunn, "Uncovering Uncertainty through Disagreement," *Applied Cognitive Psychology* 30, no. 3 (2016): 387–400.

Matthew Hornsey and Jolanda Jetten, "Stability and Change within Groups," in *The Oxford Handbook of Social Influence*, ed. Stephen Harkins, Kipling Williams, and Jerry Burger (Oxford: Oxford University Press, 2014), 299–315.

Maurice Herzog, *Annapurna* (Guilford, CT: Lyons Press, 1950), 26.

Michael Tomasello, "The Origins of Human Morality," *Scientific American* 319, no. 3 (September 2018): 70–75.

Nale Lehmann-Willenbrock and Ming Chiu, "Igniting and Resolving Content Disagreements during Team Interactions: A Statistical Discourse Analysis of Team Dynamics at Work," *Journal of Organizational Behavior* 39 (2018): 1142–62.

René Nünlist, "'If in Truth You Are Odysseus': Distrust and Persuasion in the *Odyssey*," *Symbolae Osloenses* 89, no. 1 (2015): 2–24, esp. 24.

Sarah Gaither et al., "Mere Membership in Racially Diverse Groups Reduces Conformity," *Social Psychological and Personality Science* 9, no. 4 (2018): 402–10.

Scott Kelly, *Endurance: A Year in Space, a Lifetime of Discovery* (New York: Knopf, 2017), 70–71.

Serge Moscovici and Gabriel Mugny, "Minority Influence," in *Basic Group Processes*, ed. Paul Paulus (New York: Springer, 1983), 41–64.

Sheen S. Levine et al., "Ethnic Diversity Deflates Price Bubbles," *Proceedings of the National Academy of Sciences* 52 (2014): 18524–29.

Solomon Asch, "Opinions and Social Pressure," *Scientific American* 193, no. 5 (1955): 31–35.

Solomon Asch, *Social Psychology* (New York: Oxford University Press, 1987), 483.

Stefan Schulz-Hardt and Andreas Mojzisch, "How to Achieve Synergy in Group Decision Making: Lessons to Be Learned from the Hidden Profile Paradigm," *European Journal of Social Psychology* 23 (2012): 305–43.

Stefan Schulz-Hardt and Felix Brodbeck, "Group Performance and Leadership," in *Introduction to Social Psychology*, ed. Miles Hewstone et al. (Berlin: Springer, 2012), 265–89, esp. 267–68.

Stefan Schulz-Hardt et al., "Group Decision Making in Hidden Profile Situations: Dissent as a Factor for Decision Quality," *Journal of Personality and Social Psychology* 91, no. 6 (2006): 1080–93.

Steve Squyres, *Roving Mars: Spirit, Opportunity, and the Exploration of the Red Planet* (New York: Hyperion Books, 2005), 295.

Thomas Canby, *Skylab, Outpost on the Frontier of Space* (Washington, DC: National Geographic Society, 1974), 464.

第七章

Alexis Brieant, Lucinda Sisk, and Dylan Gee, "Associations among Negative Life Events, Changes in Cortico-Limbic Connectivity and Psychopathology in the ABCD Study," *Developmental Cognitive Neuroscience* 52 (2021): 101022.

Alison Gopnik, "Childhood as a Solution to Explore-Exploit Tensions," *Philosophical Transactions of the Royal Society B* 375, no. 1803 (2020): 20190502.

Andreas Neubauer et al., "A Little Autonomy Support Goes a Long Way: Daily Autonomy-Supportive Parenting, Child Well-Being, Parental Need Fulfillment, and Change in Child, Family and Parent Adjustment across the Adaptation to the COVID-19 Pandemic," *Child Development* 92, no. 5 (2021): 1679–97, esp. 1695.

Andrei Semenov and Philip David Zelazo, "Mindful Family Routines and the Cultivation of Executive Function Skills in Childhood," *Human Development* 63 (2019): 112–31.

Anne Martin, Rachel Razza, and Jeanne Brooks-Gunn, "Specifying the Links between Household Chaos and Preschool Children's Development," *Early Child Development Care* 182, no. 10 (2012): 1247–63.

Bridget Callaghan and Nim Tottenham, "The Stress Acceleration Hypothesis: Effects of Early-Life Adversity on Emotion Circuits and Behavior," *Current Opinion in Behavioral Science* 7 (2016): 76–81.

Bridget Callaghan et al., "Decreased Amygdala Reactivity to Parent Cues

Protects against Anxiety Following Early Adversity: An Examination across Three Years," *Biological Psychiatry: Cognitive Neuroscience and Neuroimaging* 4, no. 7 (2019): 664–71.

Bruce Ellis et al., "Beyond Risk and Protective Factors," 561.

Bruce Ellis et al., "Hidden Talents in Harsh Environments," *Development and Psychopathology* 34, no. 1 (2022): 95–113.

Celeste Kidd, Holly Palmeri, and Richard Aslin, "Rational Snacking: Young Children's Decision-Making on the Marshmallow Task Is Moderated by Beliefs about Environmental Reliability," *Cognition* 126, no. 1 (2013): 109–14, esp. 111.

Clio Pitula et al., "To Trust or Not to Trust: Social Decision-Making in Post-Institutionalized, Internationally Adopted Youth," *Developmental Science* 20, no. 3 (2017): 1–15, 10.1111.

Dana McCoy and C. Cybele Raver, "Household Instability and Self-Regulation among Poor Children," *Journal of Child Poverty* 20, no. 2 (2014): 131–52.

Duane Dickson et al., "The Future of Work in Oil, Gas, and Chemicals," *Deloitte Insights*, October 5, 2020.

Dylan Gee and Emily Cohodes, "Influences of Caregiving on Development: A Sensitive Period for Biological Embedding of Predictability and Safety Cues," *Current Directions in Psychological Science* 30, no. 5 (2021): 376–83.

Elysia Davis et al., "Across Continents and Demographics, Unpredictable Maternal Signals Are Associated with Children's Cognitive Function," *eBioMedicine* 46 (2019): 256–63.

Elysia Davis et al., "Exposure to Unpredictable Maternal Signals Influences Cognitive Development across Species," *Proceedings of the National Academy of Sciences* 114, no. 39 (September 26, 2017): 10390–95.

Emily Dickinson, "In This Short Life," in *The Complete Poems of Emily Dickinson*, ed. Thomas Johnson (Boston: Little, Brown, 1976), 1287.

Ethan Young et al., "Can an Unpredictable Childhood Environment Enhance Working Memory? Testing the Sensitized-Specialization Hypothesis," *Interpersonal Relations and Group Processes* 114, no. 6 (2018): 891–908.

Garrett Golding and Sean Howard, "Spotlight: Oil Patch Productivity Rises, Jobs Vanish," in *Southwest Economy* (Dallas, TX: Federal Reserve Bank of

Dallas, 2021), 18.

Ian Lundberg and Louis Donnelly, "A Research Note on the Prevalence of Housing Eviction among Children Born in U.S. Cities," *Demography* 56, no. 1 (February 2019): 391–404.

Jack Shonkoff and Philip Fisher, "Rethinking Evidence-Based Practice and Two-Generation Programs to Create the Future of Early Childhood Policy," *Developmental Psychopathology* 25, no. 402 (2013): 1635–53.

James McBride, *The Color of Water: A Black Man's Tribute to His White Mother* (New York: Riverhead Books, 1996), 34–36.

Jenny Phan et al.,"Hyperarousal and Hypervigilance in African American Male Adolescents Exposed to Community Violence," *Journal of Applied Developmental Psychology* 70 (2020): 101168, https://doi.org/10.1016/jappdev.2020.101168.

Joan Stiles and Terry Jernigan, "The Basics of Brain Development," *Neuropsychology Review* 20, no. 4 (2010): 327–48.

Jocelyn Smith and Desmond Patton, "Posttraumatic Stress Symptoms in Context: Examining Trauma Response to Violent Exposures and Homicide Death among Black Males in Urban Neighborhoods," *American Journal of Orthopsychiatry* 86, no. 2 (2016): 212–23.

Jocelyn Smith, "Unequal Burdens of Loss: Examining the Frequency and Timing of Homicide Deaths Experienced by Young Black Men across the Life Course," *American Journal of Public Health* 105, no. S3 (2015): S483–90.

Karen Smith and Seth Pollak, "Early Life Stress and Neural Development: Implications for Understanding the Developmental Effects of COVID-19," *Cognitive Affective Behavioral Neuroscience* 22, no. 4 (2022): 643–54.

Kathleen Vohs, "The Poor's Poor Mental Power," *Science* 341, no. 6149 (2013): 969–70.

Langston Hughes, "The Weary Blues," in *The Weary Blues* (New York: Knopf, 2015, 1954), 5–6.

Lev Vygotsky, "Thinking and Speech," in *The Collected Works of L. S. Vygotsky*, ed. Robert Rieber and Aaron Carton (New York: Plenum Press, 1987), 1:39–285.

Natasha Kirkham, Loren Cruess, and Adele Diamond, "Helping Children Apply Their Knowledge to Their Behavior on a Dimension-Switching Task," *Developmental Science* 6, no. 5 (2003): 449–76.

Ondi Crino and Creagh Breuner, "Developmental Stress: Evidence for Positive Phenotypic and Fitness Effects in Birds," *Journal of Ornithology* 156 (2015): 389–98.

Peter Nagle and Kaltrina Temaj, "Oil Prices Remain Volatile amid Demand Pessimism and Constrained Supply," *World Bank Blog*, December 16, 2022.

Philip David Zelazo et al., "Development of Executive Function in Early Childhood," *Monographs of the Society for Research in Child Development Serial 274* 68, no. 3 (2003): vii–137.

Philip David Zelazo, "Age-Related Changes in the Execution of Explicit Rules: The Roles of Logical Complexity and Executive Function" (PhD diss., Yale University, 1993), ProQuest Dissertations Publishing, 9331574.

Philip David Zelazo, "Executive Function: Reflection, Iterative Reprocessing, Complexity, and the Developing Brain," *Developmental Review* 28 (2015): 55–68.

Philip R. Zelazo and Philip D. Zelazo, "The Emergence of Consciousness," in *Consciousness: At the Frontiers of Neuroscience*, ed. Herbert Jasper et al. (Philadelphia: Lippincott-Raven, 1998), 149–65.

Philip Zelazo and William Cunningham, "The Development of Iterative Reprocessing: Implications for Affect and Its Regulation," in *Developmental Social Cognitive Neuroscience*, ed. P. D. Zelazo et al. (Mahwah, NJ: Lawrence Erlbaum Associates, 2010), 81–98.

Radiah Smith-Donald et al., "Preliminary Construct and Concurrent Validity of the Preschool Self-Regulation Assessment for Field-Based Research," *Early Childhood Research Quarterly* 22, no. 2 (2007): 173–87.

Rebecca Distefano et al., "Autonomy-Supportive Parenting and Associations with Child and Parent Executive Function," *Journal of Applied Developmental Psychology* 58 (2018): 77–85.

Rebecca Reh et al., "Critical Period Regulation across Multiple Timescales," *Proceedings of the National Academy of Sciences* 117, no. 38 (2020): 23242–51.

Sabine Doebel and Philip David Zelazo, "A Meta-Analysis of the Dimensional

Change Card Sort: Implications for Developmental Theories and the Measurement of Executive Function in Children," *Developmental Review* 38 (2015): 241–68.

Seth Pollak et al., "Development of Perceptual Expertise in Emotion Recognition," *Cognition* 110, no. 2 (2009): 242–47.

Stacey Espinet, Jacob Anderson, and Philip David Zelazo, "N2 Amplitude as a Neural Marker of Executive Function in Young Children: An ERP Study of Children Who Switch versus Perseverate on the Dimensional Change Card Sort," *Developmental Cognitive Neuroscience* 2, suppl. 1 (2012): S49–58.

Stacey Espinet, Jacob Anderson, and Philip David Zelazo, "Reflection Training Improves Executive Function in Preschool-Age Children: Behavioral and Neural Effects," *Developmental Cognitive Neuroscience* 4 (2013): 3–15.

Stephen Bogener, "High and Dry on the Llano Estacado," talk to the West Texas Historical Association, February 26, 2010.

Ursula Tooley, Danielle Bassett, and Allyson Mackey, "Environmental Influences on the Pace of Brain Development," *Nature Reviews Neuroscience* 22 (2021): 372–84.

Walter Mischel and Ralph Metzner, "Preference for Delayed Reward as a Function of Age, Intelligence, and Length of Delay Interval," *Journal of Abnormal and Social Psychology* 64, no. 6 (1962): 425–31.

Walter Mischel, "Father-Absence and Delay of Gratification: Cross-Cultural Comparisons," *Journal of Abnormal and Social Psychology* 63 (1961): 116–24.

Walter Mischel, "Processes in Delay of Gratification," *Advances in Experimental Social Psychology* 7 (1974): 249–92, esp. 257.

Walter Mischel, *The Marshmallow Test: Mastering Self-Control* (Boston: Little, Brown, 2014), 9, 274.

Walter Mischel, Yuichi Shoda, and Monica Rodriguez, "Delay of Gratification in Children," *Science* 244, no. 4907 (1989): 933–38.

Walter Mischel, Yuichi Shoda, and Philip Peake, "The Nature of Adolescent Competencies Predicted by Preschool Delay of Gratification," *Journal of Personality and Social Psychology* 54, no. 4 (1988): 687–96.

Willem Frankenhuis and Carolina de Weerth, "Does Early-Life Exposure to Stress Shape or Impair Cognition?," *Current Directions in Psychological*

Science 22, no. 5 (2013): 407–12.

Willem Frankenhuis and Daniel Nettle, "The Strengths of People in Poverty," *Current Directions in Psychological Science* 29, no. 1 (2020): 16–21, esp. 19.

William James, *The Letters of William James*, ed. Henry James (Boston: Atlantic Monthly Press, 1920), 1:148.

Yuichi Shoda, Walter Mischel, and Philip Peake, "Predicting Adolescent Cognitive and Social Competence from Preschool Delay of Gratification: Identifying Diagnostic Condition," *Developmental Psychology* 26, no. 6 (1990): 978–86.

Yusuke Moriguchi and Kazuo Hiraki, "Neural Origin of Cognitive Shifting in Young Children," *Proceedings of the National Academy of Sciences* 106, no. 14 (2009): 6017–21.

第八章

Ananth Jonnavittula and Dylan P. Losey, "I Know What You Meant: Learning Human Objectives by (Under)Estimating Their Choice Set," *2021 IEEE International Conference on Robotics and Automation* (New York: IEEE Press, 2021).

Anca Dragan, "Putting the Human into the AI Equation," in *Possible Minds: Twenty-Five Ways of Looking at AI*, ed. John Brockman (New York: Penguin Press, 2019), 134–42, esp. 137.

Antonio Alvarez Valdivia et al., "Wrapping Haptic Displays around Robot Arms to Communicate Learning," *IEEE Transactions on Haptics* 16, no. 1 (2023): 57–72.

Brian Christian, *The Alignment Problem: Machine Learning and Human Values* (New York: Norton, 2020), 12.

Carolin Strassmann et al., "Moral Robots? How Uncertainty and Presence Affect Humans' Moral Decision Making," in *Communications in Computer and Information Science*, ed. Constantine Stephanidis and Margherita Antona (New York: Springer International Publishing, 2020), 488–95.

Christopher Manning, "Lecture 2, Word Vector Representations," Stanford University School of Engineering, April 3, 2017, 20:23, https://www.youtube.com/watch?v=ERibwqs9p38. I am indebted to Brian Christian for this example.

Dario Amodei and Jack Clark, "Faulty Reward Functions in the Wild,"

OpenAI (blog), December 22, 2016, https://openai.com/blog/faulty-reward-functions.

Demis Hassabis quoted in "Special Report/Ethics: Frankenstein's Paperclips," *The Economist* 419, no. 8995 (June 25, 2016), 13.

Dylan Losey et al., "Physical Interaction as Communication: Learning Robot Objectives Online from Human Corrections," *International Journal of Robotics Research* 41, no. 1 (January 2022): 20–44, esp. 37.

Future of Life Institute,"Pause Giant AI Experiments: An Open Letter," March 29, 2023, https://futureoflife.org/open-letter/pause-giant-ai-experiments.

Jack Zipes, ed., *The Sorcerer's Apprentice: An Anthology of Magical Tales* (Princeton, NJ: Princeton University Press, 2017), 3.

James Zou and Londa Schiebinger, "Design AI so That It's Fair," *Nature* 559, no. 7714 (July 12, 2018): 324–26.

Judea Pearl, "Reverend Bayes on Inference Engines: A Distributed Hierarchical Approach," *Proceedings of the Second AAAI Conference on Artificial Intelligence* (Pittsburgh, PA: AAAI Press, 1982), 133–36.

Julian Hough and David Schlangen,"It's Not What You Do, It's How You Do It: Grounding Uncertainty for a Simple Robot," in *Proceedings of the 2017 ACM/IEEE International Conference on Human-Robot Interaction* (New York: Association for Computing Machinery, 2017), 274–82.

Katja Grace et al., "Viewpoint: When Will AI Exceed Human Performance? Evidence from AI Experts," *Journal of Artificial Intelligence Research* 62, no. 1 (May 1, 2018): 729–54.

Michael Wooldridge, *A Brief History of Artificial Intelligence: What It Is, Where We Are, and Where We Are Going* (New York: Flatiron Books, 2021), 123.

Nick Bostrom,"Ethical Issues in Advanced Artificial Intelligence," in *Science Fiction and Philosophy: From Time Travel to Superintelligence*, ed. Susan Schneider (Malden, MA: Wiley-Blackwell, 2009), 277–84. Essay originally published in 2003.

Nikhil Garg et al., "Word Embeddings Quantify 100 Years of Gender and Ethnic Stereotypes," *Proceedings of the National Academy of Sciences* 115, no. 16 (April 17, 2018): E3635–44, https://doi.org/10.1073/pnas.1720347115.

Rebecca Solnit, *Hope in the Dark: Untold Histories, Wild Possibilities* (Chicago: Haymarket Books, 2016), 7.

Ronnie Wendt, "Electronic Law Enforcement," *Law Enforcement Technology* 47, no. 3 (May 2020): 8–12.

Soheil Habibian, Ananth Jonnavittula, and Dylan P. Losey, "Here's What I've Learned: Asking Questions That Reveal Reward Learning," *ACM Transactions on Human-Robot Interaction* 11, no. 4 (September 8, 2022): 1–28.

Stuart Russell, *Human Compatible: Artificial Intelligence and the Problem of Control* (New York: Penguin Books, 2020), 56.

Toby Ord, *The Precipice: Existential Risk and the Future of Humanity* (New York: Hachette Books, 2020), 141.

Tolga Bolukbasi et al., "Man Is to Computer Programmer as Woman Is to Homemaker? Debiasing Word Embeddings," in *Proceedings of the 30th International Conference on Neural Information Processing Systems*, Barcelona, Spain, December 5, 2016, 4356–64.

Volodymyr Mnih et al., "Human-Level Control through Deep Reinforcement Learning," *Nature* 518, no. 7540 (February 2015): 529–33.

Ziad Obermeyer et al., "Dissecting Racial Bias in an Algorithm Used to Manage the Health of Populations," *Science* 366, no. 6464 (October 25, 2019): 447–553.